Ya nadie se llamará como yo
+ Poesía reunida (1998-2012)

Seix Barral Los Tres Mundos

Agustín Fernández Mallo
Ya nadie se llamará como yo
+ Poesía reunida (1998-2012)

Frontispicio de Antonio Gamoneda
Prólogo de Pablo García Casado

© Agustín Fernández Mallo, 2015

Ya nadie se llamará como yo © Agustín Fernández Mallo, 2015

Poesía reunida (1998-2012): Creta Lateral Travelling © Agustín Fernández Mallo, 2004, 2015; *Yo siempre regreso a los pezones y al punto 7 del Tractatus* © Agustín Fernández Mallo, 2001, 2012, 2015. Prólogo © Eduardo Moga, 2001, 2012. Imágenes © Pere Joan, 2012. Cedido por Penguin Random House Grupo Editorial, S. A. U.; *Joan Fontaine Odisea* © Agustín Fernández Mallo, 2005, 2015; *Carne de píxel* © Agustín Fernández Mallo, 2008, 2015; *Antibiótico* © Agustín Fernández Mallo, 2012. Cedido por Visor Libros

© Frontispicio: Antonio Gamoneda, 2015
© Prólogo: Pablo García Casado, 2015
© Editorial Planeta, S. A., 2015
Seix Barral, un sello editorial de Editorial Planeta, S. A.
Avda. Diagonal, 662-664, 08034 Barcelona (España)
www.seix-barral.es
www.planetadelibros.com

Diseño original de la colección: Josep Bagà Associats

Primera edición: septiembre de 2015
Segunda impresión: noviembre de 2015
ISBN: 978-84-322-2508-6
Depósito legal: B. 16.277-2015
Composición: Moelmo, SCP, Barcelona
Impresión y encuadernación: Cayfosa, S. L., Barcelona
Printed in Spain - Impreso en España

El editor quiere agradecer las autorizaciones recibidas para la reproducción de los libros *Antibiótico* y *Yo siempre regreso a los pezones y al punto 7 del Tractatus* en este volumen.

El papel utilizado para la impresión de este libro es cien por cien libre de cloro y está calificado como **papel ecológico**.

No se permite la reproducción total o parcial de este libro, ni su incorporación a un sistema informático, ni su transmisión en cualquier forma o por cualquier medio, sea éste electrónico, mecánico, por fotocopia, por grabación u otros métodos, sin el permiso previo y por escrito del editor. La infracción de los derechos mencionados puede ser constitutiva de delito contra la propiedad intelectual (Art. 270 y siguientes del Código Penal).
Diríjase a CEDRO (Centro Español de Derechos Reprográficos) si necesita fotocopiar o escanear algún fragmento de esta obra. Puede contactar con CEDRO a través de la web www.conlicencia.com o por teléfono en el 91 702 19 70 / 93 272 04 47.

PRÓLOGO

La poesía avanza cuando conquista territorios. Cuando abdica del miedo y del confort. Cuando asume que su epidermis debe ser porosa, que debe mancharse y poner en crisis los discursos y desdibujar las fronteras. Cuando no acepta paternidades, filiaciones o atajos ventajistas. Avanzar en poesía significa comprender el hecho cultural como algo arbóreo, plural, desestructurado. Aceptar el desorden como naturaleza, para mirar otra vez las cosas, como decía Kerouac, como si fuera la primera vez.

Pero estas ideas, aceptadas mayoritariamente en otras artes y disciplinas del conocimiento, no tienen demasiado predicamento en la poesía española actual. A pesar de Freud, de los Sex Pistols o de Kubrick, aún hoy perviven sin demasiadas dificultades propuestas estéticas que ya tienen más de doscientos años. Aún hoy los bulevares parisinos siguen pareciendo revolucionarios y decir *vanguardia* genera un ambiente de sospecha. Quizá sea por su posición periférica en el mapa cultural, por su lejanía del público o por el manto protector que sobre ella genera cierta filología. Por ser un arte dado al autoconsumo donde se sigue dando validez al ripio y al juego floral; donde el sujeto parece no estar puesto en cuestión; donde la autoría es sinónimo de autoridad; donde la realidad parece unívoca y bidimensional bajo los férreos auspicios de la física de Newton.

Sigue teniendo la poesía la asignatura pendiente de ser un arte ciudadano, una herramienta de presente continuo. Quizá porque no pocos poetas y críticos han buscado, consciente o inconscientemente, el abrigo intelectual, la cita respetuosa para dejarse llevar por la corriente. Lo mejor, lo más *confortable*, es respetar al maestro, o todo lo más, matar al padre reivindicando al abuelo o al bisabuelo.

Es verdad que ese retraso en la puesta al día tiene excepciones que nos sacan de esta resignación colectiva. Gente que ya en el pasado decidió levantarse del sofá, quitarse los zapatos y buscar entre la hojarasca y el ruido. Gente que subió trabajosamente las montañas y nos trajo frutos silvestres. O excavó en la basura de las ciudades. También hoy, como digo, hay poetas que ya están apuntando hacia otro lugar. Escritores dispuestos a abrir puertas y ventanas y a asumir que la entropía es el orden natural de las cosas.

El libro que tiene entre sus manos recoge la poesía que Agustín Fernández Mallo ha escrito durante casi veinte años. Nacido en La Coruña, pero alimentado y crecido en toda la Pangea, no se puede enmarcar su poesía dentro de un grupo generacional, sino que en sí misma es un discurso. Nos hallamos ante una obra total y en proceso, inorgánica, plural y multiforme. Una muestra completa donde los lectores de su narrativa encontrarán interacciones y correspondencias, aunque aquí desde una propuesta más esencialista, más de velocista que de maratoniano.

No me corresponde hablar de su poesía como filólogo y sí como un lector interesado, como un compañero de viaje. Y hablaré de su poesía describiendo cómo he ido incorporando a mi bibliografía emocional cada una de sus entregas. Y así, el primer acercamiento que tuve a la obra de Fernández Mallo fue *Joan Fontaine Odisea*, un libro que, ya desde sus primeros versos, anuncia que es *otra cosa*, que viene de *otro lugar*. Hay una aceptación de los discursos plurales, de la convivencia entre el lenguaje científico, el amatorio, el cinematográfico. Hay negación del sujeto, múltiples géneros que conviven caóticos y a la vez ordenados, que se relacionan de manera arbórea sin relación de causalidad. Hay otros ritmos versales y otros sonidos. Es, en definitiva, un ejercicio de indagación en nuevas posibilidades expresivas.

No es el canto estéril a la tecnología, como un hecho aislado del lenguaje poético, una rareza para reformular las metáforas; es una confianza ciega en que el lenguaje científico ya es plenamente poético, válido en sí mismo. No propone un discurso a la contra, es una poética que se funda en unas bases distintas. No es que el Binomio de Newton sea más bello que la Venus de Milo, como decía Pessoa. Es que ya no existe el Binomio de Newton. Y la Venus de Milo es ya una imagen pixelada.

Precisamente esa unidad digital indivisible es la palanca que activa su segundo libro, *Carne de píxel*. Un libro que trufa el lenguaje poético de elementos narrativos y audiovisuales, aunque de una forma más controlada, más consciente de dirigir su discurso en una dirección. Si *Joan Fontaine Odisea* era un abanico de posibilidades, *Carne de píxel* es una tesis en sí misma, un cuerpo plural de combate, donde invita al lector a bucear hacia el origen de las cosas a partir de la metáfora de la unidad mínima de significado digital.

Casi de forma simultánea a la publicación de *Carne de píxel*, Fernández Mallo avanzó el término *postpoética*, que cristalizó en un libro que le valió en 2009 ser finalista del Premio Anagrama de Ensayo. Ahí el autor plantea de forma clara qué desea de la poesía del siglo XXI y qué debe dejar atrás. Y hay un libro donde se avanzan esas primeras líneas: *Creta Lateral Travelling*. Un experimento híbrido, de poema en prosa, que, partiendo de una jugosa experiencia sensorial, incorpora la abstracción filosófica y (otra vez) la física como metáfora abierta. Semejante planteamiento se repite, con matices, en la que sería mi quinta experiencia lectora con Fernández Mallo, *Yo siempre regreso a los pezones y al punto 7 del Tractatus*.

Con independencia de su lectura singular, ambos libros comparten una manera multidimensional del hecho poético. Además de superar las barreras poesía/narrativa, o por plantear la validez de los textos individualmente y a su vez de manera conjunta, el poeta incorpora el hipertexto web, el vídeo y la imagen proyectada. Tres soportes que no son un mero adyacente al texto, sino aspectos sustanciales. De hecho, aunque la poesía de Fernández Mallo es válida en sí misma y no necesita para ser leída más que unos ojos atrevidos y sin complejos, la vertiente audiovisual e hipertextual añade unos elementos muy significativos y coherentes con la experiencia cultural total que plantea el autor.

Es en *Antibiótico* donde Fernández Mallo lleva la enumeración caótica a uno de sus máximos extremos. De hecho, en el desarrollo del mismo, ejemplifica de manera paradigmática un *poema postpoético*, en el que abundan las interferencias, niveles de lenguaje y secuencias puramente líricas, y al que sigue un fragmento de lo que sería su estúpidamente polémica versión de *El hacedor* de Borges, como si el arte del apropiacionismo, que con tanta pasión defendió el argentino, fuese un pecado mortal para un gallego posmoderno. Al fin y al cabo, todos trabajamos con materiales usados, con palabras que no nos pertenecen en exclusiva. Iggy Pop, Buster Keaton, las Tablas de la Ley y una foto del *ticket* de compra de un supermercado comparten, sin jerarquía, un espacio poético capaz de generar emociones plurales.

Este volumen se inicia con su última entrega, *Ya nadie se llamará como yo*, un libro de arrastre mucho más personal e íntimo. Quizá pueda verse como el más cercano, el que abandona los excesos de su escritura expansiva. Pero esa búsqueda de intimidad ya contiene, contaminada, todas las claves de su obra. No es el libro confesional de un poeta al uso, sino el de alguien que ya empieza a dudar de sus propias fuentes, de la física misma: un ser humano enfrentado a sus miedos y perplejidades. La muerte, que en sus libros anteriores discurre yuxtapuesta y en igualdad con los juegos, el cine o la música, aparece aquí como una sombra total, oscurecedora y al tiempo reveladora de una escritura más doliente. Aquellos que quisieron ver, equivocadamente, una cierta ligereza *pop* en la obra de Agustín Fernández Mallo, deben aterrizar en la lectura de *Ya nadie se llamará como yo*, en la que el autor abre una puerta desconocida para él mismo y para todos. Porque no es el regreso a la normalidad de la corriente fértil de una poesía acomodada en la melancolía; es un nuevo paso adelante para un escritor que en cada poema se descalza para subir a la montaña.

Esa pulsión exploradora la defiende en este último libro otro buceador en el lenguaje como es Antonio Gamoneda, que le ofrece unas palabras a modo de frontispicio a. En él, nos invita a la posibilidad de no comprender, de sentir antes que saber y de aceptar la contradicción como un hecho natural en la escritura. Dos escrituras, la del gallego y la del leonés, que buscan los perfiles escondidos de las palabras.

La obra de Agustín Fernández Mallo abre campo, desdibuja las fronteras de la poesía. Actualiza el concepto posmodernidad desde el alimento plural, abriendo un horizonte jugoso para que la crítica y la filología actualicen sus planteamientos de salida. No desde la sustitución, sino desde la yuxtaposición, porque una cosa puede ser válida y también la contraria. Es una apuesta por la superación de la poesía como reducto intelectual historicista y esclerótico, por un discurso activo, potente, lleno de actualidad y significado. Por poemas que saben nombrar el caos, la acumulación sucesiva de mensajes y palabras, la comunicación en el mundo contemporáneo. Es una espita de provocación para escritores que quieran atreverse. Porque es una poesía que viene de otro sitio y que, sobre todo, se dirige a otro lugar. Que le gana centímetros a la nada. Una poesía, la de Fernández Mallo, que invita a un lector más valiente, menos constreñido, capaz de atreverse a mirar con ojos nuevos. Un lector nuevamente ilusionado.

Pablo García Casado

YA NADIE SE LLAMARÁ COMO YO

FRONTISPICIO, SI LO ES, PARA UN LIBRO QUE ESCRIBIÓ, SI LO ESCRIBIÓ, AGUSTÍN FERNÁNDEZ MALLO, POETA Y VIVIENTE, DICEN*

> *To be or not to be* o apenas parecer ser, *that is the question.*
>
> W. Shakespeare
> (Subrepticiamente añadido).

Esta mañana me advertí sorprendido por un pensamiento, quizá un pensamiento, que me sorprende todos los días. Pensé, si es que pensé, en un animal amarillo; posible o imposiblemente amarillo. Algunos, yo p. ej., le dicen «el animal del llanto». No se sabe por qué.

Tampoco sé por qué acabo de escribir esto. Es, no sé, me parece, falso, pero me inquieta la posibilidad de haber tenido un pensamiento. Y el correlato del asunto: para haberlo tenido yo habría de estar en mí. Pensando, además.

Ayer también, más bien hoy, de madrugada, podría ser, quizá no, estuve leyendo, supongo, un libro de Agustín Fernández Mallo, que así se le dice; leyendo algunas afirmaciones probablemente excesivas, p. ej. : ... *la carne reivindica en esos momentos su porqué* /... o ... *Ya nadie se llamará como yo,* / ... o ... *Nunca fui el hombre que él creyó ser...* etcétera.

* Todas las palabras y frases que aparecen en letra cursiva, salvo las correspondientes a la cita cabecera de Shakespeare, pertenecen a Agustín Fernández Mallo y están presentes en su libro *Ya nadie se llamará como yo*.

Estas afirmaciones, si lo fueran, serían, como digo, probablemente excesivas, pero también, si lo fueran, muy inteligentes. La dificultad estriba en que Agustín Fernández Mallo sea carnal y efectivamente Agustín Fernández Mallo, y que lo sea en sí mismo. Pensando, además.

¡Cuánta extrañeza! Cósmica o espiritualmente hablando —es un decir— estimo ininteligible esa mínima inteligencia que digo: ser en sí mismo (puede verse que me atrae el balbuceo ontológico, una afición inútil, estimo), porque

Efe Eme, yo, cualquiera, ¿en sí mismo? Ininteligible, ininteligible.

Efe Eme dice también, si las dice, otras cosas interesantes: ... *no me gusta usar el cuchillo antes del crepúsculo...* / o ... *un cuerpo empieza / en cualquier parte y termina también en cualquier parte. /...* Sí, bien,

el cuchillo crepuscular me interesa por su condición improbable, pero más me interesa lo del cuerpo y sus imprecisos o inexistentes límites. Una espléndida aproximación a la única normalidad razonable, a la normalidad de no ser. Interesante, interesante.

Efe Eme lo refrenda razonadamente poco antes o poco después, informando sobre un ... *gato que dentro de una caja estaba vivo / y muerto...* /. Aun tratándose de un gato, es razonable, muy razonable. No explica nada y nada se entiende. Como debe ser. Dijo Eliot, se dice, que «la poesía es antes sensible que inteligible». No era tonto Sir Thomas, aunque ya Aristóteles...

Así ocurre también cuando Efe Eme manifiesta su deseo de ... *evitar / todo contacto con aquello que no soy,* ... /. Quiere decir, sea o no sea así, evitar todo contacto con su realidad posiblemente imposible, con su particular, intrínseco nadie. No obstante, no obstante...

Algo parecido me ocurre a mí, creo o descreo, no sé y no me tomo el trabajo de averiguarlo, si soy o no soy nadie efectivamente, si fui o voy a ser nadie, si únicamente, apenas parezco ser etcétera. Pero Efe Eme tiene preocupaciones, se diría. Le preocupa, p. ej., si ... [¿] *beben agua los peces [?]*... Si se diera o diese la circunstancia epicúrea de que charlásemos en jardines, si los hubiera o hubiese, esperando a Epicuro o no, le contaría a Efe Eme que en la Hacienda San Jorge (Isla de La Palma, Municipio de los Cancajos) comprobé, si comprobación hubo, cómo un pájaro africano, azul y cautivo dormía con los ojos abiertos. No es lo mismo pero se parece.

Voy ya, aunque pronto, perlas de la vejez, algo cansando de hacer notas en manera más o menos perifrástica, intentando que sean y no sean. De aquí en adelante voy a hacer más llana la causa expositiva: «Al pan pan y al vino vino». Una falsedad, sí, pero una falsedad declarada comporta atenuante, jurídicamente hablando, dicen. El propio Efe Eme suscribe opiniones análogas en cierto modo, hasta cierto punto, a esta tal opinión, véase: ... *las cosas sólo adquieren valor cuando son falsificadas*— /... Coincidimos, pues, en asuntos y, podría ser, podría ser, en causas, aunque no siempre, no siempre, porque

vamos a ver: Efe Eme informa de que desde que ... *en 2013 se confirmó la existencia del bosón de Higgs,* (el aparato escribe «Higos», por algo será) / *el vacío no es la <u>nada</u>* (el subrayado es mío y lo es por «mor» —aféresis detestable ésta— de artificio tipográfico), *sino un lugar...*/. Sí, ya, pero ¿quién confirma la existencia de los confirmadores (me acuerdo —¿me acuerdo? ¡Quién sabe!— y la escribo a cuento de nada —«nada», sí, pero no asustarse, que es simple homofonía—, de la tan bella serranilla de Iñigo López: «... y fueron las flores / de cabe Espinama / los encobridores»), de los confirmadores, decía, de Higos, del bosón, que no sé lo que es? Y dice también Efe

Eme: ... *buscarte en el vacío o en la nada...* Pero ¿no da igual, amigo?

Ha de ser ya «pasante» la siesta «en hora menguada», porque leyendo, leyendo, me he quedado dormido y, obviamente, despierto. Ha sonado el teléfono y, como es natural dormido y despierto, no he descolgado. Ha venido mi nieta, encantadora, encantadora (nacida el día 18 de julio de 1998, ¡qué cosas!), con el periódico y sus sedicentes últimas noticias y, naturalmente, he dejado las sedicentes para mañana (qué sabrán ellos de ultimidades). Por lo demás, Efe Eme me ha procurado muy enjundiosas (no sé lo que significa o no significa «enjundiosas», algo significará) y poéticas páginas (... *la nada se pudre...* —No estaría mal), de las cuales

no daré testimonio porque éstas, además, son en sí mismas, caso de ser, muy enjundiosas y poéticas, suficientes en sí mismas, caso de ser. Contrariamente, observo que mi párrafo, mi hiperversículo anterior o lo que sea o, naturalmente, no sea, va cojo, rítmicamente hablando. En fin, pongo el ojo en la página 98 y leo: *todo era mentira y verdad al mismo tiempo.*

Podría cerrar aquí mi protocolo, dado que todo queda así dicho ya, pero no; tengo vocación o algo parecido, parece ser: ya descansaré si mi dudoso cuerpo necesitara o necesitase —suele decirse gramaticalmente hablando y lo vengo diciendo por suntuoso capricho sinonímico— descanso.

Y leyendo, leyendo, ahora sólo despierto, parece ser (qué pobreza la mía: no tengo ni para un mal entresueño), doy con un hermoso final poemático que es, a su vez, preámbulo, donde Efe Eme, por segunda o tercera vez, libro atrás libro adelante, comienza a decir: *ya nadie se llamará como yo,* (passim) para inacabar diciendo: ... *ten fe en la materia sobre todas las cosas.*

Bien están el cit. redundado y los vid. elididos (¿será correcto «elididos», término descalabrado que escribo por primera y última —queda bien aquí el sinsentido— vez?), pero...

Pero yo me pregunto y, naturalmente, no me respondo, ¿cómo tener fe en una fe, si tal fe, si es, no es materia o sustancia? A no ser, a no ser...

A no ser, es decir, no siendo pero posiblemente siendo, que se entienda lo ininteligible, circunstancia imposible, quizá posible en Efe Eme y en Italo Calvino, al parecer. Cabe entender que soy yo quien no entiende lo inteligible. Doy por tanto por bueno lo que concierne a la fe insustancial. Lo doy seriamente por bueno. O no.

Efe Eme ha entrado o está a punto de entrar en un bosque, dado que dice *Veo un bosque y algo más vivo dentro*; lo dice 45 veces, más o menos.

Pero el bosque no acaba de aparecer aunque, podría ser, esté ya casi aparecido. Mientras tanto, Efe Eme ha decidido hacer numerosas anotaciones (históricas, biológicas, lingüísticas etcétera) o en el peor de los casos, que pudiera ser el mejor, apenas empíricas, rigurosamente científicas, plausibles todas ellas (las anotaciones digo), aun siendo *mentira y verdad al mismo tiempo*, como está ya anunciado y es natural.

La verdad es que el libro, haya sido o no escrito por Efe Eme o por Nadie y habiéndolo leído yo o no (la segunda posibilidad, si se ha dado, no ha sido por falta de voluntad o deseo, sino por la dificultad de echar mano de mí mismo en mí), es magnífico aun pudiendo no serlo. Tan sólo le sobra una imprecisa «a» levemente cacofónica a su penúltima línea, sólo una.

Antonio Gamoneda

En un poema nada cabe de naturaleza sentimental. Quiero decir que, como cualquier máquina, debe carecer de ingredientes superfluos. Su movimiento es un fenómeno de carácter más físico que literario.

WILLIAM CARLOS WILLIAMS

I
Como si hubiera perdido la fe en el sueño

> Necesito un mapa que me muestre el mundo
> prehistórico coexistiendo con el mundo presente.
>
> ROBERT SMITHSON

Detectan su fin, van haciéndose transparentes los cuerpos, ves cómo se funden con el paisaje —ves a través de ellos el paisaje—.

Es paradójico porque más que nunca la carne reivindica en esos momentos su porqué

—una flecha se clava en el aire y se hace aire y luego telón y cae y levanta un polvo sin propietario—.

Ya nadie se llamará como yo,
me dijo.

4.30 de la madrugada, no podía dormir,
como si hubiera perdido la fe en el sueño.
Nunca fui el hombre que él creyó ser, pero sí
en el que hasta el final confió heces y sueños.
Caminé doce kilómetros hasta el inicio del valle
   —pasa un animal, dentro un humano que me mira y
                                          [desaparece—,
no sé qué significa que a un grupo de casas no llegara la Guerra
pero sí Internet. Mi hermana mayor me pregunta
por qué no como fruta, le digo que no me gusta
usar el cuchillo antes del crepúsculo. Acumulo cosas
que no me necesitan, tampoco la lluvia cae sola,
la conduce su peso. *Valle* (definición, Geol.): *depresión más larga*
que ancha. Los árboles derrochan clorofila,
la puntas de las hojas anotan frases
abstractas como tu caligrafía, un cuerpo empieza
en cualquier parte y termina también en cualquier parte.
Donde la luz crece ordinaria los niños van haciendo
ablaciones a las flores, era verano. La fruta, muda,
nos parece ahora un búnker.
No era aquello la lógica de los malos poemas:
saquear tu intimidad sin ofrecer nada a cambio.
Y de pronto la urna, cilíndrica, azul mate, del mismo color
que las cenizas que iban dentro.

Abrimos la losa de mármol,
apenas unos centímetros,
eché una mirada dentro
    —la linterna del acomodador barre el patio de butacas
    y lo ensucia para siempre—.
Como aquel gato que dentro de una caja estaba vivo
y muerto al mismo tiempo.
El radio de esta noche no es
la mitad de su diámetro.

Me gustaría bañarme en mi propia saliva para evitar
todo contacto con aquello que no soy, sin embargo
oigo dos ruidos. Que levante la mano quien no haya pasado
horas mirando cómo por un hilo un charco
desagua en otro charco. Sobre una guía telefónica,
que llena de números muertos da mucha pena,
descansan pocillos de café, platos mal apilados, pareciera
que en cualquier momento quisiera convertirse en un fregadero.
O el trigo y el arroz: nunca han sido del bosque los alimentos
que han salvado a los humanos.
Pelo una manzana
hasta unas lágrimas sólidas que hay en su corazón. Las como.
Los ejes chirrían.
Cada vez que oyes un ruido, hay un eje. Cada vez
que oyes dos ruidos, una conversación.
Nadie habla solo.
El tic-tac de la lluvia está pensado para numerar el mundo,
mejor dicho, es el vivo retrato del mundo pero en abstracto.
El agua de la bañera está desnuda
    —el mar es otra cosa, no consigo
    responder esta pregunta: ¿beben agua los peces?, ¿tienen
                                                                   [sed?,
    ¿son sus agallas el aro roto
    de un recién circuncidado?—. Oigo dos ruidos.

Sale el sol, imprime el mundo en papel continuo,
por eso no te enteras. El hombre del tiempo estará
agujereando las nubes, te pido que aceleres, me gustaría
llegar a la desembocadura del valle antes de que la noche
nos agujeree a nosotros. Hablamos
de la arbitrariedad de las constelaciones, de trazar otras líneas
entre esos sedimentos del *big bang* y los neumáticos del coche.
Con las yemas de los dedos amplío y reduzco el tamaño
de tu rostro en la pantalla, también una vez vi a un panadero
amasar una mezcla de cereal y agua.
Manifiéstate.
Siempre estaba viajando, siempre solo. En un maletín,
como un dique desprendido, acosado por las olas
aguardaba nuestro futuro.
Nos traía chucherías de los aeropuertos. Es ahora
—oigo dos ruidos,
oigo tantos ruidos—
cuando por primera vez viajamos juntos.
Eres utópico porque no tienes
un lugar asignado.

La llama del calentador se apaga, lo hace de pronto,
como si a la cañería que conecta la bombona con el mundo
se le esfumara el alma.
Todos lo hemos visto. Continuamos comiendo.
Hablan de lo bueno que ha salido el televisor,
veinticinco años al frío y la humedad en una casa deshabitada,
un televisor —insisten—
de los malos, de hipermercado, y entonces creo
que ese electrodoméstico me habla sólo a mí
    —un médico ausculta unos pulmones, cree oír
    voces dentro, las cosas sólo adquieren valor
    cuando son falsificadas—.
Comemos corzo, lo trajo un anciano
del pueblo de al lado, manos de pólvora y arrugas
de maqui también de veinticinco años,
dijo que su barriga estaba tan caliente que parecía
tener un horno dentro.
No he parado de oír ruidos toda la noche,
el televisor es ahora una gota de ámbar,
el sol una esfera domesticada, la casa una estrella
cuya luz acaba de tomar otro rumbo.
Todos lo hemos visto.
Todos continuamos comiendo.

Vuelven las mariposas monarca, milagro de la navegación,
una vez al año.

Hay dos clases de sombra, la que viaja en contacto con el objeto
y la que se proyecta a distancia —vuela un avión y la ves correr
allí abajo sobre campos como el caudal de un río liso—.
De la primera habló Rosalía de Castro, de la segunda
Lucrecio y los astrónomos en general.

Hay una tercera sombra, nunca citada, efervesce
en el interior de los cuerpos, donde no llega la luz y el cielo
es un mar completamente aplanado.
Delirio de la eficiencia energética, hoy sólo
una mariposa monarca ha regresado.

Nos han encerrado afuera. No podemos
entrar en la casa.

El cielo de la mañana era una mueca, y vacía aún la tumba aproveché para mirar dentro. Desorden en mi idea de lo que es y no es eterno. En la pared hay brotes de ladrillo —esqueleto de fuego que, como *ellos*, arde sin descanso— y manchas de humedad en el suelo porque sube el lenguaje de los cuerpos —mi abuela por ejemplo—. Un manto de líquenes cuelga en la pared lateral, parece el cartel de un muro de un solar que nadie construirá,

cerramos la losa,
las truchas se van por unas puertas
que tiene el agua del río, la corriente dibuja garabatos,
ves en ellos tantas cosas que da risa, no hay espacio
en mi cabeza para más ideas. El cura dice algo.
Minutos antes
    —no obstante agosto—,
había dejado de llover,
el sol ahora iba y venía entre los agujeros de las nubes,
cazadores —supe luego— acababan de matar un corzo
dos montes más allá,
una ráfaga de aire deshizo los peinados,
las gafas de sol tampoco valían, éramos
un *spot* publicitario al que le hubieran retirado
el producto anunciado. Por parejas,
todos se abrazaron. El perímetro de los árboles

también se erguía seco. El tintineo
de unas monedas en mi bolsillo acelera la sangre.
Sellaron aquello con cemento
más blanco que un ojo ciego.
Fue la primera vez que no vi llorar a mi madre.

Desde que en 2013 se confirmó la existencia del bosón de Higgs,
el *vacío* no es la *nada*, sino un lugar lleno de partículas.
Queda así la nada reservada para el lenguaje de la poesía,
las religiones, el ámbito de lo que algunos llaman lo difuso.
La realidad, por mediación del lenguaje, como un río
se ha creado a la vez que escindido.

Ello me plantea un problema, radical duda que se hunde
en el lodo de mi lenguaje aprendido:
buscarte en el vacío o en la nada, en cuál
estás tú ahora.

Mordemos el anzuelo de agosto, por la noche
mis cuñados y yo salimos al corral, un cigarrillo,
uno dice que el suyo es de contrabando y entra
en sus pulmones todo el Atlántico que lo trajo, el otro sueña
con tumores y fractales y pareciera que allí afuera
estuviéramos también fuera del mundo.
Las ventanas mostraban una luz que ya no nos pertenecía.
Las montañas no son románticas, sólo reales, digo.
El canto de los grillos sugiere una sola alma. Comentamos algo
de una crisis financiera que pasará y se llevará
nuestra parte iluminada
    —la casa emitía luz por otras muchas rendijas—,
el azul de la ceniza será la primera incandescencia
—¿no ves acaso fuegos fatuos en los ojos de los gatos?—.
El agua y la tierra de río no comparten
naturaleza pero envejecen al mismo tiempo.
Alguien nos llama para la cena.
Tres colillas aplastadas a punto
de formar una letra.
Esta noche el objetivo es aumentar de volumen, imitar
al agua que no corre,
alcanzar el estado del hielo.

Las imágenes no vienen de afuera sino del fondo
de los ojos, arca donde metimos todas las especies.
Las olas baten contra el acantilado del rostro,
nada importan petroleros, cargueros, barcos de recreo,
el mar carece de memoria, cómo si no la arena
de edificios y de tantas cosas que sin agua serán.
La llama de la chimenea tiene un aire a cartílago pintado,
y el olor a miseria y frío que recrea.
Cuántas motas de polvo hacen falta
para dar marcha atrás y componer un hueso.
Llevo dentro de mí un secreto al cual
no tengo acceso. En el cielo hay resplandores
que no pertenecen al cielo, sino al aro
de la circuncisión. Mi pene es un lugar prestado.
Una cigüeña aguarda quieta,
como tomada por la alucinación de ser árbol o piedra
    —el brillo en sus ojos la delata—,
alza el vuelo cuando me acerco, un batir torpe, ávido
de ternura, batir de *souvenir* traído
de pronto a la vida. Tu presencia adquiere entonces
un rango de fósforo mojado.
La cresta de los montes una cremallera que podría
reventar en cualquier momento.

Estos días no han parado de pasar aviones, por algún motivo
que tiene que ver con la temperatura del aire dejan una estela,
tardará en desvanecerse toda la mañana. Eligen lugares
[inhóspitos,
rutas remotas —dicen en el pueblo—, así en caso de caer
no pasa nada.

La iglesia no está fría, tiene frío, nos espera para que nuestros
[cuerpos
calienten santos de yeso, tallas de madera, bancos
de mimbre y paredes
—por ese orden—
de pizarra y mica.
Durante la media hora larga no dejo de darle vueltas
a qué clase de agua es la bendita, repaso
todas las marcas comerciales, como quien cuenta
ovejas o tras una ventana ve coches pasar y repara
en colores que nunca había visto,

o acaso se trata de agua del río, la misma que no sé cómo
aquellos días remontaba el cauce —quiero llamarlo médula—
en busca de un manantial nunca suficientemente geolocalizado,
y da lugar a toda clase de leyendas:
en los bancos del fondo un hombre se palpa todos

sus agujeros, una mujer mueve los dedos
sobre un rosario a una velocidad que parece masticarlo.

Afuera —no obstante agosto— sobre un ganado
que de pie y muy quieto parece no esperar nada llueve,
no sobre el microchip,
que muy caliente entre su piel y el músculo escenifica
otra ceremonia de tránsito. Puede que esa brasa de silicio sea
la única huella que el animal deje en la tierra.

Sólo una mujer se acerca a recibir el misterio en la lengua.
Nadie la conoce. La carne genera por igual
peregrinos y bacterias. Seguro que ahora mismo
afuera un avión —llevará retraso—
traza la hipotenusa del cielo.

No lo sabía: el mármol se friega como se friegan
unas escaleras.

Así como degradados orientalismos creen ver en *pi* al Más Allá en virtud de su pertenencia a los números Irracionales Trascendentes,

así reposaba en el suelo de la cabina del piloto de Ryanair una bolsa de supermercado que la puerta, entreabierta, me dejó ver,

de modo que hoy no hablaré del *fruto de la nada* sino del fruto de la manzana que crece y se hincha hasta que nuestro cuerpo coincide con ella en altura, anchura y profundidad,

si la manzana es un cubo, somos un cubo,

si la manzana es una esfera, somos una esfera,

si la manzana es una estrella, somos una estrella,

encajamos en el molde tan exactamente que no queda ni una lámina de aire para respirar: la nada se pudre. ¿Cómo serán los gusanos de la nada?

El piloto extrae otro fruto.

Esa bolsa algún día nos matará a todos.

Llueven flores con la velocidad del granizo,
mi sobrino coge la urna —parece una bombonera
a la que hubieran extraído todo el azúcar—
y no sabe por qué le toca trasportarla.
Me he despertado a las 4.30 de la madrugada,
la oscuridad dibuja rostros en coma, a mi lado
otro rostro dice que no le dejo dormir —aún es joven,
siente frío, y eso es algo que no entiendo—. Me levanto,
en menos de 1 segundo el ruido de mis pasos viaja
de punta a punta de la casa, temí
que el rumor de la cafetera los despertara a todos

—que estarán en mitad de sus respectivos sueños, modelan imágenes de estrellas en explosión, extractos de cuentas bancarias, topos venidos a la luz, sus pupilas tiemblan—,

y decidí salir al centro del silencio,
que era mentira pero me daba igual, el anorak,
identidad o exoesqueleto que encontré en el armario de la
    entrada,
el frío seco —no obstante agosto—,
y la misma esponja seca el asfalto.
Me pareció que las casas deshabitadas, y los chopos
que junto al río rugían su digestión comunitaria,

y los coches aparcados en batería casualmente combinados
de manera que dibujaban la bandera de Francia
—salvo el color añadido de un Renault negro—,
y las pisadas de las vacas en el barro y yo mismo,
éramos carne de interior, comida rápida a la espera
de ser descongelada, pero por quién
—toda comida rápida es lentísima para un ruido que en menos
de 1 segundo cruza de punta a punta la casa—.
A contraluz, la torre de la iglesia
    —sin campanas, las robaron en el 88—
parece el monolito de *2001*, las vacas mastican
una clase de hierba que no conozco,
arranco una brizna, la pruebo.
El río, muy lejos
—ya casi no lo oigo—
no detiene su hemorragia.

A la luz blanca le brotan colores para anunciarnos
que se va al recreo, al lavabo, de vacaciones,
pero va de compras

—la luz compra el mundo, siempre ha querido comprar el mundo,
ocuparlo todo es su misión, nunca ha descansado y nunca descansará, incluso los agujeros negros se hallan saturados de luz, auténticas multinacionales de la luz—,

pero aquí, ahora mismo, es noche cerrada
y la de las estrellas no satisface lo anteriormente dicho
    —mucho menos la de la luna: llega con la suciedad
    de lo adquirido en segunda mano—.
El páramo se curva más que el ojo, así que
es inmenso, el viento husmea en el frío un boquete de salida.
Algo brilla entre unos matorrales, me agacho,
una tarjeta de crédito.

La había perdido años atrás, las espinas de los cardos
perforan la banda magnética, roedores han limado
la media luna de sus dientes en la fecha de caducidad, un manto
de liquen cubre los dígitos de control y mis apellidos,
no mi nombre,
me dejan huérfano.

En seguida recuerdo:
mi primera cuenta corriente, Caixa Galicia,
un amigo había dicho «así me ayudas a que me prorroguen el
[contrato,
después la olvidas y ya está».

La meto en el bolsillo —un acto reflejo—.
Al instante la dejo donde estaba.

NOTA: Entonces sentí algo muy raro, como si todos los signos se quedaran sin referente, como si decir *liquen, matorrales, roedores, tarjeta de crédito* o *contrato* fuera nombrar objetos sin vida nuestra, sólo vida de ellos, muy adentro de ellos, opaca a mis manos como es opaco el Universo más allá del *horizonte de sucesos*, los alimentos más allá de la fecha que los caduca de veras, o el sistema nervioso de esta lagartija que ante mis ojos se tumba sobre la banda magnética y espera la salida de un sol que no cubre el mundo sino que lo atraviesa. Me siento en un tronco, espero con ella. Imagino que años más tarde alguien dice acerca de mí: «tras adentrarse en las montañas del Norte para nunca más ser visto...». FIN DE LA NOTA

Tú no eres mi objetivo, ni tan siquiera mi deseo, sino la herramienta, el metro con el que medir la altura y profundidad, pero sobre todo la anchura de las cosas,

la gota de aceite que en busca del agua se extiende para después, esférica, no mezclarse,

los poetas también han hablado del sol, de las manzanas, de la luna, de los ojos, de las bolas de fuego y de las lágrimas, todas ellas esferas,

hemos vuelto a la mitología de lo tangible,

como si nunca hubiera existido el aura de la basura o el
 magnetófono,

como si los que se fueron hubieran estado alguna vez entre
 nosotros,

como si tu recuerdo se erigiera en catedral sin órgano
 —creo distinguir una nota, tan lejana y abstracta
 que podría ser la de una misa a la que jamás he asistido,
 la de una radio de un chiringuito que no pisaré—.
Las raíces expían su amargor de genciana bajo tierra.
Los ríos subterráneos están ahora mismo vaciándose.
Un todoterreno se hunde hasta los faros.

En el tronco de un álamo del último bosque encuentro una hoz y un martillo, no fueron grabados por una hoz de verdad y un martillo de veras,

creo recordar el abrecartas, la fantasía burguesa que residía en su punta de rayo, eficaz tan sólo en materiales blandos,

cosas borradas por la rotación de la Tierra,

la hierba lanza un mugido y revienta el cielo y todas las leyes de la gravedad que hemos ido inventando,

la afasia es un estilo en sí misma,

más allá, la nieve se muere por indagar sus propios sueños, crecer hasta suplantar al lago que nivela el mundo, pero sigue dormida,

hoy como luz
y vomito luz,

los dibujos de niños que nunca regresaron a pesar de haber dado los pasos adecuados.

A esa hora en la que los tallos de los arbustos son
relojes de sol, y sus pequeñas ramificaciones dan la hora

como relojes de muñeca, y también las abejas pero móviles para
                                                      [mostrarnos
la relatividad inherente a los cronómetros,
a esa hora,
digo,
como luz
y vomito luz.

Al mismo tiempo, a 1.500 kilómetros de distancia, en otra isla yo también escribía:

1 de agosto:
El *homo sapiens* que cazó y dio muerte al último neandertal cazó también para nosotros la primera imagen.
Cráneo (definición): Caja ósea que contiene al cerebro.
En algún lugar de esta oscuridad hay una isla. Lo sé por la luz del faro.

2 de agosto:
En *El castillo* y en *El proceso*, la ambigüedad de los personajes respecto a las autoridades evoca la ambigüedad del plancton frente al agua de mar.
También escribir es indiferente.
Quince años atrás, nadando a crol.
Los aparatos de aire acondicionado morían al sol. No tenían ánimo de evangelizar, buscaban mero entretenimiento.

3 de agosto:
Lo que comúnmente llamamos amar, es un instante. Su continuidad, el agujero que nos practicamos a fin de observarlo.
Cada gaviota un fósforo a punto de ser encendido.

4 de agosto:
En el océano Ártico, mar de Kara, hay una isla que pertenece a Rusia pero tiene forma de ojo de faraón egipcio. Se llama Lonely Island.
Sólo una persona, meteorólogo aficionado, la ha habitado. En 1927 encontraron bajo el hielo sus instrumentos de medición. Ni rastro del cuerpo. El último parte que emitió por radio, 4 de agosto de 1926, y cuya grabación se conserva, dice:
«Hoy hace un día espléndido, han llegado las gaviotas y...».
Se llama Lonely Island porque las últimas palabras resultan inaudibles.

5 de agosto:
La superficie del mar presenta una textura de estrías similares a las que aparecen en los muslos y glúteos de personas que engordan y adelgazan súbitamente.
Pero eso se ve mejor desde el cielo. Cabezas, piernas, manos, pies, todo allí abajo.
Hoy en las Olimpiadas unos corredores creyeron dejar exhaustos los cronómetros.

6 de agosto:
En cualquier casa, la única cosa que nos es dado tocar son las manillas de las puertas. En ésta tienen forma de caracol. Dependiendo de las habitaciones, unos de mar, otros de tierra.

Vengo fijándome en que todas las iglesias huelen igual. Se trata de un paisaje continuo, virus que secretamente asegura la propagación y supervivencia de un hábitat, de un clima, de una especie. A un mecanismo similar se acoge el perfume de los grandes almacenes, el sonido del interior de los cuerpos, el vaho que en la confrontación se eleva desde las trincheras.

Si pudieras hacer un molde de dos bocas cuando se besan, verías algo totalmente irreconocible.

7 de agosto:
El silencio con el que se lee un libro guarda relación —por no decir que es el mismo— con ese otro silencio que aparece cuando se cuida a un enfermo terminal.

Incluso la luz aquí no partió de ningún sitio. Siempre fue paralela a sí misma.

8 de agosto:
Esta noche he estado trabajado en la siguiente idea, que extraje de un libro del paleontólogo Stephen Jay Gould: su profesión se enfrenta a una frustración irremediable, los registros fósiles siempre son sólidos, principalmente huesos y dientes que nada informan de las partes blandas de los cuerpos, sujetas a descomposición. Así, los paleontólogos deben inferir esas otras partes, o fiarse de relatos orales o dibujos en caso de existir. Creí entender entonces que no sólo la paleontología sino todas las reconstrucciones del pasado, ya sea remoto o reciente, se hacen a través de esquemas ciertos (residuos sólidos) y material inventado (partes blandas). Así la historiografía, así las religiones, así las ideologías, así los noticiarios. Hallamos hechos como se hallan dientes y huesos, estructuras sólidas a las que cada generación añade órganos de innumerables formas hasta conformar su propia idea de cuerpo vivo y muerto al mismo tiempo.

Ya nadie se llamará como yo,
me dijo.
Pasas por delante y te detienes a oír sus ronquidos, lenguaje
que ni un tigre de Bengala ni los pájaros de Alaska
hubieran podido descifrar.

Imposible anticipar en aquel momento su calavera
de Damien Hirst, playa de diamantes en la que hablan
de sus cosas los muertos.

La carretera parecía un rostro rotulado por un cirujano,
las casas techadas con centeno sobreviven
2 veces más que las techadas con trigo: resucitan.
La Edad de Bronce, la Edad de Silicio,
la Edad de Estiércol. El escarabajo refuta la idea
de que el avión pequeño reposta en el más grande, la ventisca
—no obstante agosto—
echa por tierra la idea de que llevas un sistema solar
en el centro del corazón. Una señal informa:
pendiente del 10 % y le añado un 0 y me hundo
verticalmente en este asfalto antiguo y excéntrico.

«Esta tarde, estábamos en los postres, hundí la cuchara en la tarta
al whiskey, pensé en una pareja pescando en el lago Tahoe, y casi
me hace estallar en lágrimas», me ha escrito hoy un amigo.

La memoria evoluciona hacia una apariencia
de molusco pero no termina de abrir su concha
ni brindar su vulva. Cosas
que sólo pueden ser vistas en la oscuridad.

Años atrás, en el centro de otras calles
ordinarias como novelas, sentada en un portal
una pareja comía patatas fritas de una misma bolsa.

Se besan.
El bolo alimenticio expresa una felicidad
como otra cualquiera.
La cantera que suma piedras en vez de vaciarlas, el bolígrafo
que recupera su tinta —y la memoria de la tinta—,
el barco que en vez de abrir cierra el mar a su paso, sudor
que vuelve a la entraña y se hace charco.

Veo el cubo que sube el agua del pozo
—parcheado por un hojalatero, pasaba una vez al año, tocaba un pito y sonaba a escape de gas aunque quisiera parecerse al canto de un pájaro desconocido—
y pienso en toda esa gente que cuelga fotos de animales en [Facebook,
la excitación de carácter zoófilo que les impide dejar de mirarlos.

Veo el cubo que sube agua del pozo y pienso en cuántas manos hicieron falta para traérnoslo lleno
—una vez conté las manos que aparecen en los 31 deuvedés del documental, *Segunda Guerra Mundial, las imágenes definitivas*, y comprobé que había más dedos que balas—.

Veo el cubo que sube el agua del pozo y una lectura de Chéjov se derrama como si el relato corto fuera un trozo de agua acorralada y sola,
—tengo 8 años, una trucha platino tiembla en un tridente, una orquesta de verano tiembla ahora en mi cabeza—.

Veo el cubo que sube el agua del pozo y lo veo a él dibujando un almacén para semillas, como ese del Norte de Europa pero aún más enterrado
—me refiero al que se hunde en una isla del Ártico noruego, mi-

llones de plantas llevadas desde los cinco continentes. Sólo se abrirá en caso de que todo se extinga—,
deja el portaminas sobre el papel cebolla,
se quita las gafas y me dice,
«¿por qué el fin del mundo se imagina siempre en una isla?».

No veo el cubo que sube el agua del pozo porque en el 77 se cayó al fondo
    —si había luna llena podías ver su reflejo—,
y el pozo se cerró para siempre.
No sé qué clase de monstruo será ahora la anguila,
el cuchillo,
el litio,
la nube de azor
que le crecía dentro.

Las cosas caen al cielo, el cielo es el lugar
al que caen las cosas, cogimos arándanos sin romperlos,
vimos acequias por las que los romanos
transportaban agua para lavar oro cientos de kilómetros más allá,
la magnitud de las montañas emulaba una tarta
con demasiada levadura para la boca de un niño.
Fue cuando mi hermana quiso ir a esperarnos a nuestro regreso.
Su bicicleta patinó en la gravilla
gravilla común,
pública,
gravilla sin propietario.
Se rompió la cabeza y tres dientes. No reconocía
a nadie salvo a mi madre.
«Vuelve otro día, de momento sólo eres un niño sin nombre»,
me dijo bajo una sábana —por unos tubos le extraían la luz—.
Pensé entonces que mientras él me enseñaba a coger arándanos,
mientras seguíamos una acequia que a cientos a kilómetros
lavaría oro para levantar un Imperio en Roma, ella,
tirada en el asfalto y sin memoria ya no era
de nuestra familia.
Se hizo mayor para siempre.

Basta con que una gota de sudor caiga sobre este huerto.
Sé que nada hará crecer. Basta con que una nube de insectos
le dé algún uso,
y desaparezca.

Las imágenes se retiran lo justo para poder ser contempladas.

«Son los plomos», dice alguien en tanto se va la luz. Quiero detenerme en el instante (1 segundo, 2 apenas) que tarda la habitación en hacerse total oscuridad, el modo en que las sillas, la panera, el calentador, el reloj de pared, el almanaque y los rostros, sobre todo los rostros en torno a la mesa, desaparecen con una lentitud que pareciera decirnos que será para siempre, cómo en 1 o 2 segundos las pieles se granulan, los rasgos decaen a manchas, luego a esquemas, las expresiones se hielan y lo último en apagarse son los ojos, de pronto guías o estrellas de un cielo nocturno que dura 1, apenas 2 segundos,

y ser tomado por la extrañeza de que esos astros existen a pares.

«No. Es de allá», corrige otra voz mientras en el aire «son los plomos» aún suena.

Lo vivo no retrata tan bien como yo.

A partir de cierto punto que no coincide
con el de la independencia económica pero se le parece,
todo acto se encamina a armar un mundo opuesto al miedo
que tejió el edredón de la infancia.

No sé qué me distanció de él.

¿No es rara esa necesidad exclusivamente humana de dar
                                                                              [nombre
a cuanto existe por el mero placer de sentir un sonido
golpear la lengua?
¿Cuánto tiempo hemos perdido en ello mientras los inviernos
pasaban, las ciudades se demolían y en su lugar levantábamos
otras o las mismas? En los rincones de esta cocina crecieron
                                                                                 [cosas
que no tendrán otra palabra que el dialecto o la lejía.

Lo vivo no retrata tan bien como yo.

A un paso de saber a trucha, el agua
del grifo sabe a piedras de río, le falta un infinitésimo,
siempre la recuerdo así.

Un buen vino, una excursión al cemento,
las aterradoras figuras a tamaño real
de dálmatas de escayola.

Hoy sabemos que tan cierto es que la Tierra
gira alrededor del sol como que el sol lo hace en torno nuestro,
depende del sistema de referencia que elijas.
Algo similar ocurre con la muerte y la vida.

El hallazgo de *Walden, la vida en los bosques,*
es que su autor se anticipa 100 años a Walt Disney:
establece la primera relación delirante del humano con plantas
y animales.

Tengo para mí que lo que verdaderamente molestó a Dios
no fue que Caín matara a Abel sino que después
lo enterrara para intentar ocultarlo de su vista: primera versión
de la mentira.
Lo había hecho a imagen y semejanza de un pájaro
al cual vio enterrar a otro alado muerto —dijo—.

Hay algo que el coleccionista no entiende,
lo que está hecho para siempre no puede ser guardado.

Los mansos años de los animales salvajes
    —toda su energía desviada a sus fauces—
se opone a la incesante actividad de los años domésticos.

Un coche encalló en el barro, nadie supo más
de sus ocupantes.

Como si un cuadro que parece de Hockney trajera
el aroma a cloro de todas las piscinas de Los Ángeles
y algo despega definitivamente en mi cabeza,
el magnífico *splash* de una posguerra de la que sólo sé
por fotografías.
Mi rostro no anuncia nada que merezca la pena, el sol
viene quemando cuantas historias cedimos al sistema solar,
en su jersey crecían nubes de lana, tomarían
en las radiografías todas las formas conocidas, tampoco olvides
el órgano interno y democrático que tardarás años
en reconocer como tuyo:
es su último corazón eléctrico lo que ahora
echas en falta. Partía cada noche
una manzana en cuatro hemisferios, como si multiplicara
mapas y sueños de vecinos que ya dormían.
Y yo miro todo eso desde el interior de una radiografía,
pasa una vaca, sus ubres mojan la noche y nadie sabe
dónde va esa vaca si esto no es la India.

Más allá de los acantilados del miedo (y con ello hago notar que no eran de mármol sino de miedo), más allá de los meandros de los deltas y las arenas movedizas, más allá de los campos de humo y del cristal sucio del cielo, más allá del trigo que por mucho que te empeñes nunca fue silvestre,

más allá de los pájaros entendidos como polinomios, más allá de las esferas de tomate y de las ubres que manan sin hostilidad, más allá de las hojas de pino que resuenan como cuchillos y las de los álamos que lo hacen como sonajeros, más allá de la curva donde crecen cardos junto a fresas salvajes, más allá de las mañanas de color rosa y las coníferas,

más allá del claro donde los lobos abandonan la piel mudada, más allá de donde los ojos pierden su bruma cortesana y resplandecen en color arcilla, más allá de los arbustos que parecen limpísimas escobas, más allá de los cielos que maduran y se pudren y caen a trozos sobre tu cabeza, más allá de los bosques de sacarosa,

llegué a la cabaña de Heidegger (en un principio no la reconocí como tuya),

derribé la puerta de una patada (y con ello hago notar que mi pierna y el nazismo a pesar de opuestos eran más sólidos de lo que pareciera), accedí a una estancia no vacía, diferentes penumbras, que hacían de tabiques, se alternaban con la luz procedente de las ventanas,

me senté a una mesa, dispuesta como para comer y a juzgar por su aspecto años atrás abandonada, moví la mano bajo el tablero de la silla, palpé unos objetos pegados, duros como piedras, eran chicles,

allí donde ha habido vano espejismo no puede
no engendrarse vida.

Un tipo sale por la tele, el subtítulo informa
que pertenece a Global Nature o algo así,
«en este incomparable marco las aves nos deleitan con sus
                                                    [trinos»,
siento ganas de vomitar.
Mi madre toma el fajo de billetes que mi padre
había guardado en una lata, lo palpa.
Ya no hay vida en ese dinero.
La sístole de la casa es ahora la de esa lata, bombea
cosas que no son recuerdos pero tampoco olvido,
como cuando ni te echan de tu puesto de trabajo ni te
                                                    [mantienen,
tan sólo te *apartan* a la espera
de un diagnóstico definitivo.
4.30 de la madrugada, temí
que el ruido de la cafetera los despertara a todos.
Ni una estrella así que el Universo acaba de anular
todas las distancias.
Quemo mi identidad en el anorak de la entrada,
el teléfono filma nubes como de Dreyer,
la luna hematoma de aire,
el columpio óxido y trigonometría,
fuego las ramas de los cerezos, piso hierbas
del tamaño de un niño, tienen un vicio en la punta,

parecen *art déco*.
El galope de un caballo cose ahora mismo la tierra.
Mi madre se levanta,
mira por la ventana y dice algo
en un idioma que desconoce.
Todos damos un grito.
Todas esas cosas desaparecerán esta mañana.

La muerte es una fiesta de la objetividad. Si hoy estuviera interesado en experimentar la felicidad iría al supermercado, compraría leche entera, helados grasos, buen vino de oferta, transformaría los productos en fantasmas personales, haría coincidir la agenda del teléfono —fijo como un pilar, un cimiento, una columna que siempre hubiera estado ahí— con la del teléfono móvil, copiaría cuanto tengo en discos duros repartidos por la casa: desplazar mi cerebro del mismo modo que la tela de araña —que todo lo siente— es un desplazamiento del cerebro de la araña, y en un vaso transparente metería un montón de monedas de 1 y 2 céntimos de euro —la miseria impostada tiene mejor aspecto vista a través de un cristal, a ser posible curvo—.

Pero la mímesis no asegura la supervivencia, algunas orugas simulan ser brotes de matorrales y el jardinero las poda, hay *insectoshoja* que se comen entre ellos porque se toman por hojas reales, la simulación de la identidad conduce a la homofagia, incita al canibalismo.

La muerte es una fiesta de la objetividad.

Una flecha de sombra se clava en el agua y la sombra
de la flecha se clava en mí e ilumina
lo que vengo inventando.
Me das la mano, acontece el seísmo.
Un problema: iguales son las heces
de todos los humanos pero no hay dos humanos iguales.
El vidrio de la ventana parece una estrategia de la luz,
la difunde sin esfuerzo.
Las tumbas aguardan vacías como un vaso aguarda
la gota que lo desborda. Bajo este prado
otras vallas nos contienen. El álgebra sustituye
números por letras para operar sin necesidad de calcular,
por eso escribo.
Cada instante se cierne sobre el inicial y lo enhebra, la fiesta
se prolonga hasta que el confeti acoge a la mosca,
se posa y antes de partir dicta su mensaje.
El cosmos está lleno de esta clase de fantasmas,
estrellas cuya luz nos engaña incluso muerta.
No es que el agua no tenga forma, acaba de olvidarla.
Tu caligrafía, abstracta como la Historia.

Rebasé la ermita y canturreé una canción de Parade,
Víctor, mi padre,
hace tiempo que no pienso en él,
mi padre.
Él deseaba un hijo, y me hizo.
Consecuencias de un mal uso de la electricidad.
Las llamas de las velas
    —para mí que son voces—
no queman.
Encastrado en el hueco de la chimenea, un televisor
humea un programa concurso,
alguien responde:
«ya nadie se llamará como yo»,
chaparrón de aplausos.
En el armario hay un libro que contra todo pronóstico
conserva la tinta, hecha con el mismo plomo
con el que se fabrican las balas. Hervimos la leche,
emerge una capa de nata
    —toda cosa lleva un náufrago dentro—,
como si en el blanco existiera otro blanco aún más blanco,
o como si a la leche le saquearan su rumia y su luz.
Creo no haber dicho que crucé el puente, un solo ojo
de piedra lo domina y en el crepúsculo, como HAL, se pone muy
                                        [rojo,

pasa el caudal y finge que le escucha.
Esa agua —esto es seguro— jamás ha alcanzado la temperatura de un cuerpo humano.

Creíamos haber atravesado un desierto, pero por la mañana, tras dormir los cuatro junto a una gasolinera, aún estábamos en Kansas. Esa noche habíamos escuchado muchas veces un disco de Durutti Column, ella descorchó una botella y contó la anécdota: el nombre del grupo provenía de que en una calle de Manchester habían visto un cartel de un partido político situacionista en el cual Columna Durruti estaba mal escrito, y se lo pusieron a la banda. Supieron del error ortográfico y de que se trataba de un batallón de milicianos cuando mucho tiempo después fueron a tocar a Madrid. Sentados en el capó, helado a esas horas, nos reímos mucho con la confusión, el mundo de la música está lleno de cosas así, son unos brutos de cuidado, en otra profesión estarían despedidos pero en ellos hace gracia. Esa noche nos quedamos dormidos con la vista fija en el neón, cada 3 segundos rasgaba en rojo la cortina, parecía una llamada al averno. Desayunamos en la gasolinera un café de máquina y algo parecido a un donut primitivo, todo era como en las películas, nos pusimos en marcha,

y recordé de pronto: 44 años antes, traje oscuro, corbata, un coche de cambio manual y sin seguro de accidente ni tarjeta de crédito atravesabas esas mismas carreteras de Kansas —faltaba 1 mes para que yo naciera—. En arreglo a criterios genéticos seleccionabas vacas para llevar a España. Luis dio entonces un volantazo —fue sólo una intuición— y al momento estábamos entre campos sembrados, el parabrisas una sábana de polvo no pisado desde sabe quién cuándo, hasta que en mitad de ese animal eviscerado que es el Midwest nos paramos. Bajo un molino un rebaño de vacas saciaba su sed. Giraron todas la cabeza al mismo tiempo que la girábamos los humanos. Me miraron a mí, fijamente, como quien contempla un espectro de su propio pasado. *Rumiar* (del lat. *rumigāre*): *Masticar por segunda vez, volviéndolo a la boca, el alimento que ya estuvo en el depósito que a este efecto tienen algunos animales.* Después alguien se acercó y todas salieron corriendo. http://www.youtube.com/watch?v=-VdwAcSt50A

Un manto de luz del color del liquen nos ha cubierto.
Me dan pena las cucharas, las ruedas, los vasos,
las persianas, las afeitadoras, no saben para qué
fueron fabricadas. O se les olvida vivir. Atravieso
habitaciones, el interruptor de la luz es otra cosa,
anticipa un deseo. En la chimenea la llama verde del álamo,
la chocolate del roble, la transparente del chopo, la negra
de algún plástico que se nos coló, ninguno sabemos
qué color tiene la de los huesos.
Antes de llegar los días en que los cables de cobre
condujeron la felicidad, existió otra felicidad más discreta
que a decir verdad nadie echa de menos. Cuántos guerreros
regresan al lugar que han devastado —el humus emite allí
una única nota—. Hicimos un arco y una flecha con todo eso,
y el cura un cretino que se acercó a la tumba como quien se
                                                              [acerca
a la barra de un bar y pide que le inviten a algo.
Después hubo que darle 100 euros, los dejamos
en un agujero de un cuerpo de yeso que quería ser Jesucristo.
Llamó muchas veces, no cogimos el teléfono,
y si lo hicimos fue para decir que nada recordábamos
de aquellos billetes.
Fermenta el día como fermenta el dinero.

Al mismo tiempo, a 1.500 kilómetros de distancia, en otra isla yo también escribía:

9 de agosto:
¿Qué fue de Second Life?
¿Existen habitantes en Second Life?
¿Quedará algún escaparate en pie en Second Life?
¿Y los cementerios de Second Life?

El mismo día que aprendes a hablar conoces el miedo.

10 de agosto:
Cualquier periodo histórico dice todo lo que puede decir y ve todo lo que puede ver. La vida se da en su máxima potencialidad. Incluso el miedo.
Hoy fuimos a caminar por las rocas, un paisaje lunar. El sol evapora el agua de las oquedades, queda la sal. Hemos estado recogiendo esa sal. Cada cristal viene generado por su impureza. Estará después de lo que vemos.

11 de agosto:
En, *La Mer*, Jules Michelet habla del infructuoso intento de atrapar con sus manos un pez:
«me pareció idéntico al medio en el que se desenvolvía, y tuve por

un momento la confusa idea de que el pez sólo era agua, agua animal, agua evolucionada».
Pero ocurre con todo.
Corazón (definición): isla de arcilla.

12 de agosto:
En 1965 Antoni Tàpies pinta *Materia con forma de pie*.
En 1965 Peter Higgs propone el Mecanismo de Higgs para explicar el origen de la masa del Universo.
Adivinación (definición): llegar a una previsión de acontecimientos futuros mediante la interpretación de presagios construidos como evidencia.

13 de agosto:
Hoy me he cruzado con un desconocido y ha emergido su cara desde un lejanísimo barro en mi memoria,
el corcho que de repente sale a flote tras disolverse la botella a la que era solidario,
he estado toda la tarde intentando ubicarlo en alguna escena,
no es lo mismo una repetición que un recuerdo,
ya de noche, en la cama, he pensado que en todas las corrientes, en todos los remolinos, en todos los huracanes y en todas las mareas hay un punto, un ojo, que nunca se mueve.

14 de agosto:
Creo lícito preguntarme si ha existido alguna vez un humano no tocado por la luz del sol.
El mejillón, esputo de mar, ola sólida en la boca.

15 de agosto:
¿A partir de qué distancia una guerra puede denominarse Mundial? Supongo que cuando sus efectos alcanzan lugares, ciudadanos y viviendas que nada tienen que ver con la contienda. Un pla-

neta globalizado asegura que toda guerra (también la doméstica, incluso la de uno contra sí mismo) es Mundial.

Si mientras un rostro sonríe pudieras hacer un molde de su mandíbula, verías que se trata de la misma mueca que cuando dices «¡ahhhh!», exclamación de dolor más común en la especie humana.

16 de agosto:
Si pudiera separar los sonidos del mar encontraría la combinación de ondas que día y noche me dice, «has estado aquí antes, es fácil encontrar el camino».

No sé por qué motivo el ruido de la calle molesta más dentro que fuera.

17 de agosto:
He llegado a pensar que la revolución operada en el Renacimiento, por la cual el hombre (el humano) se hace medida y centro de todas las cosas, no es tal, sino un efecto exactamente contrario: la disolución de nuestra especie en cuanto nos rodea. Así lo atestigua, por ejemplo, la Revolución Copernicana: el planeta Tierra deja de ser el centro del Universo. Da inicio entonces un proceso de dispersión o multiplicación muy nuestro que culmina —he llegado a pensar— con el Test de Turing.
Alan Turing (1912-1954), quien sentó las bases de la computación, enunció así su famoso Test: consideremos tres elementos, a saber, un humano, una máquina y un juez, encerrados en habitaciones separadas aunque con posibilidad de comunicarse vía, por ejemplo, telefónica. Si el juez, a través de preguntas y respuestas, no puede distinguir quién es el humano y quién la máquina, entonces ésta ha de ser considerada como un ente exactamente igual a nosotros, dotado de inteligencia y sensibilidad. Tal fingimiento o tal suplan-

tación de la realidad —he llegado a pensar— además de involuntariamente constituir uno de los fundamentos del posmodernismo, certifica la culminación del proceso de dispersión del hombre (del humano) que había dado inicio en el Renacimiento.

18 de agosto:
Las cosas —también los humanos— cuando mueren no cambian. Es un proceso muy parecido al destilado: se convierten en la esencia de lo que eran.

Este faro me hunde en la actualidad y en la distancia.

Me despierta un ruido en un sueño,
me levanto y el ruido
estaba fuera, pero no es la cafetera, ni alguien
que hace correr agua en la cisterna, ni la puerta
que cada verano pierde 2 gramos de cola y cruje en tanto yo sueño
con serpientes
    —todo esto algún día estará bajo el mar pero no será
    un pecio—,
ni gente con la que comparto nombre y no conozco

—me he buscado en muchas ciudades del Planeta: abro la guía telefónica y aún nadie se llama como yo. En Monterrey hay uno que tiene mi nombre y mi primer apellido, en Turín otro lleva mi nombre y mi segundo apellido, y es tonto pensar que soy la fusión de esos dos hombres pero lo pienso—,

todo ocurre al menos dos veces, comienzo de nuevo,
me despierta un ruido en un sueño, me levanto,
el primer rayo de sol no tiene memoria e indaga
una antigua pista en el espejo, anticipa la voz
de los que duermen,
sobre la mesa papeles manuscritos emulan un libro,
quieren ser un libro
    —cómo sufraga un objeto su fracaso—,

el paquete de tabaco exhibe la fotografía
de unos pulmones, son las alas
del Ángel de la Historia, un pájaro golpea la ventana y dice
que desde hoy nos da la espalda.
Vaciamos la casa para irnos, sus paredes
un poco abombadas, ligeramente curvos los marcos
de las ventanas,
tomada por una lógica de ojo de pez, de lente
que dentro de tu corazón enfoca exactamente
el centro de todo cuanto ya no te irrita.

Era aquel día, todo él, con su amanecer y su luz que húmeda tiembla, con su pendular sol en lo alto y su frío de la tarde, con su sacrificio de cerdo degollado y sus pezuñas que no sé por qué llaman *manitas*, con su crepúsculo del color del vino y su lápida que como una mascota al instante reconoce la novedad de unos huesos, era aquel día, todo él, digo, una Máquina de Turing: «aquello que puede fingir que es humano, deberá ser definido como humano».

Me repito como en el crepúsculo la tierra repite el calor
que durante el día ha ido acumulando.
Los cuerpos: nudos de luz. Alguien la apaga.
Lavamos su última ropa, da vueltas
en el tambor y cuando llega al punto más alto
se desploma. Cualquiera diría
que ese pijama busca su propio enterramiento.
Al otro lado de la ventana hay un árbol, cien años
dando manzanas a pájaros y a humanos. Las palabras
escritas en mármol no avanzan, pierden
su dialéctica cuando la muerte entra en la cocina,
mi hermana pequeña friega y sé que tararea
la *Canción del Elegido*, hay algo antiguo y cenital
en el modo en que mueve vasos y cuchillos y filmo
esas manos y después la película desaparece en la papelera del
[iPhone
—fue ahí cuando supe que el iPhone no tiene papelera, nunca como entonces he odiado tanto ese cacharro, un pájaro picotea la manzana en busca del gusano—.

En ese momento, en el sótano de la casa,
alguien cuenta los radios de una bicicleta.

Un soleado día de enero en Santa Mónica, un artista llamado Baldesari fue a unas rocas junto al mar. No puede decirse que se tratara de un acantilado, pero casi. Aunque sabía que no le veían, brazo en alto comenzó a saludar a cuantos barcos pasaban. Permaneció todo el día metido en esa actividad.
Después contó la historia: meses atrás, en un armario de la casa familiar había hallado una fotografía en la que aparecía su padre, aún joven, en el puerto, despidiendo con el brazo en alto a su madre, quien emigraba a América en un carguero.
Él aún no había nacido.
Él sólo quiso repetir el gesto.

Recordé esa historia cuando hoy, 4.30 de la madrugada, no podía dormir, me levanté y por miedo a despertar a todos no hice café. Abrí un cajón y encontré una fotografía. En una calle de una población española de los años 60, mi padre posa sentado en una moto —su primera Ossa—, mi madre se sienta atrás, mis hermanas también encima y la calle se fuga en un punto que en ese momento aún nadie podía precisar.
Yo aún no había nacido.
Yo sólo quise repetir el gesto.

A veces pienso que en mi vida todo ocurriera dos veces,
    —mira los trajes que cuelgan en las tintorerías, me dijo,
    parecen ciudadanos muertos—.
En el televisor una mujer da de mamar
a su hijo de dos años y reactualiza el mito de la pederastia.
Veinticinco años en una casa vacía, tiempo suficiente
para la confección de una programación propia.
4.30 de la madrugada,
pasa un tractor por mi cabeza y me despierta,
ara un campo que en el sueño no tiene materia pero no es
ni una estela ni un sonido. Me levanto,
todos duermen, inquieto el fondo de sus ojos
    —veo topos correr hacia una estrella,
    cuentas corrientes que quieren ser libros de arena—,
no busco revelaciones sino herramientas
con las que abrir las cosas como se abre
una conserva. Me acerco.
En torno a la urna el vuelo de un mosquito dibuja una mariposa
porque todo animal en movimiento genera individuos
de otra especie.

Del mismo modo que sólo existe clase media y lo demás
es fantasía estadística, el día avanza hacia la noche y después
sólo busca el retroceso al mediodía. Mi madre come un bistec
y cuando llega a la mitad piensa que todo ha terminado
—por cómo posa los cubiertos sobre el plato lo sabemos—.
Se levanta, abre el grifo, un vaso de agua,
es del pozo, está helada,
se agacha,
recoge un papel, es el código de barras
de un pijama, mira esas barras como quien mira
cenizas reunidas, dormirá con ellas desde entonces.
«El litio de las baterías cotiza más alto que el oro»,
dice ahora en la tele la mujer que nos mostró el modo
en que caían dos torres en Manhattan, y después afirma:
«de esta manera hoy recordamos el día internacional
de las mascotas», como horas más tarde afirmaría un sacerdote:
«de esta manera hoy recordamos a nuestro hermano José Antonio».
Mi madre, frente a la ventana, se pregunta cómo es posible
que desde hace horas no pase un solo coche,
el código de barras aún en sus manos y un pantano en la mirada.
Algunos envases de comida llevan una laca aromática,
un perfume
—murmura en voz baja—,
que sólo detecta el subconsciente.

Desde nuestra luz vemos las luces del pueblo y no entiendo
por qué no vemos las bombillas, estirpe de abrazos
multiplicados, un panal de deseos abrevia
el trecho que nos separa de la pretecnología.
La rebanada de pan se colapsa
bajo el peso de la mermelada, es monocroma.
Quedamos nosotros.
Todas las manzanas del mundo.
Nuestra mochila es memoria química y la memoria el punto
que contiene otro punto ligeramente descentrado:
lo más parecido a una semilla real. La lluvia
—no obstante agosto—
no mengua las fachadas, las empaqueta. Los guijarros
se emancipan del asfalto y brillan. No son trozos de luna,
son lunas.

Como todos los que creen saber algo pero
no saben nada yo te hablaba
del Segundo Principio de la Termodinámica. Tú del Tercero,
el trabajo se anula en el cero absoluto de temperatura,
lo escribes para mí,

$$\lim_{T \to 0} \frac{dW}{dT} \to 0$$

se cumple para la coz del caballo, la cabeza de un tornillo,

la firma de un contrato de trabajo, la plusvalía que sale
en *El capital*, las cenizas del Estado del Bienestar,
pero no para tu espermatozoide, que aun siendo ceniza
suda agua de río. El mar se arruga en mí
como un mapamundi que tirita.
Desde nuestra luz vemos las luces del pueblo,
esta casa no es la suma de ángulos rectos,
y no entiendo por qué si entre todos acabamos de demoler
a hachazos la fábrica de la luz.

Al mismo tiempo, a 1.500 kilómetros de distancia, en otra isla yo también escribía:

19 de agosto:
Bajo el agua hay un cuarto oscuro donde se revela cuanto ves en la superficie. Lo que era ficción se convierte en documento, y lo que era documento en ficción.
Unos niños pescan peces microscópicos. Sus madres, crema factor 100 hecha carne, aguardan el melanoma que las disuelva para siempre.
Qué lejos estas algas de los colmillos de un corzo.

20 de agosto:
Alguien ha ido a la playa en bicicleta. He confundido las huellas de las ruedas en la arena con rastros de serpiente.
Hay objetos situados fuera del tiempo. No sabes si preceden al mundo o lo recuerdan.
Cruzo la mirada con una mujer que pasa, reconozco en sus ojos otros ojos (exactamente los mismos, quiero decir) que vi en una catedral de Ámsterdam.
Botellas en la orilla. Toda basura es un recuerdo que se manifiesta en estado de monstruo.

21 de agosto:
El ojo humano puede engañarse hasta exasperar la fantasía, o esos peces de rarísimas formas que nacen, se desarrollan y mueren a 5.000 metros de profundidad sin jamás ver la luz.
Donde no hay luz crecen amorfas las siluetas.
Escribir: estar a 5.000 metros de profundidad mientras la memoria simula que hace surf.

22 de agosto:
Hoy hemos pensado en el gigantismo. Cómo es posible que 2 metros de ADN quepan en el interior de una célula, o que tus pulmones, desplegados, abarquen una superficie del tamaño de esta misma isla. ¿Tiene sentido llevar dentro una cartografía más grande que el Planeta?
La oscuridad que ahora veo también está aquí dentro.

23 de agosto:
Creí que era debido al agua: el café tiene sabor metálico. Pero he probado cada uno de sus componentes por separado —leche, agua, sacarosa y grano de café— y en ninguno encuentro ese sabor. Está por toda la ciudad. Volví a sentirlo cuando, en el supermercado, mientras buscaba monedas en el bolsillo sostuve unos instantes la factura entre mis labios.

24 de agosto:
Tras la cópula, la mantis religiosa comienza comiendo la nuca del macho, continúa con la cabeza hasta que, tras ingerir todo el cuerpo, deja las alas y se va.
Qué no tienen esas alas.

25 de agosto:
A veces la comida tiene un rendimiento negativo: en su fabricación y transporte se ha gastado más energía de la que luego, una

vez ingerida, aportará a tu cuerpo. El fenómeno es máximo en el caso del agua embotellada.

Aquí el agua de mar no erosiona la costa, la corroe.

26 de agosto:
Algo que hace de la memoria un objeto único es que sólo existe en primera persona.
Los aparatos de aire acondicionado se abren como cangrejos al sol: una relación tan sagrada como si fuera bendecida.

27 de agosto:
El conocido ensayo *La parte maldita* —en el que el heterodoxo pensador francés George Bataille desarrolla teorías acerca de los intercambios simbólicos y económicos dados entre las diferentes culturas— arranca con la ocurrencia de que el sol nos alumbra constantemente con un aporte de energía potencialmente infinita, energía que queramos o no deberemos gastar. Así, el derroche, el sacrificio incluso, no son elecciones políticas o religiosas sino inevitables procesos que nos definen en tanto que formas de vida evolucionadas.
Sin embargo en la vida de cualquiera existe un único punto cuya visión directa es negada, un lugar al que nunca podemos mirar, y ese punto no es otro que el sol, el cual por ello se convierte en algo absolutamente negro para nosotros. En ocasiones me he visto conmovido por esta idea: lo que nos alimenta de infinita energía sin pedir nada a cambio, se nos niega estéticamente como experiencia directa de visión. Sólo nos es posible observar el sol a través de diversas técnicas de representación —dibujos en la antigüedad; fotografías y cine hoy mayormente.
Aparece entonces la inevitable analogía: hay otro punto cuya visión directa también se nos niega, y ese punto es lo que comúnmen-

te llamamos el *yo*, objeto excéntrico en tanto que siempre se halla desplazado de sí mismo, y que no obstante llevamos dentro. En efecto: la visión del yo sólo nos es dada mediante técnicas de representación en diferido, nunca directas: textos, grafismos, pinturas, estudios científicos, indagaciones psicoanalíticas, etcétera.

Pero aquí y ahora nada me interesa el *yo*, sino el *tú*.

Sonaron las campanas, todos preparados,
mi madre se puso el reloj de oro que él le había comprado el día
de mi nacimiento, mi tía el broche de plata que le había regalado
cuando se hizo ginecóloga,
mis hermanas y yo engastamos en aire
la herencia de lo que sobraba. Sonaron
de nuevo las campanas, parecían la batería
de *God Save the Queen*, la iglesia una playa
a la que le hubieran retirado la arena,
y un icono que reza: «Usted Ya No Está Aquí».
El camino, largo —no obstante 100 metros—,
nos obliga a pasar bajo el peral que él había plantado, perfume
de animales territoriales, los abrazos estaban llenos
del resto de la vida. Diez rostros,
diez nubes de probabilidad en primera fila.

Fuimos pisando barro hueco,
ídem regresamos.
Una mirada, una iluminación,
que no vimos.

Pasas a su lado y te detienes a ver sus orejas,
crecientes como las de una Luna. Sólo sale
cuando él duerme.
¿Hace el mismo frío dentro del sueño que fuera?

Los gatos se tumban —pantone 134—,
sabana de fuego a sus pies. Pasas a su lado y te preguntas
qué temperatura hay en un sueño.
Los codos del jersey fabrican nubes
que yo mismo barro y después me arrepiento:
desde el cubo de basura un trueno
sin relámpago me despierta.

A la gente se la entierra vestida. Aún es más raro
que esa ropa tenga bolsillos.
Con qué los llenan.
Con qué habrán de llenarse.
Los mapas no son los países, sino su memoria
    —pero entonces también su cerebro, es complicado—.
La flauta de hueso entonó su himno de prosa desarbolada,
de arena continua, de jilgueros en minas
de carbón abandonadas. Flauta
de hueso calcinado.

El cielo es la tierra, dice Silesius (1624-1677), y tiene razón, basta ver cómo las manzanas caen, cómo los rayos de sol descienden, el precipitado de la lluvia, los aviones se estrellan, en fin,

recuerda al modo en que en las frases los sujetos avanzan hacia la caída del predicado, a veces los ves correr, hacen mucho ruido —una detonación, un aplastamiento, qué sé yo— y tocan fondo,

espero de tu cuerpo el movimiento contrario.

NOTA: Creo haber escrito: *Las cosas —también los humanos—, cuando mueren no cambian. Es un proceso muy parecido al destilado: se convierten en la esencia de lo que eran.* Se lo oí a un personaje de una teleserie y ahora me doy cuenta de que Silesius y ese personaje dicen exactamente lo mismo. FIN DE LA NOTA

En qué momento se instala el laberinto
en tu cabeza.

Antes de existir O$_2$ las únicas formas
de vida habitaban bajo tierra.

Un año más tarde,
con pasmosa fe en lo silvestre ella cortó unas rosas
    —habían sido plantadas pero tanto tiempo atrás que las
                                                                        [raíces
    lo habían olvidado—,
y unas hierbas verdes de cuneta, hierbas
de las que nadie podría decir su nombre, la seguí
hasta la tumba y en un tarro que a mí me pareció
de mermelada metió el ramo, vertió agua.

En un beso hay tres millones de bacterias.
También en la boca de un recién nacido.
Las pseudomonas limpiaron el cielo de la Capilla Sixtina,
en esos dos famosos dedos que se rozan dieron fin a su tarea y
                                                                       [con ello
también dieron fin a su tarea los dos dedos.

Ante el ramo estornudé tanto y tantas veces
que creí vaciarme. Sospecho que muy lejos,
tras una puerta unos labios
    —labios globales, labios

    que son todo un cuerpo—,
rezaban.

Los seres vivos más antiguos del planeta
son bacterias, medio millón de años atrapadas
bajo el hielo y respiran, están
ahora mismo respirando.

Cada día me resulta más raro que a la gente no se la entierre
en el metro cuadrado de tierra donde le llega
su último aliento.

Yo aún no había iniciado mi peregrinación al desierto
de la portada de *Kid-A*. La huella es algo que al ver
comprendes de pronto. Aparece humo
    —no obstante agosto—
en las chimeneas de las casas,
asciende unos metros y flota como excremento
en agua salada, no son lágrimas
sino el cloruro sódico que toda familia lleva dentro.

Todo eso ya es estadística del tiempo, tablas de doble entrada,
genes que ebrios de certeza cabecean contra los cristales,
no migran, no pueden ser luz, y el montón
de discos duros que escondí entre las conservas
de leguminosas. Nada se transmite
de un cuerpo a otro, el árbol genealógico sólo era
una de esas sofisticadas bromas que todo experimento necesita
para poder salir en *Nature*.
Pienso en el aire de los neumáticos
que sin pedir nada a cambio nos traía cada verano, busco
pulmones de caucho en desguaces a un lado y a otro
de la carretera. Los kilómetros repiten la insignificancia
de un trozo de mica que alguien ha estirado porque sí.
La lentitud de los cuerpos me parece ahora

un batallón de glaciares
—trémulos, pasamos de largo—.
Este atardecer no es oro, pero sí dorado.

Me dice: «repite conmigo sin parar *Silicon Valley, Silicon Valley, Silicon Valley, Silicon Valley...*, a que suena a algo muy primitivo, como quien dice *Cuevas de Altamira* o *Valle de los Reyes*».

Todo lo que había en mis ojos por sí solo
se ha ido cayendo —como si el mundo fuera postilla
de una herida que no cicatriza—.

Miedo (definición): nadie llama al ascensor
pero llega vacío.

No hemos sido extraídos sino arrancados
de las formas orgánicas, somos esa cosa que,
medio viva y medio muerta, a través de un cable de cobre busca
su regreso. Pero adónde.

Cuanto era amargo y triste
—aunque perfectamente entendible— se transformó
en una estúpida combinación de inocencia y paz.

La poesía no es literatura, y de ser algo
es su ciencia.

En toda casa —fíjate— hay una ventana por la que nunca
entra directamente el sol,
y no necesariamente es la que da al Norte.
Vivo por y para la basura
de esas experiencias.

También la carne de corzo es intraducible, ha de permanecer
en su medio.

Ahora sé que la muerte existe
y es analfabeta.

Eché de menos los días que hablabas y en tu boca
todo era mentira y verdad al mismo tiempo,
incluso cuando ya no me reconocías te esmerabas
en cepillarte tú mismo los dientes,
o años atrás, cuando en cada excursión al mundo
    —domingo por la mañana, un helado italiano,
    un petrolero que se hunde, creo que era el *Urquiola*—,
el tiempo no estaba sujeto a la propiedad conmutativa.
Son las matrices, dijiste.
Y los contenedores de basura más en silencio que nunca.

La noche se pega a los objetos y no entiendo cómo brillan.
La luna, una mancha de nacimiento.
La barandilla de la terraza, exactamente paralela
al horizonte demuestra que es posible construir
aquí dentro una Tierra completa,
el prestigio social de la medicina hipocrática, el clamoroso timo
de la homeopatía, la crítica literaria, conjuro
que en un matraz mezcla jurisprudencia y estadística
—nada saben aún de la probabilidad—.

Echo de menos otra exhibición de tus poderes.

Hemos regresado a la casa, no sabes
en qué momento tu cuerpo se separa de ti, es voz
en otros, hallamos una cafetera deformada, dibujos
de cómo deshacer nudos creo que imposibles,
perchas vaciadas pues toda percha es una caja abstracta.
Pierde lo doméstico su temor a parecerse a caminos de montaña,
y tu cara de niebla en la mía
que también es niebla.

Eché de menos cuando en cualquier comarcal
acelerabas y nos adelantábamos al tiempo.

Todo esto nada tiene que ver con la fábrica de la luz
de la que me hablaba mi madre, río arriba
manan truchas y piedras porque las piedras
son las tripas de las truchas y cada piedra lleva dentro la ciudad
que podrá ser construida,

y sin embargo a veces me parece llegar al otro lado de la casa,
lo antiguo se convierte en maleza, el invierno deshace
los clavos de las puertas —química que conspira
para abrirnos la que conduce al invierno—,
el claxon del panadero llegaba mucho antes que el pan,
no así la fruta que
    —volcánica su pulpa—
ya nos ardía dentro.
Para ser Tom Sawyer sólo hace falta leerlo,
para vivir como Tom Sawyer hay que destruirlo, la palabra *ser*
no significa nada en la creciente maleza al otro lado de la casa.

El mundo tiene un plan para dominar el mundo.

El reflejo de tu cara en el río anuncia lo que crecerá
infinitamente incomunicado pero contigo.
Hay en cada poro un paraíso y una catástrofe.
Una trucha desova y cada huevo es el tictac

de un segundero, me cronometra a distancia.
Un guarda ríos hace la vista gorda y tal prevaricación
nos ilumina, llevaba botas de plástico,
un cordel a la cintura y una camiseta que decía *Iowa*,
—fue la primera vez que vi una *w* más allá de un papel,
y la primera vez que leí la palabra *Iowa*—.
Las tumbas no están quietas, avanzan
hacia el centro de la Tierra, los esqueletos convierten
calcio en hielo, y allí hierven.
Esperamos
vapor de agua.

El agua es fuego que, invertido, regresa.
Pero dónde están sus manantiales.
Cabezas, manos, pies, todo allí abajo.
La fruta la componen trozos de agua sucia, unidos.
Las películas son muertos que hablan por boca de otros.
El viento avanza helicoidalmente: un tubo de vacío.
Estamos 20 mil leguas por debajo del centro de la Tierra.
La pantalla se llena de agujeros que tienen silueta de letra,
cuanto escribo se va por esos huecos
 —esa imagen es tan buena que no la arruinaré explicándola—.
Somos los cyborg del dolor porque hemos sido preparados
para aguantarlo. Si digo somos las piedras del dolor la imagen
funciona igualmente. ¿En qué momento se instala
el laberinto de las permutaciones en tu cabeza?
«Está calculado que el número de vueltas que da el motor de un coche durante su vida útil es aproximadamente igual al número de latidos del corazón en la vida de un mamífero.»
¿Y qué? —pregunto—.
Nadie tuvo en cuenta el marcapasos —responde—.

4.30 de la madrugada, no podía dormir, como si hubiera perdido la fe en el sueño. Nunca fui el hombre que él creyó ser pero sí en el que hasta el final confió heces y sueños. Caminé doce kilómetros hasta el inicio del valle. La carretera, paralela a los chopos, otra llama helada. Me detuve en un prado, última extensión civilizada antes de las montañas en las que nace el viento. Creo haberme detenido en este mismo lugar 40 años atrás. Las hierbas que hoy lo cubren no son las mismas, ni la corteza de los chopos, ni sus ramas ni sus hojas, tampoco la tierra —al menos en sus primeras capas— puede ser la misma, ni el muro de piedra, ligeramente oval, que lo circunda como las costillas perimetran un pulmón gastado, y sin embargo reconozco todo al instante, como si por debajo del lugar permaneciera algo físico y material, algo que se halla más allá de la memoria y por ignorancia o abreviar llamamos *espacio*. O puede que nada tenga que ver con todo eso sino con el camino que acaba de traerme hasta aquí, hasta este cuerpo que a pesar de inerte —diría que en cenizas— reconozco mío. Por todo cuanto no son se propagan los muertos. Elijo otro sendero de regreso mientras ensayo la conversación que algún día tendré contigo.

Náufragos que de pronto no saben hacer fuego con dos palos,
hemos atravesado la noche, el automóvil avanza en contra
de la rotación de la Tierra, los vinilos se enmohecen
en las discotecas, sus surcos son pictogramas
a los que toda lengua secretamente aspira. Siempre tuve la virtud
de romper el ambiente. Los cuerpos muestran el conflicto
de un salario intermitente, la marea es el único reloj
que pasa de la arena. Aquí no hay ensayo-error.
Me acuesto en la misma habitación donde esta noche
mi cerebro emitió un sueño, ni él ni la habitación lo recuerdan.
Faltaban muchos años para exhibirnos en la publicidad de los
[barrios,
la infancia carecía de sabor digno de ser recordado.
Las celdas de las células tenían otra idéntica afuera: alguien
nos espera en el mar, climatología de estómago,
y la hez, ese ojo opaco.
Hay algo religioso y sin sentido práctico en estas flores
que cuelgan al sol boca abajo, cuerpos secos y rancios,
los pájaros son sacos pensativos, llevan consigo las llaves
de todas las jaulas, entre dos cuerpos se alza
un animal de palabras, mimbre de esa legendaria cesta
que contiene todas las podridas.
Entre la ciudad y los conglomerados rurales existe un lugar
no pisado, pongo un pie y mi miedo es un miedo estándar.

Los días se suceden concéntricos, de modo que son
un solo día. Las balas que para festejar la conquista
de un territorio alguien disparó al aire en un país lejano,
confiadas en su chorro de energía vienen a caer a este valle,
no lo hacen más fértil pero tampoco menos habitado.
Llegamos a los umbrales del asfalto blanco,
el instante se sustancia y apareces tú.
Domingo por la tarde,
una cuerda une la orilla con la barca, flotaba
y parecía magia, nos observa gente de corazón boca abajo,
como si al nacer la gravedad rotara o se plegara a un miedo
luminoso e inguinal al mismo tiempo.
Todo movimiento es esbozo de otro que temes,
y llega. Al calendario se le amputa un día, cronofagia
para poder palpar la tartamudez que al final asalta
las costas más tiernas de los cuerpos.
Resulta ensordecedor ver crecer las hojas de los árboles,
las camadas de conejos, la edad
de los astronautas allí arriba mientras aquí se nos encogen los
[huesos,
o el beso: economía cuyo hematoma más exacto es el dinero.

Tengo esta visión: mis hermanas y yo de la mano, en una playa.

Después dejas de ver la muerte como algo
sustancialmente distinto a ti, la desplazas,
como si la ropa sucia la metieras
en los bolsillos de la que usas, o esos hijos adoptados
que no sabes por qué buscan a sus padres biológicos.
Soy una espina de cactus que bajo el sol
no espera nada.

Me turba pensar que las paredes de esta habitación llevan dentro
animales triturados, finísimo polvo de insectos, algas de río,
conchas marinas, cuernos de vaca,
mamíferos de gran tamaño, algo
que tuvo la alucinación de ser vida.
Cuando dos trenes AVE se cruzan
los separan 600 kilómetros por hora, y ni se rozan,
la lámina de aire que media es la guerra
del vacío contra el cuerpo,
de la glucosa contra el aspartamo, de las academias
contra las ciudades y los pueblos.
Mirábamos fotografías y convocábamos voces, oíamos voces
y convocábamos fotografías, no todos los círculos
presentan tal esterilidad, mira si no la rueda
que sube el agua del pozo, la rotación
del disco duro y la de la Tierra, la masturbación o la duplicidad
de las Torres Gemelas. Somos figuras
a punto de dejar la Tierra, lo afirmo en el mismo sentido
en que los brazos siempre están a punto de dejar el cuerpo,
y las manos los brazos, y los dedos las manos,
y así hasta llegar al aire que por no ser nosotros
—precisamente por no ser nosotros—
necesitamos respirar.
Flotan y descienden las hojas del río, son ya
partículas de río. Si pudiera dibujar sus trayectorias vería
filamentos de un músculo al cual el cauce
da forma y los cantos rodados alimento.
Primer atlas de anatomía.
Y de pronto el caudal gira y se convierte en ruleta,
carrusel,
noria,
isospín que a derecha y a izquierda separa para siempre
las partículas en el núcleo atómico.

Yo no vi a Dios, estuve dentro de él, especialmente
en sus testículos, esponjas empapadas
de un barro muy oscuro, pizarroso y basáltico,
aprietas y ordeñas renacuajos a los que resulta imposible
encontrarles un comportamiento racional, una pauta.
Hasta los 25 años no vi un desierto, no pertenece
a mi experiencia de niñez, tarro vacío que voy llenando
de cuanta esencia se me va ocurriendo y construyo
una segunda niñez, y luego otra, y otra y otra:
la serie tiende a infinito: una pista de despegue.
Partículas de polvo llegan desde el desierto,
nos buscan porque somos su alergia, el mar imita
a las piscinas, veo un grupo de gente en la arena,
juegan al balón, comen fruta, tumbonas
de apagados colores, una niña y un anciano mojan
los pies en la orilla, y una radio que a volumen muy alto susurra:
«*play it, Sam, play as time goes by*», siento la necesidad
de aproximarme, decirles que deseo ser uno de ellos,
la identidad es la alucinación del ego, tampoco valías
para el tiro al blanco, el blanco iba dentro de ti, creo
que no hay genios en mi especie. Oyes gritar
pero es imposible saber qué cosas trae un grito dentro,
tampoco al futbolista le importa qué átomos contiene el balón,
ni al contable cuánta miseria cabe en un billete,
todo esto carece de cocción pero viene
a mi mente como un haz de luz e ilumina tu nombre.
Hemos vuelto a la casa, tiene un aire
de escuela antigua pero hipertecnificada, mi madre
prepara café aguado, miro por la ventana,
se aproxima una tormenta, mi futuro se halla
a cinco minutos de mí. Creo no haber tenido infancia.
Las miradas tienden a infinito,
tienden muy rápidamente,

entre esa vegetación apareces tú:
cuchillo que se desfunde en sus metales pero no quema.
Todo ha pasado de moda, estamos en la postmoda
del ser humano. Traen escopetas, la mirada
inclinada como farolas de urbanización,
luz curva de crepúsculo, la España
subdesarrollada, baquelita y calcio en los cimientos
de esta casa deshabitada once meses al año
—programación propia—.
El principio no fue la luz,
ni el verbo, ni el conflicto, el principio
fue mal tiempo y borrasca en los pañales,
revalidar el pacto entre el cuerpo
y su extrarradio, así nacen los reyes. Bajo tierra
corren los animales hacia su metamorfosis,
las patas se alinean con el campo magnético terrestre,
después lloras sentada en la cuneta,
«cómo podremos llegar al final del valle», me dices.

Tengo esta visión: un pájaro se desploma y dibuja
un polinomio en la acera.

Al pie de los árboles vimos frutos pasto de roedores,
grumos de hormigas sobre los dátiles, hablamos
toda la noche de nada pues de un jardín sólo emanan
cosas imposibles. Amanecía cuando oímos el disparo.
Más allá de las montañas alguien abatía
una criatura salvaje.
Creo firmemente que algún día nos veremos en el cielo de la
[carne,
la maquinaria del frío está en marcha,

en todas la lenguas hay palabras que no existen,
ballenas u otros bichos que de vez en cuando aparecen
varados en la arena, miles de kilojulios,
sofisticados kilojulios, un voluntario jadea como si diera a luz
y jadeo yo como si diera a luz cuando por la noche
corro en círculos en tanto mi semen
expresa su violencia
    —mi miedo es un miedo estándar—.
Como esos finales de canciones que ganan impulso
a medida que se desvanecen,
un féretro recorre los últimos centímetros antes
de que alguien cierre la compuerta por la que se hará llama.
El misterio
de la Santísima Trinidad lo componen tres espejos,
habías comprado un sofá tapizado con flores que no existen,
toda una vida para entender esas flores.
La muerte es múltiple, carece el rostro de solución única,
imprecisa es la mirada de un bebé,
cada tres olas llega la mortal, también mortales son
estas ráfagas de amanecer en el que todos duermen y por no
                                               [despertarles
he caminado hasta el final del valle.
Me sale al paso
—no tiemblo—,
me dice:
«ya nadie se llamará como yo, pero te dejo un bosque y algo más
vivo dentro, todo dura cuanto desees, no hay nada que razonablemente se oponga a la dicha de contemplar un trozo de agua, un
fragmento de sol. La seguridad, te dejo, de que la piel envejece porque somos un horno, y que la noche tiene agujeros que conducen
a otra noche, el corazón es entonces un órgano poroso, lo ilimitado nace de las limitaciones, no te disculpes por buscar tu posición
exacta en la Tierra, no es cierto que haya que vislumbrar la muerte

para apreciar lo vivido, sólo es una alternativa, ya nadie se llamará como yo pero te dejo un detector de latidos en los objetos, y los músculos y vísceras que haya podido tocar, y la idea de un camino —también te dejo— que conduce a unas alas de mariposa: activa las tormentas: evita las ceremonias: huye de la literatura: ten fe en la materia sobre todas las cosas».

II
Veo un bosque y algo más vivo dentro (oración)

> La poesía de lo invisible, la poesía de las infinitas potencialidades imprevisibles, así como la poesía de la nada, nacen de un poeta que no tiene dudas sobre la fisicidad del mundo.
>
> ITALO CALVINO

Un ser indeterminado vaga por los valles, aúlla en las cumbres, duerme bajo la nieve, sus huellas cobran en todo momento varias direcciones. Sin embargo, siente el campo magnético terrestre. Lo sé porque sus pisadas siguen las vetas de ciertos minerales. *(Cardiología)*

Veo un bosque y algo más vivo dentro.

Las células de la retina son las mismas que las de la piel porque cuando somos embrión la retina forma parte de la piel. Esto nos da una pista de por qué la literatura de cualquier civilización establece multitud de analogías entre los ojos, la epidermis y aquello que las relaciona, la luz. *(Grandes migraciones, 1)*

Veo un bosque y algo más vivo dentro.

El lobo nos expulsa porque sabe que en su tórax hay una zona, no más grande que el hueso de una cereza, increíblemente dulce para un paladar que creemos haber olvidado. *(Zoofilia, 1)*

Veo un bosque y algo más vivo dentro.

En una *gran superficie* vi niños jugar con los balones del expositor, pedalear y en cualquier parte abandonar la bicicleta, saltar a la comba, sin pauta golpear sacos de boxeo; los que no gritaban reían. «Éstos ya han crecido aquí dentro, no conocen otra cosa», me dijo. *(Momentos fundacionales, 1)*

Veo un bosque y algo más vivo dentro.

La tierra batida empleada en el juego del tenis se obtiene del triturado de miles de ladrillos de urbanizaciones abandonadas. *(Grandes migraciones, 2)*

Veo un bosque y algo más vivo dentro.

Ante el objetivo de la cámara los animales posan no porque se sientan mirados. La pose es anterior a sus miradas, incluso a sus cuerpos. La pose es ciega pero olfatea, se orienta. *(Espeleología, 1)*

Veo un bosque y algo más vivo dentro.

En el medio rural la Naturaleza se halla estrictamente separada del hábitat humano: entre la casa y el campo son levantadas barreras físicas y climáticas dispuestas a asegurar la supervivencia. En las ciudades, el paisaje urbano forma un continuo con el interior de los edificios, la ciudad entra en los apartamentos en forma de color, olor, materiales y fauna y flora incluso. Es esa continuidad lo que asegura la supervivencia de los habitantes de un medio urbano. *(Climatología extrema, 1)*

Veo un bosque y algo más vivo dentro.

En mí no hay cuerpo: soy una nave que viaja en la misma dirección que la Tierra. *(Mascota, 1)*

Veo un bosque y algo más vivo dentro.

Respecto a los antiguos y sus lenguas, hoy muertas, hay que señalar que sólo conservamos sus textos, las grafías que nos han dejado, no el registro sonoro, de modo que no tenemos idea de cómo pronunciaban las palabras. Si pudiéramos oír hoy a un griego del siglo 4 a. C. pronunciar *poiesis*, o a un romano decir *rosae*, es posible que oyéramos lo que para nosotros serían rugidos o el canto de un pájaro. Sólo pensar en la Cleopatra de Elizabeth Taylor emitiendo sonidos como de perro, ballena o robot, un escalofrío echaría por tierra gran parte de nuestra idea de Historia, de civilización incluso. Nos queda la materialidad muda de aquella escritura y nos procuramos un paisaje sonoro, construido como fantasía. Así, lo único que convoca en tiempo real y de verdad el pasado es el sonido. De ahí la importancia que se les da a las voces en el espiritismo, en los conciertos en directo, en los mítines propagandísticos, etcétera. La voz humana más antigua registrada son los 35 segundos de recitación del poema «America», leído en 1890 por su propio autor, Walt Whitman, y grabado en un primitivo cilindro de cera. 35 segundos en los que, además de parecer llegar el poeta desde ultratumba, es fundado el año cero del habla humana tal como hoy la conocemos. *(Manantial, 1)*

Veo un bosque y algo más vivo dentro.

Lo normal es que la última visión que conservamos de una persona sea su cuerpo atravesando una puerta. De una habitación, de un portal, de una tienda o de un coche, pero siempre una puerta. *(Cuando la vida y sus automatismos te obligan a elegir entre dos cosas aparentemente iguales, 1)*

Veo un bosque y algo más vivo dentro.

Aquí las hormigas parten bajo tierra y trepan en dirección al campanario, pero no se valen de líneas rectas. Una leyenda afirma que el día que alcancen la campana, ésta sonará de tal modo que resucitarán todos los insectos que alguna vez han existido. *(Sistema nervioso, 1)*

Veo un bosque y algo más vivo dentro.

En los diferentes trabajos que cotidianamente acometo, las manos y la mirada siempre llegan tarde al encuentro que para ellas yo había preparado. Las formas quedan en suspensión durante cierto tiempo. Es entonces cuando ocurren los desarreglos que de verdad importan. *(Realismo complejo, 1)*

Veo un bosque y algo más vivo dentro.

El estado de la materia al cual llamamos hielo, es más elemental que la roca, pero necesita de más sofisticadas herramientas para ser entendido por las manos. *(Manantial, 2)*

Veo un bosque y algo más vivo dentro.

No estamos seguros, pero creemos que antes de los cinco años de edad los dos hemisferios del cerebro aún no han diferenciado totalmente sus funciones. Esto da a entender que procesos también expansivos como el *big bang* o la aparición de las diferentes lenguas a partir de una común llamada *indoeuropeo*, son eco de ese mapa indiferenciado que en la niñez fue nuestro cerebro. Tampoco estamos seguros, pero creemos que ambos hemisferios vuelven a juntarse en la duermevela. *(Isomorfismo, 1)*

Veo un bosque y algo más vivo dentro.

Los salmones del Pacífico regresan a sus aguas de nacimiento y allí todos, sin excepción, mueren. No así los salmones del Atlántico, que sobreviven para, como espejos, al menos una vez más reemprender la ruta. *(Lección de geografía, 1)*

Veo un bosque y algo más vivo dentro.

Las últimas palabras que Óscar Pérez, alpinista malherido en un resalte del Latok I, Himalaya (7.125 m), le dijo a su compañero Álvaro López, quien se disponía a descender para organizar un rescate que finalmente nunca llegaría, fueron, «súbeme tabaco». *(Mejor poema del año 2010)*

Veo un bosque y algo más vivo dentro.

Los animales disecados retienen en sus ojos lo último que vieron: la mirada de la muerte. Es costumbre cerrarle los párpados a un muerto. *(Lección de geografía, 2)*

Veo un bosque y algo más vivo dentro.

Se ha llegado al convencimiento de que los conflictos asociados a la autoría de las cosas, especialmente a las obras de arte, hunden su origen en el hecho cierto de que la Historia ha sido construida y relatada por varones, no por mujeres. Dicho de otro modo: la identificación de la maternidad siempre está asegurada, no así la paternidad, que podría corresponder a cualquiera. *(Grandes migraciones, 3)*

Veo un bosque y algo más vivo dentro.

Hay una línea continua entre Lucrecio *(De la naturaleza de las cosas)*, Walt Whitman *(Hojas de hierba)* y David Foster Wallace *(La broma infinita)*, pero no necesariamente en ese orden. Quiero decir que no es esa línea un vector, sino un músculo, una red, carece de dirección privilegiada. La demostración es demasiado amplia como para tener cabida aquí y ahora. *(Cardiología, 2)*

Veo un bosque y algo más vivo dentro.

Prefiero los mataderos a las grandes superficies comerciales. Ni en las moscas ni en los cuchillos, ni en las tripas que de pronto se desploman detecto vestigio alguno de mi fin. *(Cuando la vida y sus automatismos te obligan a elegir entre dos cosas aparentemente iguales, 2)*

Veo un bosque y algo más vivo dentro.

En un bote, que después guardé en el frigorífico, he mezclado tu sangre con la mía. Borrar nuestros respectivos rastros. Que nunca pueda ser analizada. *(Grandes migraciones, 4)*

Veo un bosque y algo más vivo dentro.

Las ideologías se desarrollaron por manchas informes: la humedad del mundo. Cuando el desierto las secó —y sólo cuando las secó— aparecieron siluetas humanas, casi siempre con cabeza pero sin caras. *(Lección de geografía, 3)*

Veo un bosque y algo más vivo dentro.

A finales del siglo XIX, los dos temas de estudio más repetidos en las revistas científicas eran la posibilidad del color en las fotografías y la futura construcción de un túnel que atravesase el canal de la Mancha. Ambas hablan de lo mismo: cómo ver arriba y cómo ver abajo. *(Espeleología, 2)*

Veo un bosque y algo más vivo dentro.

Te dispones a comer y te preguntas por el origen de esos trozos de carne. ¿Pertenecen a un mismo animal o son la reunión de diferentes individuos, venidos desde varios puntos del planeta a la fosa común que, en ese caso, es tu plato? Cómo es posible tener ante ti un pollo con dos patas izquierdas. No menos extraño resulta el plato compuesto por trozos de carne de un mismo animal, llegado desde la muerte para ti y sólo para ti: una relación de tú a tú con esa vaca, con ese pollo. Los ritos de matanza —sobre todo del cerdo— son verdaderos ritos porque se ejecutan sobre uno y sólo un individuo. Esto acostumbra a culminar con la reunión, casi siempre numerosa y en torno a una mesa continua, en la cual, una vez cocinado, se degusta lo recién eviscerado. En los Estados Unidos de América, el día de Acción de Gracias un pavo completo, sin trocear, se pone sobre la mesa para que pueda ser observado por todos antes de ser trinchado. Lo mismo ocurre con el cordero pascual en la tradición judía, hoy ampliado a la católica. Tal unicidad del ejemplar digerido es lo que da cohesión al clan. Por su parte, la tribu ciudadana, cuya carne de consumo acostumbra a provenir de dispersas bandejas de supermercado, hubo de inventar rituales que la mantuvieran unida. Hechos ciertos como no mezclar vajillas en una misma mesa, no mezclar clases de agua o de vino, la continuidad de las lenguas de asfalto, la unión humana que supone el alcantarillado o las oficinas del paro, son ecos sustitutivos de aquel único cerdo que una vez eviscerado todos juntos alguna vez comimos. *(Cuando la vida y sus automatismos te obligan a elegir entre dos cosas aparentemente iguales, 3)*

Veo un bosque y algo más vivo dentro.

El tiempo es la casa de quien no tiene otro lugar. Pero el lugar es la casa de aquel que se ha visto defraudado por el tiempo. Al contrario que el fotógrafo, no busco el «momento decisivo» sino un intervalo de tiempo cualquiera. El ratón repite su ruta hasta que el corazón le dice basta. Un bote de lejía vacío yace en el huerto, pronto será un balón. *(Mascota, 2)*

Veo un bosque y algo más vivo dentro.

En el sótano del Museo de Historia Natural se sumerge otro museo: animales en vitrinas o amontonados sin fecha ni continente. ¿Soñó alguna vez el oso polar compartir una molécula de aire con la iguana? En ese sótano, sólo una vez al año el vigilante acciona el interruptor de la luz. Apenas 5 segundos, y apaga. *(Climatología extrema, 2)*

Veo un bosque y algo más vivo dentro.

A menudo pienso que no es la vigilia quien conduce los sueños, sino al contrario, fue creada para ilustrarlos. *(Dibujo técnico)*

Veo un bosque y algo más vivo dentro.

Para que un sistema biológico, químico o físico, sufra alguna clase de inestabilidad se necesita, en primer lugar, la existencia de al menos dos variables dinámicas, y en segundo lugar, que éstas tengan movimientos contrapuestos. De la inestabilidad resultante aparecerá un nuevo orden. Por ejemplo, el proceso mediante el cual a partir de un indiferenciado estado fetal se crean los órganos de nuestros cuerpos —un ojo es un objeto claramente diferenciado de una uña—, o el patrón de rayas que se dibuja en la piel de los tigres o las jirafas. La peculiaridad es que estos patrones y modos de crecimiento son independientes de la geometría del experimento, es decir, son independientes de lo grande o pequeño que sea un humano, o de que nos fijemos en un tigre o una jirafa concretos. Ello hace pensar que se trata de un comportamiento universal. Alan Turing (1952), en los últimos años de su vida, a fin de explicar todo ello, enunció el modelo de *reacción-difusión*.

El modelo de reacción-difusión puede explicar también violentos e imprevisibles movimientos financieros, tal como han publicado recientemente I. Mastromatteo, B. Tóth, y J. P. Bouchaud en *Physical Review Letters*. El sistema viene dado en este caso por dos variables dinámicas (oferta y demanda) sujetas a dos movimientos contrapuestos (vender lo más caro posible, comprar lo más barato posible). La oferta y la demanda son tomadas aquí como dos partículas físicas que entrasen en colisión. Si sus valores son coincidentes, el sistema permanece estable; en caso de que los valores difirieran más allá de un rango no muy grande, el mercado entra en estado crítico, se convierte en un sistema no lineal, de caóticas consecuencias, por ello difícilmente previsibles.

Charles Wright en alguno de sus poemas afirma que las tumbas no tienen rincones soleados. Hemos encontrado uno que ciega. *(Realismo complejo, 2)*

Veo un bosque y algo más vivo dentro.

Cuando un náufrago consigue atrapar un pez, lo primero que come son los ojos porque el 99,99 % de su contenido es agua potable. Piensa esos millones de ojos como manantiales de agua dulce que, suspendidos, se desplazan en el interior del mar. *(Zoofilia 2)*

Veo un bosque y algo más vivo dentro.

La boca es el órgano principal de las conquistas. La historia de las civilizaciones equivale al modo en que vamos masticando el mundo. Maleza, minerales, carne, no hay reino que no sometamos constante y diariamente al test de las mandíbulas. *(Fósiles blandos, 1)*

Veo un bosque y algo más vivo dentro.

Toda obra, para ser creíble, ha de llevar dentro una refutación de sí misma. Pero también ocurre con el agua, el aire, la arena, las piedras, etcétera. *(Manantial, 3)*

Veo un bosque y algo más vivo dentro.

Por otra parte, la casa de campo, de estar viva lo está por la continua agresividad de lo que tiene afuera: incesantemente es comida por los elementos, se diría que la propia tierra la devora. El árbol es devorado por la naturaleza, y no importa, todo él regresa de algún modo a una red de causas y efectos que lo restituye: un árbol es un objeto en cierto modo elástico, recupera su forma original, no aumenta la entropía del Universo. Pero la casa de campo, primero será pulida, luego lijada, más tarde bombardeada y finalmente derruida por el viento, el sol y la lluvia, y jamás volverá a ser casa, e incrementa así el desorden del Universo. En suma: la carne es una fábrica de carne, la madera es una fábrica de madera, pero la casa de campo es una fábrica de entropía. Algo no menos cierto: también el perfume de las flores en realidad es el proceso de putrefacción de sus pétalos. *(Fósiles blandos, 2)*

Veo un bosque y algo más vivo dentro.

El alcantarillado, como sistema que conecta todas y cada una de las viviendas de una ciudad, es una estructura antes que nada moral. *(Fósiles blandos, 3)*

Veo un bosque y algo más vivo dentro.

Igual que en las tazas mal lavadas, en el fondo del mar yace un dulzor que no sabemos de dónde llega, y una hipotermia en las cosas que las iguala a las capas más altas de la atmósfera. Pero la superficie de la Tierra, con sus cumbres y sus valles, sus desiertos y sus céspedes, sus fallas y cizallamientos —con sus arrugas en suma—, es la legítima neurosis del Planeta. *(Realismo complejo, 3)*

Veo un bosque y algo más vivo dentro.

En los textos literarios, los trastornos más comunes tienen que ver con la mente y con el aparato digestivo. Los de la mente se fundan y simultáneamente alcanzan su cénit con el *Quijote*, pero en tono de chanza; siglos más tarde, y con dramático prestigio, se consolidan en el romanticismo. Los digestivos vienen originados en épocas más antiguas, en la cuales digerir bien o mal los alimentos constituía una frontera real entre la vida y la muerte. Así, es posible decir que el cerebro y las tripas son los 2 polos de la literatura universal. Y están dentro de ti. *(Cuando la vida y sus automatismos te obligan a elegir entre dos cosas aparentemente iguales, 4)*

Veo un bosque y algo más vivo dentro.

El lenguaje de la ciencia es tremendamente preciso en cuanto a los sustantivos pero espectacularmente metafórico en cuanto a los verbos. ¿Cómo es posible que un gas *sufra* una expansión? ¿Cómo es posible que una partícula *sienta* una fuerza? ¿O que un gen se *exprese*? *(Para la fundación de un nuevo marxismo, 1)*

Veo un bosque y algo más vivo dentro.

Todo el *iridio* que conocemos (usado tanto en la fabricación de motores de avión como, por ejemplo, en la terapia de ciertos tumores) es de origen extraterrestre, posiblemente del meteorito que impactó para formar lo que hoy es el Golfo de México. En justa correspondencia, producto de ese impacto escombros terrestres salieron despedidos, superaron la *velocidad de escape* de la Tierra y fueron a dar a la Luna. *(Grandes migraciones, 5)*

Veo un bosque y algo más vivo dentro.

La más vasta manifestación del realismo resulta de extrapolar estadísticas hacia el futuro. La más ingenua manifestación de nostalgia, de extrapolar esas mismas estadísticas hacia el pasado. Las parejas se separan. No lo saben, pero cada uno se lleva una parte. *(Manantial, 4)*

Veo un bosque y algo más vivo dentro.

En el siglo XVII, Rembrandt, como arranque del camino que le llevaría a su célebre *Lección de anatomía*, pintó *Buey desollado*, cuerpo de res abierto y radicalmente expuesto a la luz. Muchos siglos después alguien se propone devolver la luz a su lugar de origen y abre un átomo en canal. *(Fósiles blandos, 4)*

Veo un bosque y algo más vivo dentro.

Las truchas no desovan en Ofelia, sino que la devoran, pero dejan intacto el vestido. Quizá por culpa de esos tintes venidos de China. Quizá porque no esté bien cosido. Quizá porque tiene muchos peces dibujados, acaso truchas como ellas. *(Limbo)*

Veo un bosque y algo más vivo dentro.

En física nuclear existe el llamado *modelo de capas*. Desarrollado en torno a 1950 por Eugene P. Wigner. Hoy en desuso, fue utilizado para explicar el comportamiento de los neutrones y protones en el interior del núcleo atómico. Sospecho que fue inspirado por Leonardo da Vinci, quien asó un buey en cuyo estómago previamente había introducido una ternera, y dentro del estómago de esa ternera una oveja, y dentro del estómago de la oveja un pollo, y dentro del estómago del pollo un huevo de pollo, y todo así, como por capas. *(Para la fundación de un nuevo marxismo, 1)*

Veo un bosque y algo más vivo dentro.

He releído libretas en las que anotaba cosas, y ya no las entiendo. No volveré a estar entre esos sonidos. Busco la macha de clorofila en otra parte. El cuerpo ha cerrado puertas, se alejan las canciones que inventabas para mí. Un mago extrae conejos de la boca, no sobreviven más allá del mediodía. *(Mascota, 3)*

Veo un bosque y algo más vivo dentro.

El *homo erectus* es el único animal que cazó sobre dos patas. Pero la postura erguida y el cerebro de gran tamaño suponían una pesada carga para su corazón en comparación con los cazadores cuadrúpedos, cuyos rabos, corazones, cerebros y dientes se encuentran en una línea prácticamente horizontal. La verticalidad como método de diferenciación del resto de las especies es aún la manera más elemental de afirmación humana. *(Astronáutica —cohetes)*

Veo un bosque y algo más vivo dentro.

Hay tanta gente ahí afuera mendigando un *retuit*, un *like*. Real consolidación del capitalismo. *(Fósiles blandos, 5)*

Veo un bosque y algo más vivo dentro.

Un individuo, con los ojos cerrados, camina por su propia casa y sabe perfectamente dónde están todas las cosas. El mismo individuo, en oscuridad total y en esa misma casa, camina con los ojos abiertos y tropieza con todo. *(Cuando la vida y sus automatismos te obligan a elegir entre dos cosas aparentemente iguales, 5)*

Veo un bosque y algo más vivo dentro.

Hay quien cree que la *energía* realmente existe, que se puede tocar como se toca un objeto, pero lo único que vemos son sus manifestaciones, a las cuales convenimos llamar *trabajo*. Es el trabajo lo único que se puede medir, pesar, registrar, ponderar. Podría narrarse la Historia de Occidente únicamente con arreglo al siguiente criterio: el modo en que hemos ido transformado esa entelequia o magia llamada energía en cosas concretas: objetos, herramientas, ciudades, lenguaje, hasta alcanzar el más pequeño detalle doméstico. Es ese paso de la fantasmal energía al trabajo concreto lo que nos define.

El movimiento inverso resulta chamánico, religioso o antiilustrado: ir de lo doméstico a la energía, es decir, diluir lo palpable, el trabajo, en una nube energética. ¿No oímos acaso a menudo: «esta casa tiene buenas energías», o «esa persona me carga de energía negativa»? (dicho sea de paso, la energía, por definición, nunca es negativa).

En resumen: el *pensamiento poético* se ve devaluado en *pensamiento mágico* cuando el sujeto cree realmente lo que el poema le está contando, cuando no distingue entre metáfora y realidad —o dicho de otro modo, entre energía y trabajo—. Agradecemos por ello a Karl Marx que en sus textos nunca hablara de energía, sólo de trabajo. *(Para la fundación de un nuevo marxismo, 2)*

Veo un bosque y algo más vivo dentro.

Llegado este punto, la pregunta pertinente es la contraria, ¿puede una tormenta en el Golfo de México provocar el batir de alas de una mariposa de Bombay? *(Sistema nervioso, 2)*

Veo un bosque y algo más vivo dentro.

En un lugar de Bangladesh hay un desguace de trasatlánticos, petroleros, cargueros, verdaderas ciudades flotantes ahora en tierra. Los trabajadores, todos ellos varones, despiezan a mano esos gigantes, de modo que cada trozo debe tener un tamaño tal que pueda ser transportado por un solo hombre. Un barco puede llegar a trocearse hasta en 1 millón de estas partes. A fin de que el buque no se caiga, el desguace se inicia por la proa y la popa al mismo tiempo, para ir avanzando hacia el punto central donde se ubica el *centro de gravedad* —es un tanteo, ese centro de gravedad en todo momento se desconoce—. En ese proceso el barco adquiere muchos aspectos, algunos verdaderamente agradables, otros francamente monstruosos, en función de sus formas y colores. A la última pieza —no más grande que la palma de una mano—, los trabajadores acostumbran a llamarla *alma. (Duelo)*

Veo un bosque y algo más vivo dentro.

CRÉDITOS Y AGRADECIMIENTOS

El esqueleto de *Ya nadie se llamará como yo* —acaso mi poemario más *narrativo* y quizá el más explícitamente biográfico— fue escrito en el verano de 2012 entre León y Palma de Mallorca, y terminado en 2015. Algunos de sus poemas y fragmentos los he usado en el vídeo-diario *Agosto-Mecanismos*, disponible en mi blog El Hombre Que Salió de La Tarta, también en sesiones de *spoken word* con Afterpop Fernández y Fernández, y en la invitación a participar en el disco *The Drums of Twilight*, del grupo Vacabou. El amigo que me escribió «Esta tarde, estábamos en los postres, hundí la cuchara en la tarta [...]» fue Gabriel Lacomba.

Gracias a Antonio Gamoneda —que imagina improbables animales amarillos—, por su apoyo, desde los inicios, a mi trabajo poético, y muy especialmente por el hermoso y lúcido frontispicio de *Ya nadie se llamará como yo*.

Gracias a Pablo García Casado por el prólogo a toda esta edición; su palabra lateral y valiente.

Gracias a Eduardo Moga por la lectura del manuscrito definitivo y sus sugerencias; por ello este libro es mucho mejor.

Palma de Mallorca, septiembre de 2015

POESÍA REUNIDA
(1998-2012)

CRETA LATERAL TRAVELLING
(1998)

Certeza al mudar las sábanas = cada vez más oscura la mancha que en el lino deja mi silueta. Descomponiéndome al soplo [he visto cabellos volando al atlas de las tapias, detalles apelmazados bajo la cama, globos oculares en las *eau de toilette*, céspedes imantados, mi huella dactilar en la espiral de los ciclones], me apago en la luz que mi aliento cede al mediodía. Y desando estos últimos paseos en Creta como si yo me persiguiera, pero giro, y sólo cubiletes blancos ordenando el horizonte [humo en cada chimenea], olor a pelo quemado en las huellas. Y tos. Y la sísifa tarea de ir reagrupando mis pedazos. Y mi defensa es desprender sonrisas que no podrán copiar las estatuas [otra forma de orgullo saberse esclavo de la propia ruina]. Pero la elíptica declina, duras transparencias aguardan más allá del cuerpo, y un día, mientras mude la cama, temo no ver ya en la sábana mi mancha. También se dejan fumar los cigarros por el viento. [61]

Entre el profuso bosque del Edén [no me refiero a la Amazonía, sino al Edén], y la mineralizada ciudad del Apocalipsis [no me refiero a Nueva York, sino a la Jerusalén Celeste], permanezco yo, decantando a través de los siglos la edénica clorofila hasta el núcleo del tiempo. Me han sobrado días para ser todos los hombres, y porque fui todos los hombres sé que el humano [me refiero a la memoria] es la esquizofrenia de la Historia. Madrid. Nubes [tarjetas de crédito infectadas] amenazan chubascos. Con primitiva gentileza gesticulan los empleados del banco. Pido mi cuenta, mi extracto [el diario contemporáneo]. Cámbieme esta suma a dracmas. Ya llueve. Por la calle las palabras van a sumirse al remolino del alcantarillado. Ha ocurrido lo que siempre soñé, una mujer salió desnuda a la ventana: papel en blanco: pezóntintero. Quiero pensar que poseía la facultad de insertarle al presente lo soñado. Quiero pensar que aún se apelmaza el humo del cigarro entre la sábana y la manta. Y la oquedad que deja el sol cuando se retira. [60]

Antes de partir, Dimitri me contó: «una tarde de junio regresaba de la obra que dirigía en Kritsa, y al atravesar un altiplano en las estribaciones del Monte Karfi —supuesto lugar de nacimiento de Zeus— vi a lo lejos a unos hombres en mitad del páramo; clavaban postes de red telefónica. Cuando pasé a su lado uno de ellos desapareció bajo tierra. Frené en seco la moto. Entre todos lo sacamos ileso. Era una sima no muy profunda. Colgamos un carburo de un cable y nos asomamos. Allí yacía el esqueleto de una mujer, cubierto con collares de cristal y ámbar, y el de un hombre coronado con incrustaciones de oro. Nos alcanzó un brillo propagado tras una elipsis milenaria, y el sonido que allí encerrado se diluyó al instante en el cotidiano. Mis palpitaciones eran tan desordenadas que antes de que los tres hombres se echaran sobre las joyas me inventé que era arqueólogo estatal, consideraos desde ahora mismo arrestados por excavar en zona protegida. Tras unos instantes de duda arrancaron el Land Rover y no se preocuparon de esquivar los baches. Después, avisé al arqueólogo del museo de Herakleion. Pero no te sorprendas —hizo una pausa para tomar aliento—, con los años comprobé que Creta estaba llena de cosas así». [59]

La perfección es el final de un proceso expresionista: se expande sin costuras de dentro a fuera: manzana, llama, representación teatral. A la razón, al cine, a la música digital, se les ven por detrás las puntadas del *collage*. Y al presente. Sol granulado en la cortina, pulse el cero para llamar al exterior, cartapacio con membrete, vaso vuelto abajo, siento nostalgia de la perfección y digo: «habitación de hotel». Pensar, lenguaje inalámbrico, la casi montura de unas gafas, nostalgia de la perfección y digo: «yo en habitación de hotel». El hilo de la tinta, nostalgia otra vez, «yo escribiendo en habitación de hotel». Y así hasta decir *Mundo*. No es expansión sino pegamento contra la soledad. [58]

Las cajas musicales son objetos rarísimos, para que surtan efecto debemos alejarnos, reinventarlas remotas. Blandiendo la distancia llegan resonancias, ecos surgidos desde una cavidad hasta entonces desconocida, tiempo y espacio desaparecen y todo cuaja conectado en un solo acontecimiento que no llega a entenderse. Es la lógica de aquello que más nos atrae: lo hueco. La superioridad poética del tambor respecto a la piedra. [57]

Camino entre la espuma cristalizada de una civilización. Nadie sabe por qué se secó 1.500 años a. C. No veo rastro de grandes templos que reflejaran la amenaza de dioses, ni vestigios de ejércitos ni esclavos, tampoco dibujos de cuerpos musculados sino de trazo aristocrático. Knossos. Si por este agujero se coló en Occidente la primera cultura volcada en los sentidos, ¿qué queda hoy de todo aquello? ¿Dónde hallar la mirilla de este palacio, neocórtex de Occidente? [alguien rastrea con la videocámara, se confunde] ¿Es el *voyeur* aquel atrofiado que no supo aprender de los sonidos? ¿Y qué nos contaría su opuesto, que puede escuchar lejanísimas voces? ¿Acaso que no fue Teseo quien desanduvo el hilo sino el Minotauro disfrazado de Teseo, y que por eso heredamos este mundo metastásico e inverso? Pero corresponde a las ruinas interrogar, ya que son el argumento del tiempo. Llevé el oído al suelo, escuché un bisbiseo de hombres y mujeres. Ensimismados como la luz bajo la lupa, decían que el tiempo cuando es Tiempo nunca escoge para viajar la línea recta, pero tampoco la curva, se anuda sobre cualquier objeto [una taza, un pulmón, una idea, un pigmento] y ahí permanece. [56]

Dicen que cuando aún estamos en el cristal de la placenta vemos toda muestra vida pasar en fragmentos desordenados y rotos, acúmulo que olvidamos en el instante de nacer. Después, sin saberlo, vivimos reordenándolo. Es ése el caos de secuencias que volvemos a ver momentos antes de la muerte, y entonces sentimos el inevitable vértigo del retorno al vientre. [55]

El sol cae tan picado que no hay sombras. Me detengo a reposar junto al Templo de Las Dobles Hachas. Un turista pasa. Se parece a mi abuelo. Por las noches se quedaba dormido frente a la radio; después, sin despedirse, lo veíamos fundirse en negro camino de su habitación. Entre suspiros, sus palabras entrecortadas resonaban en el pasillo. A todos nos hacía mucha gracia aquel vagar suyo entre lo indescifrable. Una noche lo vimos alejarse para siempre. Jamás supimos qué decía ni a qué exactamente invocaba. [54]

He leído que existe un laberinto que invierte la lógica de los laberintos: la vida. El único en el que es muy difícil entrar pero muy fácil salir. Así asumido, no queda más remedio que invertirlo todo y reconocer que al final, allí donde siempre en recompensa le aguardaba al héroe el conocimiento absoluto, se halla la fragilidad absoluta, la duda suscitada por una caja musical a punto de cerrarse. Y esto sólo los ancianos lo saben. El resto nos contentamos con anticipos que abren boca al trago final. Pido que me suban la cena, separo un pequeño arco de cortina y pienso «nacemos emparedados como un fósil en veta, poco a poco horadamos las paredes, ampliamos el cerco en torno nuestro, restamos peso a la vida para al final habitar el centro de una polifónica cavidad resonante». [53]

Más allá de la perfección: la nada. Inventando laberintos vivió Creta su laberinto, y alcanzó un hueco de máximo diámetro cívico y estético 1.500 años a. C. Como a mi abuelo, sólo le quedaba desaparecer en la poética creada por sus propios ecos. Y cerró la caja. Lo que vino luego, la conquista helénica, veneciana, nazi, otomana, no es más que el collage con que juega la nada a ser nada. Pero de vez en cuando a alguien se le ocurre romper un pequeño bronquio mientras coloca un poste telefónico, y escucha el eco del refinamiento que jalonó aquellas vidas. Correrá entonces con los sonidos deslizándose entre sus manos a un ilusorio Museo Histórico, donde inexistentes expertos los catalogarán con el único fin de que no menos espectrales turistas sacien allí su melancolía de otro tiempo menos virtual, más sensitivo y lujoso. Tras esa visión, ya no podrán dar un solo paso sin pensar en esta cuenta atrás. [52]

La luz, filtrada por el azul cobalto de la radiografía, barniza mi cara. Paciente de cuarenta y tres años, tabaquismo, sin antecedentes familiares. Enfisema pulmonar con disnea tras moderados esfuerzos. En agosto de este año inicia cuadro con edema en extremidades y dolor. Nódulo espiculado en LSD. No inclusive en Protocolo de QT adyuvante + Radioterapia. Apago el negatoscopio y me siento. La enfermera recoge la historia y se despide. Al otro lado de la mesa, un esquema busca en mi atención muscular sus palabras: que no se enteren mi mujer y mis hijos, a veces me quedo en silencio, sabe, y me llega de los bronquios un silbido seco, como si se desinflaran, pero el corazón ni lo oigo, entonces algo me rodea y me oprime todo el cuerpo, es el silencio, ¿sabe?, es el silencio que ya veo venir, usted qué opina, una noche soñé que buscando los latidos me abría el pecho, y sabe qué había: nada, un hueco perfecto en lugar de corazón, usted qué opina, la palabra *cáncer* ni citarla. Rasco con el pulgar la propaganda del bolígrafo, me recoloco el medallón testicular, pero quién le habrá dicho a este pobre infeliz que yo puedo ayudarle. [51]

El recuerdo más nítido que conservo de aquella ciudad no puede ser dibujado, ni musicalmente interpretado, esculpido o narrado sin degradación o pérdida, por eso es también el más borroso: el alfilereo de la lluvia sobre la claraboya de mi habitación. Santiago de Compostela, la ciudad más bella del mundo amurallada por la más fea, se diluye. Hay otro. El primer día, deshaciendo las maletas en la pensión, sintonizo la radio, y una canción «de alguna manera tendré que olvidarte. Por mucho que quiera no es fácil, ya sabes». [50]

En estas casas tabiques invisibles, espesores destinados a revelarte que no estás ni en el salón ni en la terraza sobre el mar [en ambos a un tiempo], donde la rebanada captada entre dos parpadeos se aletarga. ¿Son las cosas una suma finita de parpadeos? En estas casas, el cuerpo = mar de un archipiélago de días. Después, hay padres que empujan a los hijos a dejarse vivir por la casa que no tuvieron, y por fin se vuelven tabiques invisibles en ella. A esto le llamamos «cuando un antepasado habitaciona el recuerdo», pero aún me resultan hechos fragmentados, parpadeos muy cercanos en el tiempo como para alcanzar la categoría de recuerdo. Me inquieta pensar que algún día será por lejanía por lo que dejarán de ser recuerdo. Me inquieta porque no es posible pensar [vivir] este mar sin una casa, y su destino es ser olvidada. [49]

Mojo y muerdo. Desayuno café, tostadas, mantequilla. El calendario, asido al mismo gancho que un trapo matamoscas, fosiliza la actualidad. Parece que los días se echan sobre los hombros un desagradable manto de quietud que les obliga a avanzar a saltos. Algo de preso y celda poseen aquí los calendarios, que induce a ir aspándolos. Otros prefieren ver en esas equis una vida adquirida en categoría de enigma. Mojo y muerdo. Un pope entre los paisanos. Sobre el pecho, una cruz griega, apenas visible bajo el largo pubis que le cae del mentón. Traga vasitos de *ouzo*, cepas de cuarenta grados, se arma un jolgorio. Brindan por cualquier cosa, se dan golpes en la espalda mientras ríen las caries [repaso las mías con la punta de la lengua]. Pasa un macromandil calle arriba, los hombres se ponen golosos. Mojo y muerdo. A la sombra del emparrado, la plazuela incandescente y sus postrimerías de arbusto y polvo parecen aún más blancas, territorio al que degenera el carbón al rojo vivo si lo dejas. Y taberna azul, y Egeo azul, es el color con que pintan aquí los marcos de las puertas y ventanas para que no entren moscas. Blanco y azul se llevan bien [vistazo al cielo]. Mojo y muerdo. En el cuenco, mantequilla derretida, islas sobre el café, y en cada una mi reflejo: móvil archipiélago. Ojos al encuentro, pestañas doradas, el flequillo una liana sin frente, rostro sin eje, la átona sensación de verse antes de tiempo fragmentado. Al fin todo encaja, me reconozco, sumerjo la tostada, el hallazgo se rompe. Revuelvo y me bebo. El pope desaparece calle arriba hacia la basílica, se agarra los faldones y dibuja eses. La cara de Dios también está sin eje. [48]

Acodado en la erosión de mis piernas, expuesto el azote del traje que ondea como esas segundas pieles de las que siempre se habla en determinados círculos, sé que dibujo una expresión de delincuente o parásito, de Frankenstein para las madres que peinan con agua a los niños, de lanzador [olímpico] de heces. Pero no importa, estoy solo [otro palo seco asomado al talco de la arena], llevo siglos aquí sin dejar de estar solo de la manera en que lo está la luz del mediodía, sin sombras que le cuelguen, esas segundas pieles de las que siempre se habla en determinados círculos cuando me refieren como aquella sombra inverosímil que habitó un continuo mediodía. [47]

I–. De repente al rayo de luz le acosa la nostalgia [es Oscuridad, pero aún no sabe deletrearla], extraviado en la duda se anuda sobre sí y nace un cuerpo. II–. Con la herramienta de los ojos cubica la realidad; belleza, fealdad, invisibilidad en lo neutro. Los otros sentidos vendrán más tarde, con el matiz de los días. III–. Alcanza un placer agridulce cuando descubre la superioridad de lo silenciado sobre lo nombrado [en la hipófisis trabaja aquel que redactó infinitos versos y después sumándole certezas los redujo a una sola palabra nunca revelada]. IV–. Y pasa el tiempo y cosas sólo aprensibles en un cruce de sueños tensan el nudo; tan sólo dejan entre los hilos el espacio justo para una soledad al límite de la asfixia. Entonces, entre el beso y la bala buscará los significados de una palabra [es Vida; no sabe deletrearla]. V–. Pronto [más de lo esperado] las hebras sucumben al tensado, el cuerpo halla en torno a sí la propia sombra, primero la cree ceniza de un incendio llamado Presente, después la llamará Historia o algo así. VI–. Tarde [siempre más de lo esperado] el nudo se deshace, un humano muere, y un rayo de luz sacia aquella sed de Oscuridad en la sombra que ya lo acompaña. Ya es Tiempo. [46]

Desayuna, se ajusta el nudo de la corbata, le da un beso a su mujer y arranca el coche para penetrar en esa marea de ruedas que sube todas las mañanas en la ciudad como postiza continuación de la del puerto. Va repasando los casos. Paciente de sesenta años, glioblastoma multiforme. Paciente de cincuenta y tantos años, neoplasia en mama derecha. Esta noche han atrasado el reloj, y no lo supo. Advertido el equívoco, va de regreso. Utilizará esta hora que no existe para comprar la prensa, darle un segundo beso, quizá otro café, ojear el último número del *British Journal of Oncology*, sumarse más tarde al océano de automóviles. Envolvía a las alamedas la bruma rala que acompaña al amanecer cuando, al llegar a la plaza de España, lo vio a lo lejos y poco a poco detuvo el coche. Entre la niebla, un anciano tiraba de un polipasto y cambiaba el cartel de la fachada de los cines ABC. Un par de minutos. Cuando el viejo desapareció, sobre el volante rompió a llorar. [45]

Deambulo ahora y siempre sobre el orden del pasado desordenándolo, recordando fechas señaladas para no recordarlas, quiero decir, reinterpretarlas, porque cuajan en gotas las horas [como leyes, o como las últimas palabras que te dijo aquella antenista antes de morir allí arriba crucificada y que inútilmente insistes en borrar]. Existe otra variante menos selectiva, menos cirujana: apilar por capas el pasado y saltar insistentemente [o golpearlas con un martillo pilón] hasta fundirlas en un solo bloque macizo como de plomo, donde todas las caras que viste al menos una vez convivan en la de ese hombre que acaba de pasar y presumiblemente va a una cita nocturna. Junto a la plaza Kazantzakis alguien lo abraza, y no sabe que cuando pasen los años se me aparecerá súbitamente abriendo un tajo exacto en el bloque de memoria, porque desde ahora mismo su cara será todas las caras y resultará imborrable ese acopio de gestos sin atributos ni forma: las líneas que atraviesan limpiamente el tiempo como el cuchillo con que ella rebanaba el pan del desayuno antes de salir de casa para decirme aquel último día mientras recogía la mesa, «¡ah!, se me olvidaba, hoy he de instalar tres parabólicas, llegaré tarde». [44]

En invierno, a la playa se acerca la gente y busca conchas o piedras singulares que tira antes de irse. En verano [a esa misma gente] la trae la marea y quedan varados en la arena como peces muertos de colores. Subí al atardecer a la colina que empuja al pueblo hacia la costa. Hipnotizado, miré cómo iban apareciendo luces en las casas. No era la noche, era un complot. [43]

«El tiempo del reloj se mueve linealmente y a intervalos idénticos.» Falso. Postulo que igual que hay cuerpos más densos que otros existen instantes de tiempo más densos que otros. Postulo *Densidad de Tiempo* como aquella concentración de Nada que, aunque inasible, se resuelve en poesía. Postulo *Densidad de Tiempo* como una cifra incuantificable. Pero no es ni cero ni infinito. [Manifiesto Contra Relojeros, hallado en los barracones de las Minas de Arena de Rethymno. Anónimo.] [42]

Nada es hasta que su línea no se cruza con otra. La Historia son equis: la luz y la materia, el enemigo y la bala, el texto y la mirada. [Atención, arquitectos. Dormitorio: habitáculo donde intersecta la equis del matrimonio.] Y antes del encuentro parecen tontas las trayectorias, lineales como epílogos, idénticas en sus cáscaras de soledad, y son de otro las pisadas que ahora oigo porque quien oye su eco oye su monstruo, roto a piezas en las molduras de estos portales que no sé por qué parecen venecianos [hay un señor en manga sisa, ensimismado en la ventana que rompió para ver mejor el asfalto]. El mercado público a estas horas = nocturna esterilidad = mujer desovulada y de leche seca. Giro y bordeo. La vi tras los cristales sucios y biselados de una tienda de informática, silueta opalescente entre el parpadeo de los monitores, el pelo atado en trenza, una talla sinuosa en el quicio de la puerta cuando di tres toques, giro y bordeo los pezones con la lengua, nueces, polos, espirales, maduros caracoles. Grita una frase de tejido impenetrable en sigmas, thetas y omegas = cruce de lo que hasta entonces era Nada y ahora Mundo [muerte incluida] = ajuste en el círculo cuadrado = espejo que devuelve otra imagen: ¿es otro el de ahí, o es el cristal que se fatiga? ¿Por qué los espejos y ventanas son cuadrados? ¿Si sólo los círculos se expanden por qué hay pintores que pintan cada vez cuadros más grandes? ¿No saben, acaso, que la omnisciencia del ojo radica en su contorno redondo? Tras haber conjugado el no al incesto, parten tontas otra vez las trayectorias hacia la divergencia de su equis, mi monstruo me sigue hasta el puerto, ante las olas se disipa, cruzo entonces los dedos, otra equis. [41]

Recién vivido el infinitamente pequeño infinito del hallazgo, permaneció resonando el jadeo que vendría —el eco recuerda a la vez que anticipa—, y reposamos en ese esqueleto de mar que es la arena o reloj roto. En silencio acudías allí donde el exiguo parpadeo le cede su información a los astros, acaricié tu pecho toda la noche sin conseguir descifrarlo. Hasta que una roca empezó a destacar a lo lejos bajo la luz de su faro y nos separamos [miré atrás para confundirte con la línea rota de la empalizada]. No podría precisar cómo pudimos colarnos en el argot de aquella noche, y ésta en el día que prologó a los otros días que son también todas y aquella noche, pero me ha llegado por el impecable lenguaje del eco que aunque le somos prescindibles al mundo el pezón es un instante que lo resume [al mundo]. [40]

Boca arriba, agarro la arena con los puños y la dejo caer muy despacio. Tic-tac. Tic-tac. A contraluz, dos niñas en la playa se arrojan arena. Juegan juntas las siluetas, aspadas, separadas, revolcadas; sobre la cuerda del horizonte recuperan el fiel de la balanza. La luz las modela, o a la inversa. Aún no estaban tiznados sus pubis de sílabas muertas. Ocupando y sustrayendo el aire, quietas o corriendo, flotan sobre las horas sobadas que les esperan. Muy quieta bajo el sol, a mi derecha, medita una mujer su melanoma maligno. La Reina del Agua, pechos de cariátide que dan ganas de morder para hacer gajos de los labios y dejar allí todos los dientes. Se incorpora en escuadra sobre las palmas de las manos. Camina en extrema rigidez hacia la orilla, robótica, sortea chapapotes. Le gustaría cortar el hilo que la une a todos los ojos, desea movimiento pero no puede [el movimiento también se desaprende]. Debe de oler a trapo limpiacristales, a estropajo seco, polvo en suspenso; qué bella si te quedaras quieta. Consulto el reloj, casi hay que ir tirando, nos espera una cena bajo un emparrado. Reserva de luz para esta noche. En el puño se masturba un manojo de arena. [39]

Resulta absurdo pensar que la muerte se halla más cerca de un anciano que de un niño. La muerte es equidistante respecto a cualquier punto, su velocidad es infinita. Un hombre permanece sentado ante la ventana de la habitación que le muestra la calle, mira el reloj, las cinco en punto, alza la vista y se muere a las cinco y un segundo, un segundo que dio cabida al infinito: todo el polvo levantado en ese intervalo por el giro de la Tierra, y el no levantado [lo no ocurrido también ocurrió, pero como ausencia]. Deduzco que existe la muerte porque existe en cada instante un universo inconmensurable que la iguala en cifra. En este sentido [en infinitud] la muerte se parece al nacimiento. Por eso el hombre que yacía muerto frente a la ventana resucita, pero permanecerá para siempre con los ojos cerrados porque ahora sabe que todas las cosas imaginables se hallan a su alcance, equidistantes, encerradas en un segundo, y tal abundancia le paraliza. [38]

Compostela, vísperas de examen, espero el bus. En la otra acera, LOCAL EN REFORMA, PRÓXIMA APERTURA, un albañil trabaja, el cigarro incrustado en sus labios [a veces me pregunto qué habrá sido de él]. Cerró la puerta por dentro, cogió la brocha y comenzó a pintar de blanco el cristal del escaparate. Primero el lado superior, laterales y base, hasta conformar un marco. Continuó así, en sucesivos cuadrados concéntricos. Se acercaba al transistor, apoyado en una escalera de mandíbula, y cambiaba la casete que yo no oía pero imaginaba, o perplejo en los surcos que dejan las hebras del pincel movía el cigarro de una comisura a otra. Hasta que sólo quedó un rectángulo del tamaño de un antifaz, nuestras miradas se encontraron, y selló de un brochazo. Me subí al bus, abrí el libro por el tema 17 [a veces me pregunto qué habrá sido de él]. [37]

Esta misma noche, con un vocabulario de incomprensibles signos y pitidos, mi PC dijo basta, y en ese mal trance electrónico he perdido todos los textos allí emboscados desde hace seis años. Quizá no debí traerlo, tuve que haber pensado que para los viajes no se hicieron estas máquinas. Pulsé el timbre. ¿Poulos? Sí. Soy un amigo de Dimitri. ¡Ah, sí, ya me avisó, pasa! Sólo estaré unos días, después seguiré ruta por la isla. Como quieras, estás en tu casa. Él pinta durante casi todo el día, sólo nos vemos en las cenas. Bajo una pérgola comemos ensalada y pescado, y reímos cuando a alguno se le derrama el yogurt, o si los niños llegan del embarcadero haciendo monerías con los peces y las cañas. Durante las mañanas duermo y por las tardes observo con extrañeza los pinos del acantilado; crecen inclinados, como si ya supieran que en alguna etimología viento viene de tiempo. Suelo darme un baño antes de la puesta de sol, y a veces paseo por la playa con Janet, la mujer de Poulos. Me cuenta cómo le va con sus nuevas prensas para la uva y yo la escucho. También alguna tarde hemos encendido una fogata en la arena. Por las noches intento mezclar el alfabeto, y no sé si escribo o hago que escribo, porque se me pasan muy rápido, casi un parpadeo. Al amanecer, antes de acostarme, me detengo unos instantes ante la ventana orientada al sureste y miro cómo despunta la luz con [por decir algo] cotidiana resignación. Mucho más allá, Egipto. Un mar azul y verde cubre el mármol de las ruinas de Alejandría. Pero este amanecer he mirado por la ventana con especial melancolía. Lo del ordenador ya no tiene remedio. Desde hace seis años he atesorado ahí textos, ficciones, guijarros, modos con los que vamos surtiendo el camino por si un día queremos regresar a casa. Y yo ya no puedo. Todo ha volado, se puede decir que hace seis años nada dio comienzo para venir a morir ayer en el receptáculo de lo vacío. Mi vida, ahora, anudada a lo real, ganará en peso como lo gana el péndulo tras cada bandazo. Y entonces divisé Alejandría. Una biblioteca se quemó allí hace dos mil años. El torrente de páginas que abordan el accidente no ha cesado. Cientos de relatos, teorías y refutaciones cada vez más osadas lamentan la sabiduría disuelta [sustancioso plancton] en el Mediterráneo. Aquella biblioteca también tuvo sus particulares seis años de nada resueltos en virtualidad. Qué mejor desgracia podría haberle ocurrido a mi disco duro, me digo. [36]

En el salón de la casa paterna, 12.48 pm. «No insistas, no pretendas crecer cambiando, es imposible. No des la mano a los vecinos imaginando que sus líneas cambiarán las de tu mano, no des un salto a la derecha en la autopista ni busques un norte lateral, no creas que tras años de convivencia los rostros de los cónyuges van encajando hasta hacerse uno, tampoco tras pisar sientas que a cambio el suelo ya es otro, ni creas que encabezar el reparto en los sueños de otro significa más que barrer el teatro en los tuyos, porque en toda su vida [esto es seguro] una persona sólo podrá abarcar una idea», en el salón de la casa paterna, 12.48 pm. Cuarenta y ocho años después. [35]

Sentado en las sillas de PVC del Yanis-Café. Por favor, tráigame otro *ouzo*. Las vetas del licor se anudan en el fondo del vaso. A pocos metros, en el cruce de las avenidas, dos motos han chocado. De inmediato una cáscara de cuerpos salidos de las calles afluentes, perdigones que regresan al origen del disparo. Parece que están graves. Todo lo que se fuga, allá en el fondo se da de bruces contra un horizonte perpendicular. La fuga sólo es por aquello que le sale al encuentro, lejano accidente que salpica y baña los ojos. El Renacimiento no inventó la fuga en perspectiva, fue ésta quien lo halló para fundar una Historia en tres dimensiones. Pienso ahora en la fuga de los epitafios, sintagmas sin dialéctica, avanzan lineales, aerodinámicos, afilan sus dientes en el mármol sin conseguir traspasarlo. Llega la ambulancia, la camilla rompe la cáscara. ¿Otro *ouzo*, señor? Sí, gracias. Me subo las gafas. Pierdo de vista la sirena aunque en mis oídos es un barco de arrastre, la pisada de Armstrong en la Luna, una pelota que aún rueda. Desde entonces las avenidas no son las mismas. [34]

Una vez soné [soñar: truco operado por la virtualidad para ascender a realidad] que de camino a la cocina me encontraba en el suelo una cuerda vidriosa y en apariencia endeble a la que no veía fin, la seguía por un intervalo de tiempo que no podría precisar aunque sí adjetivar: tedioso, inmenso, simplicísimo, denso, irreductible, tramposo, sublime, genésico [pero esto es tanto como decir nada porque las palabras dan cuerda a otros relojes]. Y así se me repitió durante años. Sé que esta noche el sueño se ha acabado; hallé mi ombligo al final de la cuerda. Ahora pienso [es sólo una conjetura, que nadie se moleste] que debería haber caminado en dirección contraria. [33]

Las olas baten pero no salpican los zapatos, que sobresalen medio palmo de la barandilla. Examino mi reflejo, turbio allí abajo. El mar = pureza mal multiplicada, arrastra en la operación a otras criaturas que no son mar. En realidad, el mar contiene todo menos mar, siempre rebosante y siempre dispuesto a acoger un átomo más [los pulmones se inflan de mundo si la respiración se entiende como la primera y más urgente cláusula de vida]. Examino mi reflejo, turbio allí abajo, como si yo fuera ése, arenado y fundido a los cantos del fondo. Me inquietan esos pueblos que, esqueletizados, descansan bajo los pantanos, nunca detengo el coche, acelero, veo correr mi reflejo. Hubo un tiempo [ya lo había olvidado] en que traté a los espejos como a dioses, después descreí porque podían contenerlo todo menos a ellos mismos [debería haber empezado por esto]. Recuerdo el cuadro, colgado en alguna pared de la pensión de estudiantes, de una mujer sin mirada, reflejada en un espejo mientras se bajaba las bragas, los pechos colgando, el arco de la espalda, la rosa de sus nalgas, como apoyada en esta barandilla. [32]

Antes de consumir los días que me restan [tras los muchos restados en pensiones y habitaciones de hotel], sé ya que mi idea de la felicidad no es en absoluto original: una isla, una casa contemporánea, una pérgola, un pozo, y una silla mirando al sureste por definición, el mar. Algunas noches, la mujer de Poulo y yo bajamos a nadar acercándonos más y más allí donde los pubis se confunden con una especie de algas. Pero justo cuando ella está a punto de enseñarme los alrededores, tonto el último oye cada uno sin saber que el otro también lo oye, y regresamos. Me retraso para ver cómo suben y cierran la puerta aquellos alrededores, el finísimo hilo de luz que se le escapa entre las nalgas. Un segundo de casa. [31]

En lo profundo de la taberna fuman y ríen trajes diplomáticos.
En lo profundo de la taberna se bebe *frappé* con pajita en ele.
En lo profundo de la taberna nacen y mueren moscas en botellas.
En lo profundo de la taberna pájaros liban y vampiros beben.
En lo profundo de la taberna mil vatios de cama y clic de pera.
En lo profundo de la taberna tronco de parra vieja la más vieja.
En lo profundo de la taberna mil dracmas y pico por la púber.
En lo profundo de la taberna hay una puerta toc-toc quién es.
En lo profundo de la taberna los niños miran por un agujero así.
En lo profundo de la taberna la cólera de los hombres, sigue a ese hijoputa, por ahí va, hacia la ensenada. Oculto en una vasija recién descargada contengo la respiración, miro hacia arriba, el círculo del cielo, cuento sesenta y una estrellas. Los pasos se detienen. Merodean. Meto la cabeza entre las rodillas, a ver si del cielo baja ya el brazo de la enfermera. [30]

Aquel hombre de ojos oscuros y uñas rapaces me agredió en el mercado de Chania; creyó que le había robado su anillo de oro falso [fue el mono marroquí, yo lo vi]. Y maldecía, sí, pero en el fondo me quería: lo silenciaba. Después, provisto de una vara de olivo atizó repetidas veces al mono mientras gritaba en cretense el equivalente a ¡chucho! ¡chucho!, con esa básica mentalidad que trata a todas las bestias por igual. Yo no sabía que hablar es una batalla contra las palabras en busca de algo que jamás se halla [bendito Wittgenstein]. [29]

Ha escogido usted gasolina súper. Humanacosa, apéndice de un estómago que de fósiles empachado le dicta bajo sus pies la historia de mis necesidades [es envidia: los fósiles carecen de historia y necesidades]. Ha escogido usted gasolina súper. De aquí al *shopping center*, apenas unos siglos de metros. De aquí a la costa, apenas unos metros de siglos. Llegan del mar [me han contado], traídos por los hilos de un viento continental, papeles rotos, velas náufragas, bolsas de plástico, pájaros erráticos, se estrellan y permanecen incrustados en la celosía metálica que circunvala la isla [yo mismo aún no sé cómo he entrado], multiplicados o divididos a capricho de una aritmética local [yo mismo a veces soy dos, tres, infinitos, otras nada]. Ahí llega uno. Tiembla la celosía y dispara un arpegio que dará vueltas y vueltas a la isla hasta escindirse en música y ruido; su fin revalidar los arquetipos del bien y del mal. Y eructa sus dictados la humanacosa, ha echado usted gasolina súper, buen viaje. Mientras me alejo, un pájaro incrustado aún aletea. Por efecto menguante del retrovisor, la estación de servicio = agujero negro$_{(1)}$

(1) Una vez alcanzado el radio crítico, r_c, la estrella seguirá contrayéndose de tal forma que sus partículas alcanzarán todas el centro en un tiempo finito. Pero este efecto no es observable desde el exterior, así que la contracción va acompañada de un encerrarse en sí misma de la estrella. El tiempo t de propagación de una señal emitida desde esa estrella tiende entonces a infinito, tal como lo muestra la fórmula:

[28]
$$t = \frac{1}{c} \int \frac{1}{1 - \frac{r_c}{r}} \to \infty$$
(si r tiende a r_c)

Los mechones de pelo al batir en la baldosa lanzaban un grito pero no se los oía. En efecto, ayer fui al peluquero [definición: el que antes de clavarle el cuchillo al que duerme, ve un lápiz, deja el arma en la mesilla, y se pone a dibujar]. En efecto, ayer fui al peluquero. El rescoldo de pelos, uñas, y todo cuanto vamos dejando atrás constituye el límite borroso de nuestros cuerpos. En cuántas fotografías tomadas por un turista estaré detenido. Hoy me tiene en la pared de su casa, y yo no lo sé y él no lo sabe. Llevamos a nuestras espaldas ese Frankenstein de nosotros mismos hilvanado con los recortes de lo prescrito. Crece y crece hasta que en la vejez se alza sobre la nuca, rebasa nuestra cabeza, como una ola nos cubre y finalmente nos adelanta. Es ése el día en que lo creado supera al creador y morimos a expensas de la ilógica. [27]

La carretera, retorcida, gana altura. Oí su llamada desde el pie de la montaña, perfume incienso = souvenir fundacional = Monasterio Gouverneto. Los nazis pudieron con todo menos con la capilla. Unas hojas de periódico cubren la pequeña mesa en cuyo extremo, como el ojo desplazado de otra divinidad, una cestita espera la voluntad [apenas mil dracmas]. Frescos de Apóstoles y Testigos [deben de ser del xiv] nervados por fisuras que estallan la pared y los vuelven abstractos, aún más de lo que eran cuando se pintaron, tan inverosímiles, tan planos, tan lejos de la escena representada, tan extraídos de su narración que parece que te miren precisamente a ti, aguardándote durante seis siglos para señalarte [tiempo elástico, el aire se aplasta en torno nuestro]. Atornillado al espesor de esa penumbra ya noto el apostólico dedo. Allí la cúpula que remata el tambor, y en el centro el Pantocrátor Señor, Cristo Señor, paciente de cuarenta y tres años, tabaquismo, sin antecedentes familiares. Enfisema pulmonar con disnea tras moderados esfuerzos. En agosto de este año inicia cuadro con edema en extremidades y dolor. Nódulo espiculado en LSD. No inclusive en Protocolo de QT adyuvante + Radioterapia. Reprimo una lágrima. La enfermera es novata; no consigue cortar el cordón umbilical. [26]

Playa Elounda, inmediaciones de Agios Nikolaos, noche de agosto, sentado en el porche, la gabardina repele la niebla que desde la costa sube en busca del calor de los cuerpos para disiparse, bocaneo, humo y cigarrillo dibujan una punta de flecha, la silueta móvil del jardín, el vibrar de la maleza descoloca las sombras, como si se agitara un cubilete, otro trago y el licor, atontado, recupera su espesor en la botella, nubes metálicas, un techo de caña, dentro de casa, desnuda, una mujer duerme, es muy bella, pezones oscuros de almendra, el haz lunar ilumina su cuerpo, otro trago, bocaneo, yace boca abajo, simplificada, neolíticos trazos, los labios, cerrojos del irreductible secreto cuando dice te quiero, sonríen, y sodomizada por la nada, como en la playa o en las películas, abraza el colchón, la tierra, el sueño, bocaneo, bebo de un golpe el último trago, me levanto, el mimbre cruje como una popa podrida y seca, anudo la gabardina a la cintura, empujo la puerta, a tientas descubro el cuerpo, no debiste ser tan bella, la primera será al corazón, el brazo cae con fuerza, de súbito se despierta, abre los ojos, sudor, qué difícil respirar, se palpa la espalda, repasa el cuerpo, el oro del cabello, los pezones de almendra, y afuera la noche, colgada en la entrada hay una gabardina, se la anuda, sale al porche, sentada en el mimbre enciende un Lucky, sin filtro, un viento cálido, una botella, un vaso en los labios, dos piernas que detestan la herida que las une y se cierran, no debí ser tan bella, piensa, y entonces, Marilyn aplasta la colilla con la suavidad de quien tiene todo el tiempo por delante, se levanta, y dejando atrás el humo que discurre vertical como si hubiera abandonado allí la médula, empuja la puerta y entra en casa, me encuentra, la primera será al corazón, cae su brazo con fuerza, abro los ojos, silencio, afuera el porche, es verano, desde la pared, en un póster, Marilyn me mira, era de mi hijo, espero que no le importe, me había dicho la dueña del hostal al firmar el libro de registro, pero es que quise dejarlo todo tal como a él le gustaba. [25]

Nacemos y morimos sin saber nada. Quizá, que al principio pesa más el cuerpo que la sombra hasta que en la vejez esta ecuación se invierte, o que hay muchas monedas escondidas en la tierra y con paciencia podrían contarse pero no serviría de nada [cuya simétrica sería: todas las frases en algún lugar están ya escritas y nada podemos hacer por despertarlas], que la astronave constituye una sofisticación del arado, que las pantallas de PC son vitrales de una catedral contemporánea y las heces en la nieve la primera estufa, que podemos atravesar todos los límites, conocerlo todo, rasgar sucesivos decorados, y a pesar de todo nacemos y morimos sin saber nada porque esos límites los ponemos nosotros: no es posible abrir un cofre desde dentro. [Primer decorado: una madre se acerca por detrás, junta las manos sobre el pecho del niño y le dice aléjate de las corrientes, antes de cerrar las contraventanas y darle un beso en la nuca. Después, aquel niño crece, y viaja, y no puede ver a su madre desde la ventana calle abajo en dirección al colmado: último decorado]. [24]

Racionalmente hablando resulta absurdo concebir la existencia de un mundo aquí al lado cuyos habitantes no se diferencien en nada de los humanos y sin embargo no sean humanos [tanto es así que incluso esos quiméricos hombres especulan la no existencia de nuestra especie: únicamente saben de ella por lo que ha llegado a contarles el vigía, pero ya se sabe que los vigías no son fiables: de tanto mirar a un punto fijo terminan por delirar, pero de ahí su proteína, su fuerza embaucadora porque, esto también se sabe, desde siempre los vigías han sido poetas o cuentacuentos]. En ese mundo, cada día y a la misma hora el vigía se carga al hombro un gran vaso de agua fresca y abandona la ciudad para adentrase en territorios donde los placeres y las danzas van perdiendo nitidez, pero conservan intacta su estructura o arquetipo, por lo que hay que concluir que lo que pierden es porosidad, frescura [como si el espacio [o la luz] se hiciera más y más cartesiano], hasta que este vigía alcanza el límite de una extensión impenetrable y cuadrada, que supone infinita porque en ella todo se oscurece y nada ve. Entonces [cada día, y más o menos a la misma hora] oye decir en varios idiomas: señoras y señores a su derecha un fragmento del gran Fresco de la Procesión, período Neopalacial, mil quinientos años antes de nuestra era, en este fragmento, único conservado, pueden ver ustedes a un joven con la vestimenta característica de la época, porta un gran vaso cónico destinado a contener agua como ofrenda, se estima que en el fresco completo había unos trescientos cincuenta personajes que caminaban en dos filas al encuentro de una figura central. Y corre a contarles a sus conciudadanos que más allá de la tierra estéril hay un mundo lógicamente absurdo, y en torno a ese mundo inventa para ellos una historia siempre distinta porque no ha entendido ninguno de aquellos idiomas y éstos se le figuran otro territorio complicado e infinito que hay que atravesar para avistar nuevos límites que traerán nuevas historias de otros tantos límites. Yo de todo esto deduzco que la sustancia poética habita allí donde las palabras no llegan a entenderse, pero no puedo revelárselo, equivaldría a despertarlo a la racionalidad, y eso le destruiría. [23]

I–. Luz de un tragaluz, limosna que el muro le concede a la claridad tras amputarla, y entonces tengo la sensación de que la celda flota. Monasterio. Luz de tragaluz, materia que no aporta peso, lo resta.

II–. Dimitri, de pequeño, experimentó una extática visión, talismán que aún lo acompaña; Dimitri es un iluminado. Dormía en su habitación una siesta de invierno, y el ama de cría, torpe y obesa, rondaba por la casa repasando el polvo. La habitación de Dimitri y la del ama de cría se hallaban opuestas en los extremos de un larguísimo pasillo, la una al Oeste, la otra al Este, y las puertas de ambas remataban en su extremo superior con un pequeño cristal. Le despertó un arrastrar de pasos, acercó una silla a la puerta y se encaramó. Era ella, de espaldas, dirigiéndose a la habitación del fondo al tiempo que se bajaba la faja y las bragas para liberar la deformidad de las piernas y las nalgas. El sol, rasante a esas horas, entraba por la ventana de la habitación opuesta y, tras atravesar el cristal superior de la puerta, bañaba el cuerpo de ella para colarse entre el hueco desparramado de la entrepierna. Entonces le cegó una estrella púrpura de cinco puntas, hermosísima, magnética, parpadeante en la penumbra del ano de aquella mujer.

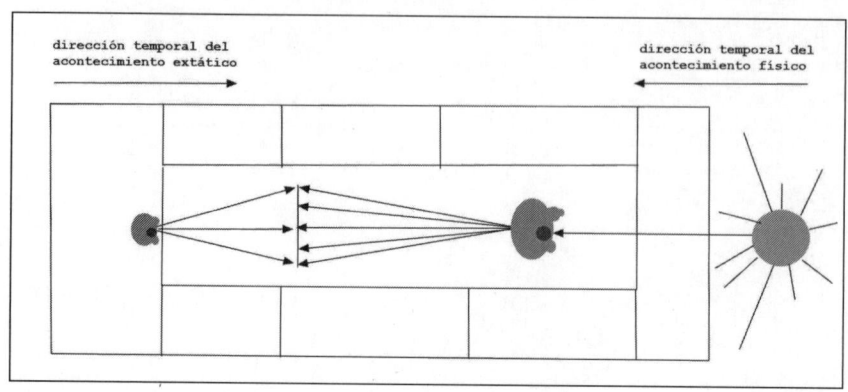

III.– La geometrodinámica cuántica postula la existencia de un espacio-tiempo formado en su totalidad por agujeros gusano, un laberinto que nos envuelve en perforaciones de carcoma matemática cuyo fin es conectar todos los mundos posibles, esponja liviana como las heces, que también flotan. Los indios, en general, opinan que la piedra pómez son heces cristalizadas de un dios comedor de luz tan viejo que ya no puede vernos [ni nosotros a él], de ahí la existencia de un espectáculo aún más sobrecogedor que la lava incandescente: el silencio abisal de la lava fría y seca, excremento de una divinidad que ya nos ha abandonado dejando a su paso un espacio-tiempo inoperante, petrificado. Mineral de luz. [22]

La conocí en una de aquellas cenas aristocráticas de los amigos de Dimitri. Yo había sido contratado en calidad de escritor [poner la palabra exacta en la frase inacabada de una dama o, si el anfitrión lo requería, traer a colación a Rimbaud o Sade], y ella, en condición de nómada. Danesa, pelirroja, como remota; de profesión arqueóloga. La encontraron aquella misma tarde en el puerto de Chania. Venía con un perro, *Tuno*, y no tuvieron que regatear demasiado para que entrara en el coche. Reía por todo lo que no entendía, desafiaba a aquellas figuras de retablo y vestía raro. El rostro, pecoso y trasparente como la filigrana de un billete, fue objeto de alguna observación; ella dijo que cada peca es un pecado, un sueño gozoso que te agujerea el cuerpo para restarle peso, «llega incluso a flotar en caso de tenerlo todo cubierto». Gustó. No cobramos lo pactado porque comimos y bebimos más de la cuenta, pero caminamos juntos hasta mi apartamento que, al borde de la escollera, parecía a punto de suicidarse, comentó mientras se recogía el pelo. Encendimos el fuego, me enseñó a hacer el té turco y a mirar, como los nómadas, un punto fijo con la felicidad de quien toma por hogar una idea. No paró de hablarme de yacimientos y viajes, Naxos, Patmos, Capadocia, templos sumergidos, bustos sin pupila ahora despensas de peces, y yo por no perder su paso acudía con ansia a la memoria pero sólo hallaba citas. Le hacía gracia mi ansia erudita, señalaba una constelación para mostrar después otra igual en su cuerpo que, cosido a pecas, parecía un cielo o, también pensé, un lienzo sin resolver. Ya amaneciendo salimos desnudos al acantilado. Nos abrazamos. Contra el mar, un astro indeterminado. Contuvimos la respiración, y como si de un huevo duro se tratara la luna mudó de piel y apareció el sol. El perro, a nuestros pies, siempre enredando. Señaló con el índice, me contó que cuando hizo escala en Creta iba en busca de la ciudad de Troya. Le pedí que me llevara con ella. Se negó, pero prometió regresar en mi busca si la encontraba. Cuando en la despedida nos besamos, vi el reflejo de esa ciudad amurallada en sus pupilas. Ahora en sueños se me aparecen aquellas pupilas. Dentro, una ciudad que sólo ella habita. Camina entre capiteles recién levantados, los ecos son tan exactos que hasta cuando duerme la acompañan, y los templos invierten su ley para invocarla. Pero ella me invoca a mí. Cautiva en su hallazgo, levanta la vista ante las murallas, ya ni siquiera grita, se lleva las manos a la cara y llora ante cualquier señal o augurio de mi presencia. *Tuno*, siempre a su lado, la mira, mueve la cola, y no entiende. Al final, sube al acantilado, intenta reconocer el horizonte pero éste nada le devuelve, y justo antes de tirarse, es *Tuno* quien lo hace. A contraluz regresa a la ciudad en busca de la hospitalidad del eco. Entonces me despierto y tengo la certeza de que hay una peca más en mi cuerpo [en el suyo una menos]. [21]

Siempre que muerdo una manzana [no lo puedo evitar] pienso que aún falta por demostrar que la Tierra sea redonda. Ahora han descubierto [dijo Creta TV] que se parece más a una patata. Eva tenía razón. [20]

[Tirado en la cama tras Creta TV] Cuando la Tierra era una hoja de pergamino arrojada a la seguridad del vacío, los humanos sentían en cada paso, en cada verbo, en cada arruga, en cada parpadeo y nacimiento, la cariciosa presión de la pluma que los escribía. Después adivinamos [estas cosas se adivinan] que era redonda. Y como nada de lo que alguna vez ha sido puede dejar de existir, tuvimos que ponernos a escribir. Se estrella el cuerpo cuando nace y un latigazo de aire lo despierta. [19]

[ya durmiendo tras tirado en la cama tras Creta TV] Un caminante daba vueltas a la Tierra pero pensaba que era plana porque las daba en espiral. Un día, llegado a un cruce, la fatiga lo sentó y oyó una llamada lejana, al instante familiar. Cuando acudió reconoció con asombro que allí ya había estado. Era su memoria quien, a gritos, fundaba la esfera; deseaba nacer. Desde entonces, esta historia se ha repetido en innumerables culturas y no menos estrellas, en los infinitos clones que genera cada paso, en el primer humano que fue sustantivado. Yo mismo, por ejemplo, que soy memoria. [18]

La noche asusta por lo mismo que resulta mágica: identifica. Lo divisible pierde su cualidad y todo aparece conectado por una Babel que emborrona la mirada. Y lo sabemos. Pero a veces trato de imaginar el espanto que sobrecogió a quienes presenciaron por primera vez la muerte de un humano. Hasta entonces habían sido inmortales: piedras, hierba, animales, dioses, pero no humanos. El tiempo, cristalizado, aguardaba su hora y una noche inacabable mezclaba muerte y vida en la cabeza de aquellas piedras, hierbas, animales o dioses. [17]

Sería septiembre, Madrid y de mañana, un hombre llegó al jardín del hospital [todos los ingresados lo vimos desde las ventanas], se detuvo junto al membrillero. Anudó finísimos hilos a cada rama, a cada hoja, a cada uno de los frutos, y en el otro extremo pinceles que, bajo el árbol, apenas rozaban un lienzo. Después se fue. En estos meses [todos lo hemos visto], el viento ha movido las ramas, la savia ha nutrido al peso, el sol ha secado frutos y hojas, todo ha traspasado el umbral de la medida, el cubículo del tiempo. Hoy regresó. En torno a las hebras de cada pincel, como flores sin especie, inexpresables asuntos salpicaban el lienzo: curvas, aspas, horizontes, vertizontes, ortografía que repele el lenguaje del centro. El hombre medita, deja caer los lentes sobre el pecho, recoge los aparejos y desaparece porque sabe que jamás conseguirá pintar aquel sol del membrillo [todos los ingresados lo vimos]. [16]

I–. Qué fácil es pasear aquí pisando capiteles rotos, narices de mármol, vasijas espolvoreadas de lo deshechas. Qué fácil es tratar aquí a todo como a piedras. El aire las come incluso. Pelo una naranja a la sombra de un acebuche, y la monda se hace un muelle entre mis pies.

II–. Qué ocurriría si el sueño de alguien que muere soñando no supiera dónde ir y penetrara en una piedra, condenándola tarde o temprano a la vida [ningún sueño persiste más allá de su irracionalidad]. De qué forma se reconocería esa piedra en los siglos cuando abriera los ojos y no viera en su piel los dígitos de los pueblos, qué decepción al comprobar que tras un violento instante inicial el tiempo la había olvidado entre los trastos de un Edén mineralizado, y que ni la luz la ha echado en falta. Con qué ganas cerraría de nuevo los ojos para abrazar la eternidad, único habitáculo de aquel que no se sueña.

III–. Tengo la sospecha de que todo responde a un cósmico plan del cual soy fundador y simultáneamente víctima [si girara con suficiente rapidez podría cogerles moviendo el decorado], de que he sido conducido hasta aquí para, una vez muerto y expoliados mis sueños, dar vida a estas piedras. Pero como no me muero [y aún tardaré], el plan ha sido abortado, técnicamente hablando, reconducido, y se ha dispuesto que me desprenda de un anticipo de sueño para que este acúmulo de piedras vaya sabiendo de él por embrionarias alusiones. El sonido esponjoso, casi irreal, producido por una monda de naranja cuando bate contra el suelo. [15]

Mi idea de la felicidad no es en absoluto original. Una isla, una casa contemporánea, una pérgola, un pozo, y una silla mirando al sureste por definición, el mar. Algunas tardes miro el horizonte y me abismo en él hasta al fin tocarlo; sus letras, hacheoerreizetaoenetee, repetidas hacheoerreizetaoenetee veces [como corresponde a tan vasto confín], aunque irreconocibles caben completamente en mis manos. Otras veces [en el mismo lugar y el mismo número de veces] cierro los ojos y veo dentro una línea que incita a ser tocada, extiendo el brazo, el horizonte está dentro. Mi idea de la felicidad no es en absoluto original. Una isla, una casa contemporánea, una pérgola, un pozo y una silla mirando al sureste por definición, el mar [pero todo hacia dentro]. [14]

Para un occidental recordar a una prostituta es muy fácil. Anatomía vagamente humana en la oscuridad del soportal, caído el arco de la melena, caído el arco de los labios, caído el arco de los pechos. El arco del soportal, anatomía vagamente solidaria. ¿Tienes fuego? A la luz del mechero la vi coja de la pierna izquierda, levemente manca del brazo izquierdo, devastada prolongación de la llama [especie de ceniza]. Pero no era tan fácil. El delgado trazo de su beso, como a tiralíneas, delató un alma japonesa.

[13]

$$\Gamma^0_{00} = \frac{1}{2} g^\alpha h_{;\alpha}, \quad \Gamma^\alpha_{00} = \frac{1}{2} h_{;\alpha},$$

$$\Gamma^\nu_{\alpha 0} = \frac{1}{2h} h_{;\alpha} + \frac{h}{2} g^\beta f_{\alpha\beta} + \ldots, \quad \Gamma^\alpha_{0\beta} = \frac{h}{2} f_\beta{}^\alpha - \tfrac{1}{2} g^\alpha h_{;\beta},$$

$$\Gamma^0_{\alpha\beta} = -\frac{1}{2}\left(\frac{\partial g_\alpha}{\partial x^\beta} + \frac{\partial g_\beta}{\partial x^\alpha}\right) - \frac{1}{2h}(g_\alpha h_{;\beta} + g_\beta h_{;\alpha}) + \ldots,$$

$$\Gamma^\alpha_{\beta\gamma} = \lambda g_{\beta\gamma} - \frac{h}{2}(g_\beta f_\gamma{}^\alpha + g_\gamma f_\beta{}^\alpha) + \ldots$$

Iba sin mapa, y en un pueblo me vi atrapado en un entierro. No entendí el rito, ni quise; la muerte no me interesa [aunque sé que se ritualiza la muerte para hablar en profundidad de la vida]. Recordé las pocas veces que enterré a un ser querido: la neutra expectación que te paraliza. Wittgenstein le grita a Turing en un aula de Cambridge: ¡la contradicción no te conduce a ninguna solución equivocada porque no te deja caminar, la contradicción te paraliza! Iba sin mapa, una brisa de elementales acordes, los papeles de helados regatean entre las piernas del cortejo. [12]

Antigüedades. La tienda pesa sobre la acera en un bloque de puro silencio, y desequilibra otro plato de balanza cuyas pesas son confusas voces. Casi al fondo, veo el rostro de un anciano, pospuesto al revuelto de cachivaches que no obstante guardan un orden caleidoscópico. Golpea una Olivetti con dos dedos [de gallo], se alza sobre las letras L y A, hace el pino, le caen los objetos de los bolsillos, mueve las piernas en círculo, el caracol vive ensimismado en la espiral, el número en la cifra, lentamente regresa a la posición de sentado. Carraspea. Golpea la Olivetti. En catarata, como a Platón, caen sobre sus ojos las cejas. Carraspea [malformación en el silencio]. Por los intersticios de la tinta divisa un paisaje que ha sobrevivido a todos los paisajes. Bruselas, Madrid, Herakleion, Turín, qué radio tan vieja, ¿está en venta? Sí. Carraspea. Stalingrado, Nueva Ámsterdam, qué habrá sido de quienes vivieron en un tiempo que corre en un lugar que ya no existe. Pongo veinte mil dracmas sobre la mesa, ni los mira. Detiene el tecleo, enciende la radio, voces cruzadas, oigo el rechinar de una balanza. [11]

Aquí está el corral [seccionado entre los ramales del peral] estrellado con polen de lúpulo primaveral, que es lo mismo que ver a Dios o a la transparencia. Tallos trepadores cicatrizan el adobe de la fachada, fisurado por el sol. Un peldaño de pizarra, veteado en cuarzo, donde me aguardaba el golpe tonto que inspiró mi primer verso. La mecedora, cuerda de la siesta, y mi padre roncando bajo el manzano con un *Scientific American* que languidece entre sus manos [manzana recién caída] abierto por una página con Paul Dirac. La sombra de un pájaro que ya se ha ido y no veo. El quicio asimétrico de las antiguas cuadras sella un olor a boñiga, leche, pelo esotérico de aún no sabía qué triángulos y me induce a manosearlo [como si lo actualizara]. También retuvo la fotografía un zapato de charol que irrumpe por la derecha, es mi madre regresando del colmado que era todo menos eso. Y tras la pátina delatora de los visillos veo los ojos de un niño que observaba el corral, la luz del lúpulo, a su padre a un palmo de Newton, y un espejo en los zapatos de charol que cada junio violentaban al trigo porque la naturaleza no admite copias, decían. Cierro el álbum, me aquieto escuchando el goteo del gotero, primer pabellón, segunda planta, habitación ciento siete, la ventana decapita los tejados de Madrid, en el patio habrá un huerto con un membrillero. Nos han dicho que un hombre vendrá a pintarlo, y yo ya sé que no podrá porque no se puede pintar el humo [o una ola]. [10]

Aquí todo quiere colarse en el alma como una piedra se cuela en el agua, dejando la piel intacta, y vivir allí otra perspectiva: la ausencia de perspectiva. Quien encuentra un agujero se escapa, pero una vez afuera se extravía. Un señor toma café, lee el periódico, mira de soslayo a una mujer que pasa, a dos hombres que a la vuelta de la compra charlan en la acera y de sus brazos cuelgan bolsas cortadedos. Le interesa más el arquetipo definido por esas figuras que las propias figuras, por eso creo que también todo cuanto lee lo traslada a un orbe abstracto; podemos decir, grosso modo, que habita la silueta de las cosas. A las dos de la tarde pliega el periódico, introduce las gafas en la funda, se acerca a la caja registradora, cuánto se debe, extrae unas monedas del bolsillo, las extiende ante la corbata del camarero, desliza unas cuantas hacia delante, echa cuentas, retrae hacia sí dos o tres, adelanta otras, vuelve a retraer algunas de aquéllas, echa cuentas, otra vez las desliza, atrasa más de una, ahora tres adelante, dos atrás, cinco al mismo tiempo adelante, las mismas atrás, cuando me fui varias personas le rodeaban y los hombres en la acera aún cambiaban la compra de una mano a otra con ilusorio afán de desgravar peso. [«Hay dos célebres laberintos en los que a menudo la razón se extravía: el primero es el origen del mal. El segundo es la discusión de si existen la continuidad y los indivisibles, y ahí entra en juego el infinito», Leibnitz.] [9]

«Si en cada centímetro cuadrado epidérmico aún reconocemos vestigios de pez, de agua, de alga, de electrones, de dinosaurios o de monos, somos fósiles del pez, del agua, de las algas, de las partículas cargadas, de los dinosaurios y los monos. Si en nuestras leyes y ordenanzas hay vestigios alejandrinos, presocráticos, dionisíacos y romanos, somos fósiles de Alejandría, de los presocráticos, de Dioniso y de los romanos. Si entre las líneas de este texto hay vestigios de cuanto noche a noche he ido soñando, soy el fósil de ese hombre que, ubicuo e inmodelable, lleva mi nombre en el sueño», me digo detenido ante un escaparate, el niño que toca un acordeón desafinado por la lluvia pide limosna, el pelo empapado, fregona del cielo. Quién es ese resucitado, le susurra un maniquí a otro. Sólo la muerte nos actualiza. [8]

La primera vez que sentí dificultades al respirar fue en el Museo Van Gogh, Ámsterdam, *Los Girasoles*, el rectángulo que te sobrepasa. Colgaban vivos, lóbulos y bronquios de un pulmón ocre amarillo, hurtaban el aire que me correspondía [al nacer se nos asigna un cupo]. Desde niño tuve la fotografía de ese cuadro en el salón de mi casa. Ahora, en la radiografía, dibujo a rotulador las regiones dañadas, les pinto girasoles. [7]

Se le olvida a la vejez la infusión del presente en el tiempo, por eso esta noche he regresado a las dependencias de la casa paterna, ámbito de una silueta puzleada tras el retículo del ventanal que ahora veo. [Id pensando ya en una brasa que penetra en el agua, o algo así.] Buscaba abrazar al asesino de mi infancia. Lo hallé anciano y parasitado a juguetes que en un principio no reconocí. Debió tomarme por un maleducado [no hice más que toser y toser], pero él, ojos en blanco, habló toda la noche de cometas rotas, de padre y madre, de novias compartidas en la edad de los días prototipo, de veraneos de pesca y costa, de los ojos de los peces que la evolución también había ido distanciando, de estos monásticos años escuchando el eco más y más cercano de mis pasos [violácea monotonía], y ya al alba, de que yo también fui su asesino, de que los dos estamos muertos, y que somos la misma persona [veis]. [6]

Encendí el televisor, en el CD Johann Sebastian y observé la radiografía. Vacas pastan los pulmones, pistoleros corren a lo largo de la pleura, ecodetergentes blanquean un bronquio, un político detalla su programa en la tráquea, dos motos chocan en el cruce esofacal, niños juegan en la playa antes de ser arrastrados por una flema, un locutor mira con extrañeza el Lóbulo Superior Derecho y da una noticia acerca, después, aquilatados trazos de una ciudad en ruinas lo ocupan todo, a juzgar por el jersey cuello cisne de la niña el frío es intenso, barre las losas de las calzadas, da saltitos mediterráneos, se ajusta la diadema, después ponen un fresco, es un toro, vector de fuerza horizontal, dice el locutor, y un hombre lo agarra por los cuernos en tanto otro saltimbanqui hace el pino sobre su lomo, los acróbatas invierten el campo gravitatorio, imagino que por eso el locutor dice que allí Occidente dio una pirueta, aún está en el aire, ahora unas escaleras bajan a los aposentos reales, vuelve a salir la niña, tuerce la boca y empuña la escoba como una lanza en posición de firmes, el locutor [otra vez babea sobre el micro en el Lóbulo Superior Derecho] no sé qué dice. Tras tres días de intensa fijeza, cesa Johann Sebastian, despego la radiografía de la pantalla del televisor. Sin saber que mañana iré a reservar el billete, sé que mañana iré a reservar el billete. [5]

Donde la calle dibuja una ese hay una pequeña plaza sin forma ni silueta y un restaurante [es condición de la comida [y los sueños] no llegar a demarcar qué la rodea]. ¿Aquí? Vale. Las casas se alzan extraplomadas sobre la pérgola que, llena de flores, cubre nuestras cabezas y no deja pasar la luz de las estrellas. El folclórico acordeón, llegado de un lejano soportal, francamente incomoda. Charlamos de simbología, de si Londres o París, de si la musaka con o sin orégano, de lo que, en fin, hablan los recién encontrados. Sobre los platos, diminutas flores blancas y amarillas van cayendo. Las muerde junto con el pepino y el queso, o flotan sobre el tinto. Otras se prenden al pelo [mojado aún de la playa]. La saqué por la mañana de una vitrina del museo y la llevé a su medio. Reina del Agua, Palacio de Festos, 1.500 a. C. ponía la placa, hojeaba un *Marie Claire* sin ton ni son, como por rutina [me confesaría más tarde que le resultaba divertido ver cuán horteras son las damas contemporáneas]. Ya no hay cristal, ya no hay ámbar, repetía, me enterrarán en un hueco y me descubrirán unos hombres cuando claven postes de red telefónica, devaluado laberinto, y a mi lado, coronado en oro, mi hombre, paciente de cuarenta y tres años, tabaquismo, sin antecedentes familiares. Enfisema pulmonar con disnea tras moderados esfuerzos. En agosto de este año inicia cuadro con edema en extremidades y dolor. Nódulo espiculado en LSD. No inclusive en Protocolo de QT adyuvante + Radioterapia. Por cada poro desprende una luz intensa, no come flores sino estrellas, quedan tres o cuatro allí arriba. Voy a dividirme en su rostro cuando el vigilante me grita ¡no la toque! Con la mano oculta en el bolsillo se recoloca el medallón testicular, tira al cesto el *Marie Claire* y murmura vaya mierda. [4]

La noche tirita, se retrasa el mar, el azar conduce las ramas de los árboles, Poulos expulsa el humo con un soplido seco, el glup al verter la botella, la transparencia en las bragas de Janet, un murciélago dibuja sobre el tejado su teorema. El quid de la cuestión, me dice, es retraerse a tiempo de las propias huellas, alejarse, oírlas latir desde lejos. Yo dejé atrás un idioma y un país que sale naranja en los mapas, lo arrugué con una mano y ahora anda por ahí rodando, sin hacer ruido golpea los cristales, como los golpea la sombra. El pubis de Janet. [3]

Veo dos niños con las cañas en alto y en posición de firmes, y a Poulos y Janet acariciándoles el pelo. Detrás, la parra acaricia los marcos azules de las ventanas, detrás, el páramo acaricia el horizonte, y el horizonte al continente, y el continente al polo, y así hasta dar una vuelta completa para llegar al visor, tiempo que aprovecho para apretar el disparador automático y correr hacia ellos. ¿En qué lápida del tiempo hallar aquella escena, si ya fue sustraída? Entre el visor y esos cinco cuerpos, un prado seco donde se apelmazaba [como el agua rancia de una esponja] lo que vendría, esta visión, mi antetiempo. Un treintañero de flequillo lacio, traje tostado sin corbata, gafas de pasta, que me mira con expresión de molestarle el sol. No me reconozco. Cierro el álbum, me quedo escuchando el goteo del gotero, primer pabellón, segunda planta, habitación ciento siete, la ventana decapita los tejados de Madrid, y en el patio habrá unas ruinas y un laberíntico palacio. Nos han dicho que un muchacho vendrá a vencer al monstruo, y yo ya sé que no podrá, yo ya sé que quien saldrá del laberinto será el monstruo disfrazado de muchacho, porque no se puede vencer lo que es igual a uno mismo. Por eso tampoco uno puede curarse a sí mismo. [2]

Yo siempre regreso a los pezones: islas dóciles: perpleja espiral: origen del disparo: sobados ojos: primerísimos átomos: destino de la lengua: diana doble en la que cae miope el arquero: donde los círculos gravitan en más círculos: donde el Origen esconde su metro patrón: donde todo catálogo deviene ridículo: crepúsculo de lo decible: donde manda el Punto 7 [en una página en blanco dos puntos anudan silencios]: donde yo siempre vuelvo: a las islas dóciles: única ortografía: los pezones: grito tu nombre: el eco:

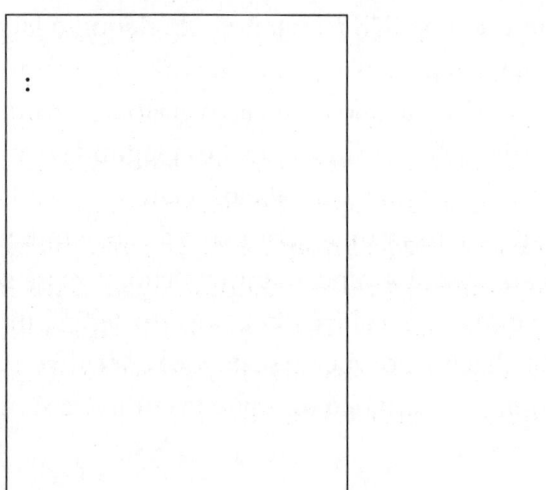

[1]

Dicen que cuando aún estamos en el cristal de la placenta vemos toda muestra vida pasar en fragmentos desordenados y rotos, acúmulo que olvidamos en el instante de nacer. Camino entre la espuma cristalizada de una civilización, seca desde hace tres mil quinientos años. Primer destino viajero del feto. Quién pudiera sacar ya un ojo y contar sesenta y una estrellas en el cielo. Se acerca noviembre, los turistas van desapareciendo, el vigilante, que a falta de leña solía pasar el invierno quemando mapas y postales, este año se las escribe antes a sí mismo porque le han dicho que usadas queman mejor. Desciendo las escaleras que conducen a los aposentos reales, siento la compresión del aire. Enciendo el mechero. En la pintura un laberinto, lo ilumina un hilo de seda, y un joven que de nada se entera, paciente de cuarenta y tres años, tabaquismo, sin antecedentes familiares. Enfisema pulmonar con disnea tras moderados esfuerzos. En agosto de este año inicia cuadro con edema en extremidades y dolor. Nódulo espiculado en LSD. No inclusive en Protocolo de QT adyuvante + Radioterapia. Reprimo una lágrima. Clac. La enfermera me corta el cordón umbilical. A partir de ahí no recuerdo nada. [0]

YO SIEMPRE REGRESO A LOS PEZONES Y AL PUNTO 7 DEL TRACTATUS
(1999-2000)

PRÓLOGO

Un hombre ha sido abandonado por una mujer. Recluido en un hotel de una isla mediterránea, ese hombre recuerda los avatares de su amor. Su discurso, pleno de minucia y extrañeza, despliega un abanico de fotografías verbales, que se engarzan en las páginas como cuentas en el hilo de la memoria. Pero estas instantáneas doloridas, lejos de configurar un epitafio, sostienen un diálogo fluido y fracturado, como el objeto del que tratan. El poeta reconstruye escenas de la convivencia rota y del mundo que ha sobrevivido a esa ruptura —o, mejor, tizna con ellas las páginas— mediante una larga conversación con un «tú» que es la amada, pero también él mismo. El libro es, pues, en primer lugar, un libro sobre el amor: sobre su crepitar y sus rescoldos, sobre su elevación y su caída. Y también es un libro sobre el recuerdo, es decir, sobre los hechos que han constituido el yo, pero asimismo sobre los mecanismos gracias a los cuales el recuerdo capta, selecciona y moldea los hechos que constituyen el yo: «El oído es el órgano que tengo más desarrollado, después de la memoria», dice el protagonista del libro. *Yo siempre regreso a los pezones y al punto 7 del Tractatus* es aún más cosas: la conversación que el sujeto hablante mantiene con el fantasma de la amada y consigo mismo es también una conversación existencial, que alcanza incluso una dimensión metafísica. El yo, sometido al mundo por el peso insoportable de la soledad, pero victorioso del mundo por la plenitud del amor, se repliega en el verbo —en la articulación de lo informe o irracional— para interrogarse sobre el ser. El extraño desdoblamiento del tú —o, visto desde el ángulo inverso, la extraña confluencia de dos seres en un solo pronombre— revela el conflicto de la identidad (¿somos uno, algo, conclusos y narrables, o sólo aquello que los demás determinan que seamos, apéndices de otras fugacidades?) y, en esa pugna —que es una de las pugnas capitales de nuestro tiempo—, el rasgo principal del libro: la tensión. El protagonista, asfixiado por el dolor, pugna por una impasibilidad que lo libere del dolor. Decanta entonces el tono que preside *Yo siempre regreso a los pezones y al punto 7 del Tractatus*, el de un hombre derrotado, pero escéptico y sin zozobra, que aspira a devenir invulnerable. «Ni celebro ni lamento», leemos al principio del relato, como el *nec spe nec metu* de los estoicos. Su actitud recuerda a la del herido en la batalla que, apoyado contra una tapia, y fumando, observa la belleza del atardecer y traza arabescos en la arena con su propia sangre.

El libro se cimenta en una sucesión de afirmaciones y negaciones obligadas a convivir en los límites inapelables de la página: la afirmación es lo escrito, y la negación, el espacio vacío entre lo escrito. Como el teclado de un piano, lo negro de la palabra y lo blanco del silencio se disponen ante nuestros dedos —y ante nuestros ojos— para que interpretemos la música dodecafónica del libro. El poeta descree de un discurso único. Por eso hilvana otro, en el que las voces son diversas, como espejos que multiplican interminablemente las imágenes, y el diálogo rompe la linealidad de la dicción, y los fragmentos se suceden como partes de un organismo que nunca podrá ser recompuesto, y hasta la sintaxis se eriza, exhibe sus púas, para interpelar o confundir —dudar, siempre necesario— y para que nada resulte insípidamente dulce. A un yo quebrado responden unos pronombres quebrados, un lenguaje quebrado: una escena de *September*; corchetes, como acotaciones dramáticas; y corchetes dentro de corchetes. Y a un yo que se pregunta cuál es la sustancia del amor sigue un yo que se pregunta cuál es la sustancia de las palabras con las que nombramos el amor. Sin embargo, el fragmentarismo no es una mera concesión a la conciencia devastada de nuestro tiempo, ni un adánico ejercicio de rebeldía, y menos aún de desorden. A las teselas del mosaico que es *Yo siempre regreso a los pezones y al punto 7 del Tractatus* —que dibuja un gran fresco de desposesión y, a la vez, de aprehensión del mundo— las unen no sólo aquel timbre meditabundo y agónico del hombre que rumia su derrota, sino también ciertos hilos narrativos que las ensartan, como la repetición en muchos pasajes, suavemente mántrica, de algunos elementos que aparecen en el primero: el viento, por ejemplo, «arrastra hojas, polvo de octubre, papeles a la panza de los coches». Lo continuo y lo interrumpido, el jirón y el todo, debaten a lo largo del libro, como otro flanco de la constante batalla por definir al ser.

A Agustín Fernández Mallo, por otra parte, le gustan las paradojas, el hervor unitivo de la contradicción, quizá porque ninguna otra figura retórica conduce más derechamente a lo que reclama Olga Orozco en *Mutaciones de la realidad*: «Trataba de ser otros, de borrar las junturas de las separaciones / —sí, un solo tejido donde estuviera inscrito todo lo existente». En *Yo siempre regreso a los pezones y al punto 7 del Tractatus* leemos, por ejemplo, «te busco y te encuentro. No te busco y también te encuentro»; y, a continuación, esta enumeración empedrada de oxímoros: «Pájaros sin cielo: lluvia sin cielo: planetas sin cielo». Sin embargo, como un esqueleto envuelto por el músculo de la contradicción, el volumen entero se revela animado por una búsqueda afanosa de correspondencias y simetrías: vigas para sostener lo absurdo, o diques frente al desmoronamiento. Y aquí, al amparo de esta armazón analógica, descubrimos proposiciones de una clarividencia casi intolerable, formuladas con el espíritu marcial del poeta monstruoso que fue Ludwig Wittgenstein, pero integradas —y hasta deformadas— en el relato lírico por algún elemento antifigurativo: «Dos hombres que meaban comentaron que para un tal Cioran el hombre es el camino más corto entre la vida y la muerte. Era optimista el individuo. El hombre es el camino más corto entre la muerte y la muerte, me dijo el monigote W. C.». El elemento antifigurativo es, claro, este garabato daliniano que multiplica las voces y la conciencia, y que simboliza la soledad, y acaso el delirio, del protagonista. Pero también encontramos la evocación de antiguas rutinas con la amada —coágulos de tiempo contemplados como ruinas humeantes— y la descripción de las rutinas actuales, los asideros a los que un hombre abandonado se sujeta para que no se lo lleve la corriente del vacío: recurrencias todas que acaban conformando una red para una vida que se desploma.

En *Yo siempre regreso a los pezones y al punto 7 del Tractatus* advertimos una constante tensión entre los teoremas de la ciencia y las perturbaciones del espíritu. En realidad, no hay oposición, sino una forma sutil de fraternidad: la belleza de las leyes físicas es la misma que irradian los hallazgos poéticos; la elegancia con la que se resuelve un enigma o una conjetura es idéntica a la que se desprende de una metáfora feliz; y los pezones del título de Fernández Mallo se mezclan sin desvergüenza con el axioma final del *Tractatus Logico-Philosophicus*, que sintetiza la poesía hirsuta y calcinada de Wittgenstein, aunque él no la creyese ni remotamente poesía, sino la solución empírica a todos los conflictos del pensamiento humano. Esa tensión tiene su origen en una circunstancia biográfica: Agustín Fernández Mallo es físico, como Ernesto Sabato o Rafael Courtoisie. Y esa tensión, tan visible en el libro, y tan insólita en la tradición literaria española, se erige en uno de sus rasgos más singulares. *Yo siempre regreso a los pezones y al punto 7 del Tractatus* hibrida narración, poesía y, lo que es mucho menos frecuente, ensayo. No es casual que una de las primeras citas que incluye corresponda a María Zambrano, alquimista del verso y la razón: «Toda belleza tiende a la esfericidad». Y tampoco que los dos sustantivos avecindados en el sintagma pertenezcan a los órdenes de la estética y la geometría: la belleza —al menos la belleza contemporánea, caótica y convulsa—, estimulada por la incertidumbre moral; y la esfera, una entidad absoluta y perfecta. Fernández Mallo conjuga, en un nuevo ejercicio de tensión, ambos planos: la sensibilidad y el pensamiento, aunque probablemente sería más preciso decir la sensibilidad y la matemática: «Nuestra historia fue una ecuación. Un acto de fe», afirma. Estimulado por el *dictum* de Wittgenstein, al que alude en el título, y según el cual «lo que siquiera puede ser dicho, puede ser dicho claramente; y de lo que no se puede hablar, hay que callar», el poeta se lanza a una aguda reflexión metalingüística, que nos permite intuir que los límites de su experiencia —de su sufrimiento— son los límites de su lenguaje. En efecto, Fernández Mallo viaja en las palabras, desciende a su grupa hasta el fondo de las cosas y percibe su transparente crueldad, su textura de logaritmo y dentellada, para descubrir, al final de su inmóvil cabalgada, que las palabras no nos eximen de lo real, porque ellas mismas son la realidad: «A pesar de haber recorrido todas las palabras que nombran todas las cosas [acuérdate], ese camino no llevaba a lugar alguno salvo de nuevo a la propia sombra». No obstante, esas palabras fallidas, espectrales, continúan seduciéndolo. Sus metáforas son de una exactitud desbordante, aunque también sean conscientes de su condición de metáforas, como exige la posmodernidad: «Yo no tengo la culpa de que esta metáfora ya se haya inventado ni de que esté vieja y gastada, no, yo no tengo la culpa: sentada al borde de la cama, el violín de tu espalda, y la cintura, donde las márgenes estrangulan el río de las nalgas». Otras veces, los fragmentos se adensan, diamantinos, hasta hacerse casi haikús: «Todas las cosas alcanzan y pierden el paraíso una vez al día: tu camisón a los pies de la cama». Las palabras pelean, escrutan, topografían e incluso, revelada ya su insuficiencia, brotan de la nada, de una nada hecha de ímpetu significante y musical, como revelan los neologismos, vagamente dadaístas, «bisbeo» o «dárdalos». Pero, junto a ellas, o a su alrededor, la razón teje una malla de leyes que aspiran a reducir el desconcierto del corazón, la levedad de lo mortal. El autor formaliza causas y efectos, despeja hipótesis, extrae conclusiones y hasta consigna fórmulas matemáticas. No obstante, sus afirmaciones, que pretenden hacer inteligibles los fenómenos del mundo, nunca rompen el telo poético, sino que se diluyen en él, subrayándolo. Lo desconocido sigue presente en el lenguaje y en la conciencia hablante: «Te retirabas a tu cuarto a buscar tu noche, aunque no supieras qué significaba exactamente retirarse al cuarto a buscar la noche». Lo desconocido, tan lírico, sigue nutriendo al ser, al núcleo irreductible de tener vida, y de perderla: «Yo le repetía que las palabras se esfuerzan en amarrar todo este tiempo que se va sin haber sabido aún qué es el tiempo».

Yo siempre regreso a los pezones y al punto 7 del Tractatus concluye con un largo e ininterrumpido fragmento del monigote W. C., que guarda una sorpresa final: una sorpresa que relativiza —o acaso subvierte— su significado. No nos ha de sorprender esta última pirueta, porque todo en el libro persigue la paradoja, la refutación de lo afirmado —para que de esa antítesis surja una nueva síntesis, una hipótesis relativizadora y revitalizadora—, el inestable equilibrio de una *concordia oppositorum*, a la postre imposible. En este monólogo confluyen muchos de los elementos que han construido el relato, y su amalgama genera un torrente, próximo al flujo de conciencia, que cancela el ritmo anterior, basado en la fragmentación, y nos arrastra a una turbamulta de sonidos y de sentidos. Así se plasma, definitivamente, esa tensión entre lo unido y lo desunido, entre lo íntegro y lo quebrado, que caracteriza a este libro admirable.

Eduardo Moga
Sant Cugat del Vallés, 5 de noviembre de 2000
y 12 de febrero de 2012

El viento arrastra hojas, polvo de octubre, papeles a la panza de los coches, agita la flota y ya no queda nadie salvo yo en la ventana del Hotel Port Maó. Llegará un día en el que la luz vuelva a ser la piel del mundo, me digo, bajo pretexto de primavera. Entretanto, no me asustan ni el viento ni tu éxodo, ni esa caída fantasmática y grotesca que se apodera de los trajes cuando se quedan para siempre en el armario. Únicamente me asusta pasar el otoño sin una mujer.

Nadie nos ha enseñado a besar, y es lo único que hasta el final buscamos. Salgo a que mi soledad complete la ciudad desierta, ni recuerdo el bullicio, su intención era esto, abrirme un hueco [la rosa no recuerda que ayer fue rosa, por eso se abre cada amanecer con mudada belleza]. Los muertos no mueren en ellos, me digo, sino en nosotros, ellos ya flotan para siempre en la orilla, ciegos de todo, con el traje reventado cabecean contra las rocas, contra la suma de lo perdido; y no hay más. También nosotros besamos siempre la piel invisible de lo que vemos; y tampoco hay más.

Los hoteles son lugares de burbuja, inflados de un no-mundo, asépticos, gasa y bisturí, por eso se escogen para convenciones y reuniones neutrales, por eso los crápulas de traje tostado llegan solos, dan unas monedas al botones e instalan allí su teatro de operaciones. He llamado para que me suban champán y una copa de cuello alto. Tu talle aristocrático fundiéndose en blanco al fondo de la calle vacía [como una de aquellas de Chirico pero con mar], la maleta que te compré en el mercadillo de Ciutadella, bien atada, un marinero se abotona el plástico amarillo hasta la nuez y no te pierde ojo; estáis solos: yo, detrás del cristal, ni celebro ni lamento. Creí ver que el viento pegaba un papel de helado a tus tobillos; te costó desprenderlo [de esto ya no estoy seguro].

Si, como dice María Zambrano, «toda belleza tiende a la esfericidad», esta casa ya no contiene esferas, hasta la imagen de tu recuerdo va aristándose, hasta la mía cuando me miro en los espejos [que por los pasos saben muy bien qué peripecia ha conducido hasta allí a quien se les aproxima]. ¿Por qué no me dijiste que sus pulmones se estaban desinflando? ¿Por qué no me dijiste que en otro mapa estabas inflando otra casa? Me hubiera gustado vivirla una noche contigo, viciarle el aire hasta lo irrespirable, derrotar sus tabiques, ensuciar sus colchones, prepararte el desayuno mientras te desperezaras, vestirnos de blanco y mirarnos en el espejo de la entrada para reconocernos esféricamente exactos antes de salir y pincharla [tras cerrar, eso sí, la puerta con especial cuidado]. Enseñarte lo inútil de la huida; enseñarte que una sola casa agota todos los mapas.

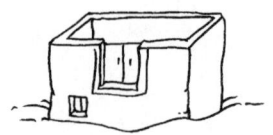

De todo, poco va quedando. El cine matinal donde tus amigos dormían la mona, lo agridulce de tu aliento inflamando el cuarto, Poe y tú: «hace muchos años en un reino junto al mar habitó una señorita cuyo nombre era Annabel-Lee, y crecía aquella flor sin pensar en nada más que en amar y en ser amada por mí», poco va quedando de todo, el tiempo traza su orilla en la playa, y allí una maleta abierta será, perdón, es, piedra de salitre, sumió ya todo el agua, y en la destilería todo es cristal dentro del cristal, y tragos no tragados y besos no besados, miro al cielo hasta que se junta con el último mar, un tímpano azul, sordo en lo que a mí respecta, poco va quedando de todo, inservible avioneta en el hangar, los senderos impracticables, cuando no tachados de la rutina, como descubrir el espacio sin huella del que se parte, la moneda de todavía idénticas caras lanzada al aire, vengo de hacer astillas mi escritorio, mis papeles, una fogata en la arena [ya lo decía] de todo, poco va quedando.

Hubo unos días [menos cercanos de lo que quisiera] en los que los turistas se asaban en la playa mientras tú y yo nos reíamos de ellos metidos en la sombra del bar [éramos una sombra dentro de otra sombra]. Pedíamos gin con limón; casi siempre. Las sombras, en cierto modo, son como los hoteles, cuanta más luz hay más allá de su linde, más aplica su ley la penumbra de dentro. Después la gente se retiraba y el dueño del bar nos ponía tu música preferida. Por ahí deben de andar aún las huellas de tu baile; plancton del Mediterráneo.

En algún lugar nos aguardan pacientes los símbolos, me digo. Tras la cena, cuando los cafés y el gin, antes de que sintieras mi mano bajo tu falda, alguien, creo que fue el expiloto alemán [o quizá tú], sacó un tema oscuro, muy muy oscuro. Al llegar a la puerta W. C. el monigote negro, muy muy negro, atornillado al fondo blanco, me anunció su estado: muerto.

Por ejemplo, una escena común: 8 am. Leer el periódico con aire distante en la terraza del hotel, el sol aún no calienta pero la luz ya molesta [la visión siempre antecede al calor del contacto, por ejemplo, entre los cuerpos]. Hago que leo el periódico en la terraza del hotel. Pasan los sujetos habituales. Elevarme las gafas y encender un cigarrillo; rito sin objeto. Nadie sabe que arriba, en la habitación, duermes; el pelo esparcido, desnuda y sobada, me pregunto, por las manos de aquel joven danés prematuramente envejecido [mala vida, digamos]. Sé que bailasteis hasta las tantas mientras yo me iba arrinconando en el extremo más decadente de mi escritorio, sé que en sus ojos de hígado destrozado, en su estómago incipiente, en su flequillo graso, en esa mezcla de cerdo y gallo cuando se sienta en la barra y se le observa de perfil, en esa mezcla de esplendor y derrota, de pasado irreconstruible cuando se lleva el vaso a los labios, viste toda nuestra historia desde entonces. Cierro el periódico; pasan los sujetos habituales y me los imagino vestidos de boda [tengo esa manía]. Arriba, te despiertas.

El destino de la memoria [ese órgano poroso] no es olvido; es la infidelidad. Colados en el recuerdo de otro, somos otro. Ensimismados en un objeto no sabemos que es otro quien se nos ha colado en forma de objeto. Y cuando en busca de un viejo amor desandamos el trayecto [exactamente el mismo], encontramos otra cosa [pero no nos damos cuenta], y como sólo puede existir aquello que volverá a repetirse [es ley], a veces dudo de si realmente hemos caminado ese camino [por deducción: algún camino, todos los caminos]. Y si un perro se muere lo que lloramos es haber conocido la verdad que aún no nos ha llegado. Y las manzanas nunca caen de la misma forma [tampoco los párpados; por eso soñamos]. Y si todo esto no es cierto, o no existe el hombre, o no existe el poema, o ningún hombre ha escrito jamás un poema. Pero no te escribía para esto [que también], sino para decirte que ayer encontré una carta tuya en la que me decías: «acabo de llegar y ya sé que me vestirás con tus besos». Un día, en alguna infidelidad de la memoria, habrá sido verdad.

Yo no tengo la culpa de que esta metáfora ya se haya inventado ni de que esté vieja y gastada, no, yo no tengo la culpa: sentada al borde de la cama, el violín de tu espalda, y la cintura, donde las márgenes estrangulan el río de las nalgas. Amortajo los días, pretendo conocer la silueta de la soledad, a qué piel se adhieren ahora mis gestos. Enciendo la luz de mi escritorio [para más señas, y por si alguien se anima, Hotel Port Maó, habitación n.º 7] cuando las noches se cierran sin pomo, y me siento; yo sólo me siento. Alguien podrá verme más allá de la ventana, paliar su soledad, al menos, ya que la mía yo no puedo. Amortajo los días, por lo de la soledad, ya lo he dicho, y cuando creo haberle ceñido el último cabo se desparrama de nuevo por las dependencias del hotel. Creo que jamás llegaré a conocerla, a conocerme, deudor de sus gestos, desde siempre existo pero nada soy. [Ahora lo sé], carece de silueta el lado náufrago del tiempo.

Te despertabas y te sentabas, desnuda al borde de la cama. Un beso en la espalda. Eramos tan iguales que no lo sentías. No sé qué perversión posmoderna me permite, al llegar al hotel, poner un disco de Tom Waits y hojear una biografía en blanco y negro de Balenciaga antes de iniciar estas líneas que todo lo igualan. Debería estar prohibido.

Hay una foto. Hay alguien idéntico a mí a pesar de ser yo [y asumo la locura que es decir esto]. Hay una mujer que no reconozco [también asumo esta locura]. Hay este momento, construyéndose en la sombra, que diluye ahora la foto entre mis manos y la deja como sin bordes. Ya no hay foto, hay un paisaje, mínimo, excéntrico, lunar, y un trozo de mar que lo delimita, y dos malnutridos aproximándose enfermos de poesía [hombre y mujer, para más señas]. No querían ver [aún no podían], que esa dolencia se diagnostica cuando los poemas degeneran en vasos comunicantes de tiempo, pero eso sólo se sabe más tarde, cuando éstos han reducido la vida a un instante, y no te queda más remedio que temer la llegada del otoño sin una mujer, y mirar por la ventana, crear un sucedáneo. [A veces asumo que, realmente, ahí afuera nadie espera.]

Antes de irte para no volver [si lo que quieres es asegurarte], has de hacer siempre una prueba. Mete el equipaje en la maleta, vete al puerto más cercano y tírala. Sabrás de tu futuro por su capacidad para hundirse o flotar, me dijo el monigote W. C.

Muchas veces me he preguntado qué paisaje o quién le espera al atleta tras batir la última marca batible por todos los atletas. Quizá Dios para decirle «y sin embargo no te mueves», o quizá yo para contarle mientras mirásemos por la ventana que tocar la meta equivale a volver al principio, que cuando una mujer se va y ves fundirse en blanco su maleta y su talle aristocrático, siempre irrumpe un espontáneo en la escena [el barrido relojero del faro, el pitido del panadero, el botones con su sí, señor, o el latir de la respiración] que susurra: «y sin embargo te quedas». Y retenerlo en la mirada hasta que tus ojos se reduzcan a agua. O mejor, a cenizas.

Desde hoy considérame muerto, te digo, no sacudas más el tiempo, no hallarías siquiera huesos: polvo de huesos. Mejor convócate, convoca a los objetos, dárdalos de aquel otro tiempo que me ocultaste [el tuyo]. O mejor, sube las escaleras de piedra que barrimos cuando la casa aún era nuestra, y siéntate en el mimbre a contradecir, a olvidar el recuerdo. Verás tu perfil a lo lejos florear o arrugarse como la piel de un árbol [en general]. Vendrá una teja a decirte [cuando caiga y estalle a tu lado], que a veces con cerrar los ojos no basta. Desde hoy considérame muerto, te digo, pero ya no me oyes, cierra los ojos, te deseo una feliz noche. Y de repente, la certeza de que has muerto. El destino de las sombras es fundirse, expiar la división que disfrutaron en vida. Abracémonos para poder soportar tanta belleza, esa que ya llega, ¿no la ves?, decías.

—Dígame, a qué rama de la física se dedica, ¿a hacer bombas?

—Hay algo más terrorífico que volar el planeta.

—No me diga, ¿hay algo más terrorífico que la destrucción del mundo?

—Sí, el saber que da igual lo que se haga, que todo es casual, que todo surge porque sí, de la nada, y luego se desvanece para siempre; me refiero al universo. Todo el espacio y todo el tiempo no son más que una convulsión temporal. Y me pagan para demostrarlo.

—¿Piensa así realmente cuando mira al cielo en una noche como ésta y ve todos esos millones de estrellas? ¿Que nada de eso importa?

—A mí me parece tan bonito como a usted, y me sugiere cierta verdad profunda que siempre se nos escapa, pero luego mi punto de vista profesional me domina con una visión menos ilusionada y más penetrante, y lo veo como realmente es: fortuito, moralmente neutro, e increíblemente violento.

—¿Sabe? No deberíamos tener esta conversación; esta noche tengo que dormir solo.

—Por eso yo me aferro a Diane, es cariñosa, vital, me abraza mientras duermo, y no tengo que soñar con fotones y quarks.

Era ésta la escena que más te gustaba de *September*. Cuando en la fiesta el escritor mediocre y danés para colmo se me acercó y me preguntó lo mismo, respondí lo mismo. Sólo tuve que cambiar

Diane por tu nombre. También yo agitaba un vaso de gin entre las manos, también él daba vueltas entre sus dedos al taco del billar. También éramos ya un film, una apariencia.

Vengo a despedirme, te dije pensando lo contrario, vengo a despedirme te dije después de aporrear tu puerta, después de ver tu ojo ocupar la esfera de la mirilla sin parpadear, vengo a despedirme, te dije sin despegar la mirada de tu bata abierta, vengo a despedirme, te dije, en no recuerdo bien qué circunstancias [por dignidad, inventémoslas]. Metiste todo en la maleta [el collar de falsas perlas, el bañador con arena, los tallos de hinojo, un libro amanerado de Anaïs Nin: legítimas perlas de tu ritual adolescente], y partiste sin despedirte. Te vi alejarte, fundirte en blanco con el fondo de la calle mientras un marinero viejo, de esos que han visto esta comedia en todos los puertos, no te quitaba ojo. Soplaba el viento, es cierto. Pero despedirse, me decías, qué significa despedirse cuando el recuerdo ha saturado el pasado y no le queda más remedio que desbordarse en el presente para salpicar con su espuma los días que vendrán [todos]. Podemos despedirnos de las personas, pero no de las cosas, te decía yo, por ejemplo, de una maleta, de una muñeca, de unos labios, o de ese barco lastrado que es a veces el tiempo. Te fundías en blanco y como en algunos cuadros de Chirico acudía estático el viento. Me pareció que entrabas en un lugar de luces ya gastadas con el pie izquierdo.

Esta tarde callejera sólo puede terminar en una disoluta plenitud [o lo que es lo mismo, en un mirar ambos en silencio al mar]. Nos lo dice la ráfaga de aire sobre tu pelo al doblar la esquina meada y sonreír, nos lo dicen el olor, el sabor, el tacto, y el sonido de la luz cuyo resplandor se nos niega pues ciegos han de ser quienes se aman [es ley], nos lo dice el violonchelo desafinado del músico ambulante muchas calles más allá, nos lo dice la arritmia de las farolas, y las venas de mis brazos, y las líneas de tus pies. Esta tarde callejera sólo puede terminar en una concentrada plenitud [o lo que es lo mismo, en un beso de tornillo]. Nos lo dice tu índice sobre el impúdico telón de escaparates [y aquel tercer acto congelado en los maniquíes Adolfo Domínguez], nos lo dicen los pájaros que vuelan sobre las plazas en círculos como buscando el teorema de un centro que jamás hallan, nos lo dice la piel, que se resiste a admitir su inexistencia más allá de la silueta, nos lo dicen tus robóticos pechos bajo el vestido de vuelo, nos lo dice el bisbeo de la ciudad que vamos dejando atrás mientras delante no hay nada [el vislumbre de un bulímico paraíso], y tus vértebras, blancas y negras de un piano al que estaban destinados mis dedos. Ahora pido otro vaso de gin, y en tanto llega, me gustaría preguntarte si en cualquiera de esas dos posibilidades tendrías un hueco para mí, te dije.

Conozco de sobra adónde conduce todo esto, y lo espero. Sintonizar con los ruidos de las tripas y la noche [lujuria sonora], la calidez de la taza, de aquellos pechos, la transcripción de un viaje insólito que hicimos al origen de Occidente para hallar el orden en lo que no existe, era obvio [conozco de sobra adónde conduce todo esto], voy todas las mañanas a las rocas como el que acude a los dominios fantasmáticos del alma, suma de almas, hago recuento de mis posesiones, comienzo por el sol y ahí me quedo, en la burbuja que me derrite [todo presente es cera] y, es cierto, conozco de sobra adónde conduce todo esto, me hace feliz saber tanto, ser joven y viejo, ver oscurecerse los días como aquella lengua entrando en mi boca, y astillarse los barcos amarrados, y oxidarse los coches, y decolorarse las revistas en los kioscos cerrados, y las cabezas de muñeca que el viento y los golpes van modelando en los papeles de los helados que por ahí quedaron, también el éxodo de las ratas, se tiran al mar porque saben que aquí ya no queda nadie, a menudo he bajado a las cloacas, voy calcándolas, ahora hay peces de colores, y loros que repiten la ciudad que no ven, la de arriba, con la misma precisión que yo te repito si cierro los ojos. Me enseñaste que el azar es una obra de arte que se decapita a sí misma a cada instante; lo acepto; pero lejana existe una certeza [cómo si no abrir los párpados, me pregunto], conozco de sobra adónde conduce todo esto, todo este chiste en absoluto fácil, al borrón de luz gastada que mojará mis ojos, como en uno de esos finales, irremediablemente amargos, de las canciones de Jacques Brel.

Me detengo [expectante pero sin esperar nada], en el centro del invadeable páramo que por invadeable no tiene centro. Escucho el ruido de la soledad: estrato último del sonido; cae como una gasa sobre lo visible [en realidad no cae; siempre estuvo ahí], cuando se aproxima el otoño y ya no queda nadie. Rumor ubicuo. Origen ilocalizable. Acudo al lugar exacto de tu recuerdo: no hay accidente que se precie sin su correspondiente pillaje. Todas las cosas alcanzan y pierden el paraíso una vez al día: tu camisón a los pies de la cama.

Ahora que ya no estoy entre vosotros, tengo que decir que lo más inquietante fue esa manía que tiene la gente de ir ocupando primero las mesas del perímetro en los bares, me dijo el monigote de la puerta W. C.

De nuestros días más felices, aquellos en los que cada cosa era insospechada antes y evidente después de que ocurriera, quedarán las miradas tristes, el miedo, evitado, a la máscara de luz que se pondrá el tiempo, la risa tonta del gin, el decisivo silencio al despertarnos espalda contra espalda, la forma de las nubes que ya todo lo anunciaban [pensaremos], la ropa nueva que dejamos en el fondo del armario, los bigotes de merengue, el siniestro empuje de una fe. De nuestros días más tristes, los predecibles, quedarán las reconciliaciones, el café después del beso, los meandros que da la ira para decir te quiero, un mobiliario elegido a medias, el ruido al masticar sin mirarnos [después, echar a reír], la certeza de que no se puede odiar aunque se pretenda, que felices son los ciegos porque sólo ven en sueños, que en una isla más se pierden los amantes cuanto más pequeña sea.

El eco, como el espejo, es esa voz que regresa invertida para recordarnos que afirmar algo equivale a fundar su contrario. Al nacer gritamos Vida, y un día nos alcanza el rebote gritando Muerte. Tápate los oídos cuando te abandone esa mujer que ahora te espera allí sentada, me dijo el monigote W. C.

Al fondo del recipiente del tiempo hay una costra [siempre] de domingo, huele al óxido de los cuchillos lanzados al mar [diana sin centro], y al de la tierra. Hace tiempo que agoté el recipiente, sorbo a sorbo me ayudó a tragar tus besos, y ahora sólo queda allí abajo este continuo domingo, con su silencio mineral, sus bares cerrados, su anestesia, sólo isla, sólo hotel, sólo piedras, y sólo un hombre, que es lo mismo que decir sólo isla, sólo hotel, sólo piedras. Me siento en la escollera y supongo que el principio y fin del mundo fue y será esto, una especie de domingo. Acudo a los lugares que fueron nuestros, algo parecido a una fe o superstición me impide destruirlos, dice que con tal de mirarlos, cada día un poco, se irán desvaneciendo, mansamente, bordeando la pregunta directa, la roca desde la que te lanzabas desnuda para romper la piel del agua, de ese mar que, alguna vez lo he dicho, eras tú [diana sin centro]. Sé que el tiempo es mortal, me digo, porque lo ha inventado el hombre, que es mortal, y mientras aguardo ese destino las horas nacen peculiares, convergentes, presagiando asuntos importantes y delicados que no llegan, no, acumulan pronósticos errados, resultado de haberlo calculado todo, porque lo hermoso no se calcula, me digo [es incalculable], se pisa una sola vez y ya se gasta, aunque, eso sí, no se olvide, nunca.

Mentiría si ocultara la extrañeza de aquel paisaje, torpe y romántico, como especialmente construido a tal efecto [éste]. Yo sólo observo. Tan blanca y delgada como si no comiera, tan nerviosa como en una primera cita, setenta años más o menos para este paisaje como de diva de cine mudo aguardando en la terminal al viajero. Yo sólo observo. Mentiría si dijese que ya en otras ocasiones vi abrazar con igual pasión cuando el hombre apareció [primero la maleta, después una sombra que entra con el pie izquierdo en otra sombra]. Qué es el tiempo cuando ya no nos queda sino un recipiente pesado aunque vacío, podría haberme dicho, pero no, yo sólo observaba. Acaso sólo somos aeropuertos, me digo ahora, a los que van llegando sombras, minutos, segundos: sombras. Pero esto ni en la vejez lo sabemos. Yo, sólo observo.

El viento arrastra hojas, polvo de octubre, papeles a la panza de los coches, agita la flota y ya no queda nadie salvo yo en la ventana del Hotel Port Maó. Te vi irte, el vestido blanco, tu talle aristocrático fundiéndose en blanco con las casetas blancas, el sin sentido de esa neutralidad. Yo lo era todo para ti, y ni una palabra mía bastó para salvarte [resulta extraña [cuando menos curiosa] la facilidad con que a veces el infinito desciende a cero absoluto].

Sé ahora que toda nuestra historia no fue un errar y ensayar, un golpear puertas y atentos los ojos, un ir poniendo para quemar velos, un cambio de rumbos, de costumbres, una cantera consumiéndose en dirección a lenguas desconocidas, ni el continuo agridulce que vive únicamente en las palabras asediadas por otras palabras: Muerte y Vida [las únicas de veras]. Tampoco fue una de esas historias en las que cada página es tan profunda como los silencios que contiene esa página, y éstos, a su vez, todo el mar, y el mar todas las gotas de lluvia, y la lluvia todas las perlas de un país donde nunca llueve, como decía Jacques Brel, y que yo un día me decidiría ir a buscar para ti si hubieras tenido un poco más de paciencia. Tampoco fue una historia de amaneceres y crepúsculos, de carreteras sin señales ni hoteles, ni mucho menos esa forma tan normal con la que interrogan el reloj los que se aman [siempre después del beso] para predecir su longevidad. Nuestra historia fue una ecuación. Un acto de fe.

Cuando te abandone esa mujer que ahora te espera sentada en la mesa de allí, accederás a un lugar inconcebible hasta entonces, como pulsar simultáneamente las teclas Enter y Escape, como yo, que por escribir groserías en la pared de los lavabos se me ha condenado a morir y a no morir aquí crucificado [atornillado le llaman ellos], me dijo el monigote W. C.

Aquella noche todo fue surgiendo de forma extraña, por ejemplo, tras un rato hablando en la barra del bar del hotel [pajarita y tirantes; zapatos crema, barba sal y pimienta] le sorprendió descubrir que yo también era un físico en excedencia. No tardó en revelarme su vocación poética,
qué pura es la soledad de los anuncios por palabras
[la valla publicitaria es otra cosa: no hay soledad en un mundo ocupado por un solo objeto]
y la de los días del calendario
y la de las fotos de algunos corchos de algunas oficinas
y la de las teclas de los personal computer
y la de los cajones del tocador de una mujer
y la de los elementos de la tabla periódica.
Recintos sólo accesibles [de vez en cuando]
por sus correspondientes isótopos.

Habitar una isla te obliga a cumplir la peculiar simetría de coincidir exactamente con la isla. Puedes buscarte la vida entre la ingenuidad de los turistas, puedes matar las tardes lanzándote botellas con mensajes, puedes emborracharte sin pasar inadvertido y usarlo en tu beneficio, puedes cubrir la fachada de tu casa con conchas en un ataque de mal gusto [está permitido], puedes quedarte quieto junto al faro y guiar a los barcos imperdibles [ser por fin un faro sin misión], puedes, incluso, llegar a grabar un disco si el folklore local entra en decadencia, o puedes, como yo, llegar a descubrir la única certeza a la que puede acceder un humano: la luz se opone al laberinto. Esto sí que es definitivo. Una vez descubierto cumples otra simetría: eres una isla dentro de otra isla. Y esto, a mi pesar, también es definitivo.

Esta noche [ahora que todos se han ido], antes de que el temporal me despertara y sintiera la electricidad en la moqueta cuando me acerqué a la ventana, he visto el Mal. Pero no era [digamos] el mal en sí, sino un tejido incorrectamente hebrado, mal trenzado, como un telón [digamos] gastado en mil funciones o [por qué no] una pupila vista al microscopio. [Digamos] que del mal nada sabemos aunque sea viejo y anterior a lo creado [anterior al saber], aunque condescienda a ser representado en las hebras más estrechas del sueño para que veamos a su través los disfraces, la tramoya, los camerinos de los dioses. Conviene ir advirtiendo de que la verdadera función aún no ha empezado. Disfruta mientras puedas de este prólogo.

Había entrado en el bar, y no se acodó, puso ambas manos, tiernas y limpias, sobre la barra, pidió Veterano en vaso, tragó despacio, quiso ver el fútbol. La primera parte la pasó en silencio. La segunda, dándole trabajo al mondadientes, también en silencio. Qué desgracia esto de ser camionero en una isla, le dijo al camarero antes de pagar y arrancar el motor. El expiloto alemán, a mi derecha, hizo un comentario acerca de los motores diésel.

Había un infinito numerable siempre que nos besábamos en la playa. Una lavadora entre las rocas. Una bolsa desteñida de hipermercado. Una botella de agua mineral criando algas. Un enchufe de pared transformado ya en canto rodado. El cerco móvil del petróleo. Una maroma deshilada. Etcétera. Mensajes [todos] de amor que no llegaron.

Me lo encontré la noche que fuimos de pesca en el yate de Xesc, cuando bajé a la playa en tanto vosotros os dañabais. Encogido entre las rocas, lisa la frente, dejaba la caña en estricta escuadra, qué desgracia esto de ser camionero en una isla, murmuró sin apartar la vista del fiel de horizonte. Cruzado en la carretera, con las luces encendidas, aguardaba al ralentí el pequeño camión.

Darse cuenta de que esos números a lápiz dejados por los carpinteros en los marcos de las puertas, en el reverso de las mesas, o en el interior de los cajones [supongo que también Dios olvidó signos por ahí tras crear el mundo], obedecen a un plan. Darse cuenta tras mucho indagar de que son fragmentos de música cósmica, quiero decir, de tu rostro, pues en él están las partituras [también las futuras]. Darse cuenta de que esto es mentira y aun así invertir toda la vida en demostrarlo; ésa es la tarea. Soy el camino más corto entre tu alma [que se queda], y tu cuerpo [que se va].

Las flores del jarrón [sólo un jarrón] se descomponen para que vea en su torno el círculo amarillo del tiempo: poema eras, en polvo te convertirás. Cuando un vaso de agua se derrame sobre la tinta [sólo tinta seca] de estas líneas, pétalos negros desplegándose sobre el papel: polvo eras, en flor te convertirás. Harto de vivir sin rutas [sólo rutas], el camionero isleño llevó el camión al faro, valoró ambas posibilidades, y fue el camión quien se fue abajo: chatarra eras, en plancton te convertirás. El viento arrastra papeles, hojas a la panza de los coches, la mujer que arrastra la maleta [sólo una maleta] desaparece fundiendo su talle aristocrático contra las casetas: plancton eras y en chatarra te convertirás. Y así podría continuar, ahora que todos se han ido y sólo quedo yo en el hotel, con sus puertas idénticas y sus timbres que no suenan. Sospecho que la muerte no quiere morir, se transforma en sus máscaras. Sólo conmigo cumplió: polvo era; en polvo me convertí.

No hay peor cosa que perderlo todo. Quien pierde un poco menos que todo gana la pobreza [con su prestigio asociado], y puede apuntarse a un club de dandis retirados. Quien pierde un poco más que todo gana el vacío que hay más allá de la materia, y puede ponerse a escribir poesía [debe]. Pero quien pierde exactamente Todo gana exactamente Nada, y esa contradicción te paraliza, no lo olvides, me dijo el monigote W. C., cuando te abandone esa mujer que te espera en la mesa.

Llegó la noche a la terraza sobre el mar; me recordó al llenado de los pantanos: dando previamente un rodeo que nunca se ve. De la cocina sacaste unos martinis y te sentaste a mi lado con un cruce de piernas similar al de los tallos trepadores cuando buscan algo que no encuentran [por ejemplo, la luz]. El mar; sólo mar que mirar. No sé si viste a la última esfera del sol enseñar todas las formas almacenadas en su memoria; no sé si viste nuestras cabezas dibujándose bajo la bombilla desnuda [pensaría algún marinero que nos viera] [yo las vi porque pensé en el marinero]. Después pusiste a Johann Sebastian, tu cuerpo instó a sus propias penumbras y se hizo un nudo entre los brazos de la silla en el sentido en que podemos calificar de nudo a la fusión de pétalos que es la flor cuando se cierra. Mirar el mar; un madero entregado a la carcoma. Ya entrados en hora, llegó un supuesto jazz que sólo alcanzaba a verbena desde algún lugar del pueblo; hasta que amanecimos entre todo aquel silencio. Fue esa noche cuando decidimos que lo real es real por convenio. Tras semejante descubrimiento sólo nos quedaba cerrar los ojos cuando tocara abrirlos y abrirlos cuando tocara cerrarlos: pájaros sin cielo: lluvia sin cielo: planetas sin cielo: nuestra historia desde entonces.

Te busco y te encuentro. No te busco y también te encuentro. Me das tu mano, fría, la que nos da el espejo si lo tocamos, pero no exactamente, me dices unas palabras que salen de tus labios con la distorsión del eco, no las entiendo, remota pero presente, tardo en comprender, eres tú el eco. Paso ante las habitaciones, ante los salones, ante los bares cerrados, tardo en comprender, sólo donde todo es vacío, desolación o puro silencio, triunfa el eco; comprendo enseguida entre qué murallas va y viene; no respiro, no observo, no anoto, el cigarro se consume, otro día termina junto al faro, me dejo trocear por el silencio de la noche [lo exijo].

Ocurre, siempre que la memoria desenfoca las mentiras, que sólo queda una verdad. Tan cristalina que no deja nombrarse, me dijo el monigote W. C.

Terminar las frases sugeridas por mis pasos en la playa [de ella son], pues todo acto se queda corto, vivió por su defecto, su posibilidad. Dar forma final al retrato en un papel sin márgenes que bien podría ser mi pupila, pues toda visión llama al infinito más allá de su campo. Cerrar bien fuerte el puño sin dejar escapar ni un gramo de aire, aquel que te presté una noche cretense, pues el amor así cedido es mensaje o trampa de la deuda. Agotar en esta tarde tan tarde todos los presagios, encomendarme a los faros que no responden, dejar de comer para digerirme a mí mismo, apagar todas las luces del hotel y proyectar algo imposible: la continuidad en el otro lado.

No he caminado todo este camino contigo para al final decirte que en nuestra piel nunca se puso el sol, porque ya lo sabes, ni que no volvería a habitar ese paraíso; bien está. Pongo un disco, miro por la ventana, insisto en el timbre de la recepción vacía, ya casi no bebo gin. Podría glosar mi vida con un único día. Si me hubieras preguntado alguna vez por qué caminaba aquel camino contigo, hubiera arrancado una flor para injertarla entre tus labios, o hubiera pedido otra ronda, o la hubiera emprendido a golpes con cualquiera; te hubiera dicho, en resumen, que no lo sabía. Hoy respondería que para saber que el amor es directamente proporcional al dolor, o que el sueño es una trampa que no merece ser vivida. Te diría, en resumen, que aún no lo sé.

En estos días previos, cada vez más lisos como el espejo [desierto en el que se mira el tiempo, me digo siempre que pienso en el espejo], vigilo lo que de mí dejaste en los objetos. Sé que el pan de cada día no es pan si no ha conocido el sabor de algunas palabras importantes como: *soledad, amor, muerte* o *vida*. Que dentro hay un mar, lo sé también, llega cada día más fatigado pero siempre llega, como si los golpes del dique no le afectasen, mece los mástiles, cómplice del viento y de los papeles arrastrados, y yo, que ya lo sé todo, imagino que me muevo, pero lo que se mueve es ese mar que de una manera sorda, imprecisa, te equivale. Habíamos partido juntos cara al sol de poniente, ahora el sol está detrás, y sólo mi sombra ante mí, camino hacia ella desliándome de cuanto es mío, cediéndole todo en una lenta desintegración que casi no sientes si no la piensas, porque a pesar de haber recorrido todas las palabras que nombran todas las cosas [acuérdate], ese camino no llevaba a lugar alguno salvo de nuevo a la propia sombra. Me queda el eco de tu voz, únicamente, aunque en ti no quede ya el mío, te oigo rugir, protestar, pero no te escucho, mi meta es pura sordera, la más hueca, la de mí mismo [no cabe mayor humillación para el sonido]. Se desintegra la identidad de una persona cuando repite muchas veces su nombre; no se pierde, se desintegra, me digo, o cuando repite los días y funda involuntariamente costumbres, que viene a ser lo mismo.

Desde que, reunidos, y en plenas facultades físicas y mentales, los teólogos de Roma abolieron el Infierno, ha dejado de existir el Paraíso, y si existe, es un lugar solitario, aburrido y triste. El viento arrastra hojas, polvo de octubre, papeles a la panza de los coches, agita la flota y ya no queda nadie salvo yo en la ventana del Hotel Port Maó. Hay una imagen tonta y recurrente, insoportablemente bella, un viejo marinero que te mira y no entiende, tu talle aristocrático, un danés borracho, alguien que cambia todos los días las flores de tu habitación, y yo, que sólo miro. No me importa admitir que escribo con el único fin de reconstruir el infierno de tu paraíso, y volver a fundarlo, si es posible, para esta vez derrumbarlo yo solo.

Una noche de mayo llegamos a la isla, ah, recién casados, dijo el paisano que nos hospedó en su buhardilla por una suma ridícula [corrió al bar a consumirla]. Para qué decirle que algo comenzaba a consumirse también en nosotros. La terraza sobre el astillero, la parra, gatos, el espejo de recluta en el que exacta te arreglaste, uvas que iban explotando en el suelo [relojes, dijiste]. Salimos a cenar, compramos chatarra a un ambulante, un ASA100, monedas al mendigo, café en la plaza, una copa; comenzaba a atravesar la frontera el turista que llevamos dentro. De regreso, encontramos al paisano dormido en el portal sobre su vómito; su turista.

Mira por un momento hacia atrás, entre los sucesivos olvidos y recuerdos [si es que es posible trazar tal línea, que no], hay unos lugares infinitamente pequeños y profundos, el pozo [piensa en el abisal charco del retrete], al que va a parar el asesino del recuerdo que precedió al olvido [o viceversa]. Apiádate de esos ejecutados, gracias a ellos y sólo a ellos existe una fosa común a la que llamamos tiempo, me dijo el monigote W. C.

Llegan los turistas cuando el ciclo lo exige a sobar el juguete, como si el Paraíso tuviera forma de patio de recreo. No saben esos visitantes que cualquier lugar de este mundo es una ciudad al Norte, ni que nadie ha visto el Sur aunque la poesía lo busque, ni que el cuerpo sabio sólo retrocede ante las sombras, ni que cuanto más violentamente me hacías el amor más buscabas aniquilarlo, no saben nada. Y nos envidian a los de aquí de siempre, los hombres de papel que al nacer el paraíso condena a errar en busca de la tinta que lo escriba o dibuje, creí conseguirlo, pero no termina de conocer el hombre aquello que rubrica. La escobilla del retrete siempre cae de lado.

Mientras comprábamos pan y unas cuantas conservas te paraste ante el expositor, artículos de baño, se nos acercó aquella desconocida, «desconfía de las toallas», dijo, y desapareció entre los turistas. Pasamos el día imitándola. Últimamente he vuelto a verla en otros lugares, su presencia es llamativa porque aquí ya no hay nadie. Sentada o de pie, pero siempre inmóvil, ya no dice aquella frase, sólo se aprieta el jersey en torno al pecho y no parece alegre ni triste. Yo sólo la observo. Y así se apagan algunos días.

Nadie sabe qué significa:
en la profundidad de la luz más clara del día se encuentra la noche con sus muertos a medias, su doble labio, y sus verdades absolutas, las heces lunares que si no me equivoco vimos un junio al telescopio, la mímesis de las sombras cuando han perdido a las siluetas y éstas a los cuerpos, los residuos diurnos que barreré hacia la noche [la de mentira] para recogerlos en la de verdad [tu sexo], la sabiduría de quienes vienen ya de vuelta de todos los ciclos cantando canciones en apariencia alegres y por eso mismo tristes, la cerradura de una puerta altamente absurda: conecta la nada del feto con la de la muerte [esos dos puntos que no definen una recta], el fantasma que nace en el abrazo del hombre y la mujer para evaporarse al final sin permiso [lo buscarán una y otra vez], el origen de esos instantes en los que te pasmas mientras ves pasar la gente y piensas: «esto que ahora veo debe de ser la espuma del día», en la profundidad de la luz más clara del día se encuentra, en suma, la noche de la noche.
Yo sí:
Igual que cada día tiene su noche y cada noche su día, también el día tiene su propio día y la noche su propia noche, lugares en fuga que no cumplen la simétrica inversión del espejo, por ejemplo, quien proyecta o imagina genera el día del día, quien espera amor de la noche, la noche de la noche. Y yo que ya lo sé [en realidad lo sé todo], vivo en un lugar aún por definir, ese al que tú mis-

mo te envías cuando llega el otoño sin una mujer. Provisionalmente, voy a llamarlo [no se me ocurre otra forma]: la noche de la noche de la noche de la noche, etcétera.

He comentado otras veces que yo soy quien observa, que yo sólo observo. Tengo práctica. Llegué a ver lugares absolutamente abstractos, por ejemplo, un silencio, el número cero, un perfume, la complejidad de tu jardín, el límite de una ecuación y una palabra [descubrí que eran el mismo], o acontecimientos que jamás han ocurrido, como [citaré sólo uno] el amanecer en el que la ley invirtió su orden y no fue la rosa quien se abrió sino el mundo en torno suyo. Tú llegaste un día, y aquel otro que te fuiste me hiciste ver de golpe que lo que nunca podré ver son esas cosas que giran en nuestro entorno, casi siempre muy lejos, y que sin embargo se corresponden exactamente con nosotros. Por ejemplo, cuando desde la ventana veo el puerto, el viento arrastrando papeles, la flota amarrada, y no sé si es tu recuerdo o miedo a pasar el otoño sin una mujer. [Hablando de otoño, hoy he visto hojas.] Nadie sabe qué significa: mi pasado me pertenece, mi pasado ya lo he perdido: me pertenece lo que he perdido. Yo sí: trivial.

Hay días que, siguiendo el esquema de mi costumbre, llamo a recepción para que me despierten a las siete, no sé si dejo la libreta abierta sobre el escritorio o es ella quien me deja abierto a mí, meto el Rolex en el cajón de la mesilla, abotono el pijama hasta el cuello, y antes de ocultarse el sol, detecto en su resplandor cierta suciedad [a veces he pensado en un trapo viejo aunque recién lavado]. Siempre se me plantea el dilema de si es la herrumbre del cuarto, la infusión desordenada de tu aliento a mi lado, o una minoración crecida en el esquema de mi costumbre [sólo las costumbres sin esquema se mantienen sanas] quien provoca ese fenómeno en el que la luz se humilla. Ya en la duermevela, voy sabiendo que se debe a la propia fatiga de mi tiempo [el tiempo en sí], primeros avisos de la deuda que contraeremos con la muerte por habernos mostrado la vida.

Aprovéchate, ahora que aún no has entrado, de mi cuerpo neto y arquetípico, que sentado a la taza todo hombre es un nudo deshaciéndose. A veces completamente, me dijo el monigote W. C.

El cuerpo rústico, aparatoso, concibe de un solo modo su huida del espacio y del tiempo: batiendo sus propias marcas, alimentando, en fin, esa extraña combinación de espacio y tiempo que llamamos velocidad. El cuerpo sabio concibe ese mismo sueño permaneciendo quieto y esférico como una gota de agua en ingravidez. Pero qué decir de quien, ahora que ya no queda nadie en el hotel, observa desde la ventana cómo el viento arrastra papeles a la panza de los coches y mueve los mástiles. Besaba de arriba abajo tu cuerpo y al contacto se encendían las luces que incendiaban todo espacio y todo tiempo; un día se apagaron; dejaste el escenario a oscuras y en silencio. Quedaron la prosa y mi reflejo en esta ventana, ambos con sus insoportables defectos de forma. Y si alguna vez has existido, no existe esa vez. Y si en algún lugar has existido, no existe ese lugar.

Sentados en el mojón kilómetro 12 de la carretera Mahón-Cabo Cavallería, veíamos los barcos romper [técnicamente hablando, fragmentar] el horizonte en dos; tú jugabas a decir hacia dónde se dirigían; yo, de dónde venían, y me llamabas pesimista, constructor del pasado. Al final nos besábamos no sé si llevados por la pasión o solamente por el ansia de coser [técnicamente hablando, remendar] el tiempo. Ahora, las mañanas oscuras, muy muy oscuras, suelo volver allí, me siento, y regreso a pie bordeando las escolleras hasta llegar a la avenida que emboca al puerto: las casas blancas, las persianas echadas, la soledad portuaria encajada en el olor a salitre; pienso entonces en aquellos errores como en particulares casos de una ley: necesarias sombras de los aciertos, y en que en ese océano urbano yo soy el barco, pero nadie me observa; una ola más.

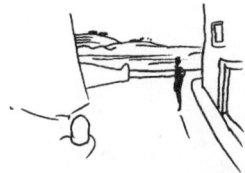

Ya había dejado de fijarme en las cosas porque huían cuando iba a cogerlas, como si ya no reclamaran su nombre [la planitud y sus símbolos en todos lados aguardando], hasta que llegaste tú [tu noche], nudo de sábanas. Bebíamos para besar y reír sin prestar atención a todo cuanto no fuera este coágulo, esta habitación de hotel. Pensábamos en nuestra noche como en un poema a imagen y semejanza de otro que nadie había escrito. Ilusa emboscada la del *don't disturb* colgando en la puerta, la de los veleros que navegaban ahí fuera ignorando el verano prácticamente agotado, levantarse tarde y, envueltos en las sábanas, ver pasar la gente por la calle, mira, ahí va la soledad, decías, y aquellos veleros [ya lo he dicho, no sé por qué lo repito] surcando un verano que ya no era de ellos, ah, sí, para añadir: de nadie. Un nudo de sábanas eras en la noche, muñeca rusa, desnudándote, capa a capa sirviéndome todas esas cosas en las que ya había dejado de fijarme porque huían cuando iba a agarrarlas. Terrible emboscada a veces la vida: ahora entiendo por qué no nos arrasó en aquel instante.

Pero el puerto, qué es el puerto, me digo, acaso algo más que raciones de calamares, olor a fritanga y langosta, algo más que una botella de gin demediada entre los dedos de un incombustible lord inglés [hedía, le dejabas calentarse en la insinuación de tus bragas], algo más que tu ansia arrastrada confusamente de chiringuito en chiringuito [tampoco se sabe quién arrastra a quién cuando se vuela una cometa]. Y ahora octubre: todo cerrado, *tancat*, *closed*: sólo este instante con aspecto de mujer al final de la calle vacía, desliéndose en su propia maleta [la borra del ombligo]; un marinero, viejo y aperrado, no te quita ojo; sois dos, yo no cuento, en realidad yo nunca te quité ni quitaré ojo, pero eso es tanto como no decir nada. Te la compré el mismo día que llegamos, sin regatear, a un exhippie, y pensé, esta maleta algún día cubicará nuestras almas. Pero de otra manera.

Pero el puerto, qué es el puerto, me decías a menudo; la superposición de muchos sueños, probaba yo por decir algo recordando el ir y venir de los barcos, pero nada, me respondías, no es nada, que es tanto como decir todo, te puntualizabas. Y así seguías, sin pensar que la tautología es un incesto con el que no se juega.

Tú hablas mucho de únicas verdades, de conclusiones definitivas, de sentencias lapidarias [etcétera], he aquí la mía, me dijo el monigote W. C.: más vale ser punki que maricón de playa. Créeme, no hay más. Y ahora no me ordenes en desagravio: levántate y anda; sabes que no puedo.

Siempre hay un momento en el que las personas dejan de comprender; no quieren ya comprender, derivan a un lugar borroso, unión de todos los caminos. La llegada es lenta, pero se manifiesta con subitaneidad; especialmente en los amantes. Los ojos toman la forma del tedio que da el haberlo visto todo y hacer como que no. Y sólo hablan los amantes. De cabeza hacia el silencio. El de los hoteles cerrados.

Cuando quiero hacerlo desaparecer, me tumbo en el hall a la hora en que el sol declina, no enciendo luz alguna, le abro las ventanas y dejo que la noche lo vaya penetrando. Yo con él.

Si es verdad que un cuadro no es más que una mancha interpretada, fue verdad que tus labios eran peces resucitados al masticar el pescado. Fue verdad aquel meditado movimiento de los cubiertos entre tus dedos. Fue verdad el bisbeo de la fuente. Fueron verdad tus labios en la mousse, y la copa triangular de cuello alto [pubis transparente], y la esfericidad de tus ojos, y el infinito azul de los pezones; aquella noche. Si es verdad que un cuadro no es más que una mancha interpretada, yo era el intérprete y tú la mancha. [Ahora me pregunto cómo fue posible tanta belleza.]

Ahora que ya no estoy entre vosotros, tengo que decir que lo más inquietante fue el silencio de los objetos, me dijo el monigote W. C.

Hay que estar confundida para barrer de un solo golpe el sueño y heridas mal cerradas; estrellas que esperaban entre el polvo [como el último rayo del día nos espera casi siempre entre las baldosas] [más de paciencia]. Aspirar el tallo de la rosa y escupirlo, vomitar de una sola arcada cuanto se ha vivido [y no vivido]. Hoy he ido a comprar el pan y el horno estaba cerrado, no regresé con las manos vacías, cogí arena en la playa, vi de nuevo a aquella loca que nos decía «desconfía de las toallas». Hay que estar confundida para caminar como si nada hacia el muro que sola levantaste en la terminal del aeropuerto, o al final de la calle, o en el principio de los sueños [ahí ya estaba todo], y al roce de su helada materia conocer el paraíso dejado atrás, y persistir. Y sin embargo así es.

Hay quien cree que en cada cuerpo duermen todos los cuerpos, los que vinieron para dejarnos y los que vendrán, y que la noche es doble en cada cuerpo de los amantes, y que doble es esa pasión que concentra ahora en cada uno de sus cuerpos todas las vidas [muerte incluida]. Después se alejan. Pero la pasión es musa perezosa, prosa, desecho de inspiración, violencia contra uno mismo en beneficio de uno mismo. Al separarse, los cuerpos no saben que rompen el tallo del tiempo: uno se lleva a los que vinieron y otro a los que vendrán. Cierta especie de reloj los condena a buscarse para siempre.

El viento arrastra hojas, polvo de octubre, papeles a la panza de los coches, agita la flota y ya no queda nadie salvo yo en la ventana del Hotel Port Maó. Quién conoce mejor que nosotros lo que el beso, corsé de la expansión, expresa. Quién conoce mejor que nosotros la perfección rota al caer sobre el papel una gota de tinta: corona sobre mi cabeza.

Por qué no dijiste que tu absoluto silencio no se debía a aquella discreción de diosa camuflada entre mortales, por qué no dijiste que era el fruto de haber topado en el límite de los insectos y de todas las cosas que se mueven, en el límite de la arena y de todas las cosas incontables, en el límite de la luz del faro [al que íbamos], y de todas las cosas visibles, en el límite de tu piel y del tacto, en el límite de mis labios [pues siempre fueron intercambiables mis labios], con el límite del lenguaje. Por qué no dijiste, diosa entre mortales, que tú ya no eras diosa y nosotros aún más mortales. Sólo quien ha vivido en ese irreal concubinato ve irse a una mujer que funde en blanco al final de la calle su talle aristocrático, y pone una suite n.º 1 de Johann Sebastian, y pide que le suban champán y una copa de cuello alto. Después, como en una película británica, quizá se mate, pero esto nadie lo sabe. Mi hipótesis: como ya casi es otoño, puede que imite al desguace de los árboles anotándose en las desperdigadas hojas de su escritorio, y no las tirará por si en la primavera quiere rearmarse [y perdona lo exagerado de la imagen, pero es costumbre complicar las hipótesis para más tarde ir adelgazándolas. Fíjate si no en la Teoría de Occidente: el humano hizo su aparición durmiéndose con una nana de mitos, y nos hemos despertado en una habitación de hotel, a solas con un espejo cuyo reflejo tampoco sabemos si es nuestro].

Ahora que ya no estoy entre vosotros, lo más inquietante fue que si tras años de convivencia una mujer te abandona, lo último en irse son los pelos, me dijo el monigote W. C.

Una vez escribí: «Mi idea de la perfección: los primeros trazos de un modisto francés, según qué bocetos de Le Corbusier, una frase de Benet cuando la última subordinada toca suelo, el silencio en los ojos de Wittgenstein, esas penumbras japonesas que quedan tras consumirse el último reflejo de cuanto brilla en occidente [brillan hacia el otro lado, tu pubis], el beso al retirarme, el movimiento exacto, en apariencia no premeditado, de ciertas mujeres al manejar los cubiertos del pescado, tu piel la noche anterior a la Creación, antes de saber, si tú o yo, cuál de los dos sería al amanecer quien mordería y quién la primera manzana». No cambiaría una palabra.

Bordeo el asunto. Trazo círculos. Tropiezo con los círculos. Tampoco valen las elipses, ni esa trampa en movimiento llamada espiral. Ensayo otros accesos: la ecuación, la palabra, recuerdo a Wittgenstein: ni una sola palabra rozará su realidad sin que ambas ardan o estallen, recuerdo a Dirac: $E = \pm\sqrt{m^2c^4 + p^2c^2}$ [sin comentarios]. Y me alejo. Mi sombra se alarga, interina, hasta el centro de aquellos dominios que habré visitado fantasmal, pictóricamente. [También puedo decir, si quiero: cada margen tiene su margen, pero esto, por obvio, requeriría demasiados comentarios.]

Nos gustaba, cuando una mañana intuíamos el otoño, desayunar en la cama, ponernos ropa gruesa y salir en coche. Elegir un tema sobre la marcha sin saber exactamente por qué lo eliges ni por qué sobre la marcha, por ejemplo, los relojes de sol, y dar vueltas a la isla fingiendo que lo sabíamos todo acerca de los relojes de sol cuando encontrábamos uno sin tener ni idea de relojes de sol, y donde hacía mucho viento decir, huy, cuánto viento, tomar café en un bar con futbolín y regresar, ya de noche, en silencio. Es ése el silencio al que me refiero.

Sentarse a observar cómo el amarre de una barca se rompe, verla reducirse a lo lejos, y no hacer nada mientras son tus dedos los que se trenzan. Ya digo, y no hacer nada, me dijo el monigote de la puerta W. C.

Entro en una habitación que no fue nuestra, me tumbo en el colchón vacío. Una ráfaga de aire [no siempre] riza ligeramente el mar y borra por unos instantes mi cuerpo, reflejado en la orilla, será el mismo cuerpo cuya vaciada sombra oscurece ahora el colchón de esta habitación que no fue nuestra, también por unos instantes, me pregunto. He pisado cientos de caminos en esta isla y en todos vi lo mismo, bifurcaciones que me desdoblan y separan de mí mismo. Cuál de todos me rendirá cuentas el día que la muerte los junte. ¿Te imaginas que fueras tú, con tu pelo recogido, tu vestido blanco, tu rito adolescente, tu talle aristocrático? Qué hacer entonces. Invitarte a una copa de gin y brindar por el éxito de tu acrobática estancia. Me disuelvo; elijo otra habitación, y es lo mismo.

Algunas noches nos invitaba el danés a su casa, la última del puerto, la primera de un sueño, nos decía, para enseñarnos sus espantosas esculturas en madera de olivo [no hay época espantosa sino arte espantoso para una época], bajo pretexto de una cena. Hablábamos de algunos poemas no menos malos, de la conveniencia del gin, de los amigos idos a la Península, de adónde nos llevaría el tiempo. De regreso, pensaba que hay muchos sueños en mí que no serán soñables, y me alegraba. Ahora me hago viejo, lo sé por la única forma que hay de saberlo: mis rutinas envejecen conmigo. Echo de menos esos sueños.

Fumabas a oscuras viendo la tele, azul cobalto barnizando tu cuerpo, luz bastarda que en vida alumbra ya a algunos muertos. Todo se ceñía en esas horas estatuarias; la ventana abierta, el bochorno de tormenta, mi mano por detrás sobre tu pecho quieto. Quieta. Todo ha cristalizado; aguardo la llama que lo funda. Desaparecerás un día, como todos nosotros [la suma de lo vivido siempre da cero], y nadie sabrá qué habría sido de ti a mi lado; ni siquiera yo, que ya lo sé todo. Quizá el azul cobalto, desacreditado testigo, de una habitación en la que nadie enciende el televisor.

La vida es breve no porque sea breve, sino porque la muerte es larga y profunda [infinita], me dijo el monigote W. C.

De la primera a la quinta planta, la misma planta de pasillos nervados, la misma moqueta burdeos, polvo seco, el mismo número de puertas, de camas sin dosel, de colchones desnudos, la misma serie de cuadros, el mismo mueble bar, bebidas y marcas, el mismo televisor y programación, los mismos vatios, las mismas veinticuatro horas, la misma ventana que un día elegí para orientarme en el eco, de la primera a la quinta planta, penumbra portuaria, viento, papeles arrastrados, el mismo olor a cadáver cuando declina el día. [Alguna disidencia [sospecho de ti], me dice que los caminos más hermosos no son los pisados, ni los que faltan por pisar, sino aquellos que pudiendo haberlos transitado se dejaron a un lado: cuanto de singular aún queda en este desierto y no veo.]

Blanca y azul, azul y absurda, la casa modernista, fíjate, ésta es la casa por la que tarde o temprano pasan todos los genios, me decías, y ponías un disco que no sonaba; olía. Derramabas la copa, montabas el número, yo atento [más o menos], en la butaca raída, y llegaban los genios, de provincias, hablábamos y de aquello no queda nada [ya entonces era nada], como cuando repites una palabra sin parar y por el vacío que nombra accedes a la burla; el disco que no sonaba. El mar, el puerto, sólido caos que hubiera visto, de haber querido, desde la ventana. Uno alzó la copa y gritó el genio ha muerto viva el genio, cerré los ojos y un espacio blanco se fundió en otro blanco. Pero el puerto, qué es el puerto, me preguntabas antes de que llegaran, el otoño de los barcos, decía yo, no, de los genios, corregías. Con aire distante fumabas hasta que olía a muñón.

Solía, cuando te ausentabas poseída por el baile y el gin, forzar la vigilia. Contaba los ruidos de las cañerías [si tal cosa es posible], la luz de las motos al guillotinar la pared, y el barrido cansado del faro. Contaba el número de puertas que por ahí se abrían o cerraban, el runrún del ascensor, las cosas recién creadas por la penumbra, cuántas veces venía tu nombre a mis labios, y mi respiración, y mis dedos, y mi edad, hasta a mí mismo contaba y no salía 1, sino 0, 0, 0. Solía contar para a tu regreso no tener nada que contarte, como si nada hubiera pasado, ver izar la verja al panadero, al marinero esquivando el vómito, un pequeño camión arrancando a lo lejos, y tú, ya durmiendo.

Llueve, hay calles, el silencio de los escaparates saquea la acera y el rostro si me detengo y miro a través. Nunca me detengo. Cómo soportar el vértigo horizontal de los pasillos, la resonancia o burla de las estanterías vacías, de los maniquíes desnudos, la imparcialidad de los espejos [copia de la de los ahogados]. Qué cara ponerte en el recuerdo al descubrir nuestros pelos arrinconados en una esquina del probador de señoras, cómo entender sin el esfuerzo de un lenguaje remoto la propaganda de las ofertas si pisara alguna por ahí olvidada, repetida en cada temporada, como yo, impecable resonancia ahora que ya no queda nadie. A veces me sorprende un hombre que va creciendo conmigo hasta reconocerme en el escaparate.

Hace unos años, dos hombres que meaban comentaron que para un tal Cioran el hombre es el camino más corto entre la vida y la muerte. Era optimista el individuo. El hombre es el camino más corto entre la muerte y la muerte, me dijo el monigote W. C.

Atravesando la sombra, la música, berbiquí directo a la luz, a cada cuerpo. Pedimos algo, gin, supongo, a nuestro lado hay un hombre; su cuerpo, resumen de otros cuerpos. Lee, y piensa: «la sombra de todas estas personas entre focos las esculpiré algún día en madera y a partir de entonces serán mías, y después abordaré todas las sombras de toda la isla en un momento dado de sol, y por último, mi propia sombra». Me contó que era danés, y que no, que ni pensaba ni esculpía; bebía y vivía, solamente eso. Y tú te pusiste a hablar con el cuarentón de la barra, te decía que se encontraba cabreado a veces y abatido otras, que no podía ver a sus hijos, apretar sus manos, ver crecer sus labios por prescripción judicial, que las mujeres siempre han tenido el presente en sus manos. Después me contaste que no, que aquel hombre no tenía hijos, que bebía y vivía, sólo eso. El Maestro lo dejó dicho, «los espejos y la cópula son abominables porque multiplican el número de hombres», me dije cuando esa noche renací entre tus piernas.

Si pienso en el día en que te conocí oigo un disparo que agujerea la lona en el cielo, entra la lluvia de césped, el sol que infunde tibieza a nuestro mapa, las palabras esperadas en la claustrofobia de un cielo cubierto; y el aliento; entra el aliento. Después, pasan los días, lo clásico. Si pienso en el día en que empecé a desconocerte, oigo el silbido de los mapas desinflándose por un agujero [el mismo]; allá van la lluvia, el sol, el aliento, se coagula en lodo negro la noche y la lona aplasta mi cabeza primero, después el cuerpo. Carne envasada al vacío que trajiste el último día del supermercado.

Las palabras se esfuerzan en amarrar todo este tiempo que se me va sin haber sabido aún qué es el tiempo en la isla cubierta noche y día por el viento [hoja arrojada al mar, la llamaba el expiloto alemán, o, cuando bebía, la noria abstracta [esto nunca lo entendí]]. Nos quedábamos hasta que cerraba el bar, charlando de cosas que hacen a los cuerpos agujeros negros de la noche, yo le repetía que las palabras se esfuerzan en amarrar todo este tiempo que se va sin haber sabido aún qué es el tiempo, y él, avezado necrófilo, me llevaba al cementerio. Saltando sobre una tumba señalaba el epitafio, éstas son las únicas palabras que se esfuerzan en amarrar todo este tiempo que se va sin haber sabido aún qué es el tiempo, gritaba mientras reía. Y dormíamos cada uno por ahí.

Voy amontonando, para cuando regreses, tarros vacíos, tu especie de flor blanca, cortinas transparentes, la cubitera, dos sillas [sólo dos], tus cuadros, tu perfume, sábanas, pañuelos, relojes automáticos, cartas escritas estos años, la máquina de escribir, la maniquí que siento a mi mesa, maletas abiertas [de ida o vuelta, no se sabe], un espejo que amplifica la belleza, collares de perlas, vestidos de noche, la loción, la espuma, la cuchilla, la palangana, puñados de arena [uno por día], fotografías que nos haremos, algunas piedras del muelle, el silbato de la tetera, las ráfagas del faro, el haz de gaviotas que anunciarán tu llegada. Voy amontonando objetos para que cuando regreses halles aquí a tu doble; para que no quepas; para que no regreses. Que seas feliz. Donde quiera que estés.

No te quejes, yo nací ya con las primeras copas de gin que se sirvieron, me estrené con la insoportable meada de un borracho [ni te imaginas el hedor], lo primero que oí fueron múltiples blasfemias de albañiles y pedanterías de un puñado de esnobs el día de la inauguración, la música regional me sale por las orejas, y no te cuento cuando la hija del dueño monta fiestas y pone Madonna y Michael Jackson, prefiero al hijo, viene por las mañanas, él solo, cuando el restaurante está cerrado, lee no sé qué libro y pone sin parar una canción que dice más vale ser punki que maricón de playa, es curioso, he oído que un tal Bach lo hace bastante bien, lo comentaron hace años dos hombres, un viajante de quesos que en su juventud había sido músico y un anciano belga del que con el tiempo descubrí su pasado nazi, pero no sé por qué nunca me lo ponen, la gente que entra aquí nunca habla ni de esa música que no conozco, ni de la muerte, ni de la locura, mis temas preferidos, bueno, salvo tú, permíteme que te lo diga, pero es que tú eres otra cosa, cuando tus amigos dejaron de hablarte deberías ya haberte dado cuenta, ése es precisamente siempre el primer síntoma de la locura, la deserción de los amigos, claro que, hay locuras y locuras, algunas hasta constituyen un cumplido para la inteligencia, pero la gente que entra aquí, decía, no habla de esos temas favoritos, a lo sumo, comparan los teléfonos y las riñoneras, como quien dice, hace años eran los llaveros, y antes los sombreros, en fin, son modas, o, por poco que beban, se ponen melancólicos y no paran de glosar las excelencias de su tierra, pero en general, permanecen en silencio, como quien entra a un templo, debo imponerles respeto, permanecen, decía, en silencio, relajados, mejor dicho, anestesiados por un rumor de agua parecido al que oigo cuando el viento sopla fuera y mueve los mástiles, pero, ni una cosa ni otra jamás he visto, el oído es el órgano que tengo más desarrollado, después de la memoria, claro, lo que me consuela es el momento en que la gente se va, primero todo se queda a oscuras, los ecos y olores de la chusma desaparecen hasta quedar unas impurezas, vanidad químicamente pura, como quien dice, que se volverá invisible con la luz del día, yo, para mí, siempre lo comparo con los cubitos de hielo que sirve el cabrón del dueño, cargados de una suciedad que sólo descubres cuando el hielo se diluye en el vaso, pero los clientes van tan mamados que ni se enteran, porque yo he visto muchas cosas, sabes, una vez trajeron el cadáver de un náufrago, fue cuando la tormentona, creo que el segundo día, hasta los militares amarraron la flota, y aquí mismo, en la mesa de la recepción, le hizo el forense la autopsia, cómo bebía mientras tanto, e iba dictándole a un ayudante las mordeduras de los peces, el lugar exacto y qué peces, después se sentó en una mesa, solo, pidió una tras otra botellas de treinta y tres centilitros, no podían ser de litro, repetía, de Vichy Catalán, y no paró de sonreír durante horas antes de caer dormido con la frente entre sus propias manos, recuerdo que pensé en lo extraño que resulta que otro de los síntomas de la locura sea reírse solo, y sin embargo no lo sea el llorar solo, como si las lágrimas llevaran un prestigio asociado, también estuve en una fiesta privada que dio aquí Onassis, nada del otro mundo, en una ocasión, esto te gustará, casi te cruzas con Wittgenstein, coincidisteis en la puerta giratoria, tú salías y él entraba, pero ibas muy aturdido, tu chica acababa de irse, enfadada y sola, hacia la playa, recuerdo que coincidió con el día que inauguraron el salón azul, aunque, bien pensado, en esa fecha tú aún no habías nacido, vaya, o no eras tú quien se cruzó con Wittgenstein, o no era él con quien te cruzaste cierto día en que saliste en busca de tu mujer, serás burro, permíteme que te lo diga, jamás hay que correr detrás de una mujer, invertiste los términos, he ahí el origen de tu fracaso, yo, por ejemplo, tengo desde siempre una aquí enfrente, siempre coqueteando, siempre con su traje negro, y jamás me he acercado, yo espero, no quiero precipitarme, más vale ser punki que maricón de playa, ya sabes, ahora que me acuerdo, hubo una anécdota muy curiosa, más que anécdota, misterio, no del todo resuelto, resulta que un día llegó un telegrama de un pueblo de Andorra, el nombre no lo recuerdo, diciendo que dada la fama que tenía en la Península la Banda Municipal de Mahón, les sería grato contratarla para las fiestas, eran en agosto, creo, imagínate la agitación, ellos que no habían salido de la isla, numerosas personas fueron a despedirlos al barco y antes de partir el alcalde le dio un gran abrazo al director como diciendo, dejad alto el nombre del pueblo, desembarcaron en Barcelona y de allí a Andorra capital, un día de autocar, donde les esperaba el representante artístico para meterles en otro bus dirección a la montaña, y por lo visto, en una recta así como tonta los mandaron apearse, y el representante tiró monte arriba por un camino de tierra, el del trombón y el del bombo iban un poco asfixiados, y cuentan que Tomeu, recuerdo que siempre llevaba unos zapatos de rejilla y tupé, ya comenzó a mosquearse, como quien dice, y llegados a un claro de bosque sin visibilidad, el representante los hizo parar, dijo que volvía enseguida, se fue monte abajo, y no volvieron a verle, por lo visto fue una broma, bueno yo esto no lo vi, claro, lo oí comentar, yo he visto mucho, a veces vienen los del Círculo y proyectan películas, si alquilan el salón rosa estoy de suerte pues hay una rendija en la pared tras la barra y desde aquí puedo verla, bueno, no muy bien, pero se intuye, los jóvenes ponen las de Tarantino, que no me gustan, ya ves, bastante veo yo a diario como para aguantar una sesión de borrachos y drogatas, un día oí decir al danés, no sin sorna, que tú, que presumes de tener y ver constantemente todas las películas de Bergman, habías ido a ver *Notting Hill* tres o cuatro veces y siempre en sesiones poco frecuentadas, como avergonzado, no me extraña, porque menudo cenáculo de víboras que eran tus amigos, lo que admito que me divertía era cuando os sentabais en la mesa del fondo y no parabais de sacar punta, como quien dice, a todo el que llegara, uno veía a un hombre de mediana edad, torpemente trajeado, comiendo en la barra un plato combinado y decía, ahí está el típico agente de seguros, y otro continuaba, está en la isla vendiendo miedo a estos pobres catetos, y otro, seguro que no se pierde ninguna cena de empresa, y otro, mirad cómo come, es típico de los que van de viaje de novios a Punta Cana, y qué me decís del teléfono en el cinturón, la versión contemporánea de aquellos llaveros que asomaban del bolsillo, como los futbolistas, y otro, y come con refresco que es como comer y masticar al mismo tiempo gominolas, y otro, menos mal que no come con cerveza, el refresco en versión nazi, y ahí alguien salía con un comentario de la fermentación de la cerveza o de Wagner, y os olvidabais, o pedías una botella de champán, otras veces los comentarios surgían y se agotaban rápidamente, puro ingenio, como quien dice, por ejemplo, pasaba un joven afectado y decía uno, por ahí va Lord Byron, entraba un embrutecido de camiseta ceñida, rubio y bigote poblado, y decía otro en susurros, ése trabaja en la cadena, qué cadena, preguntabais aproximándoos, la de Volkswagen, respondía, y no parabais de reír, o cuando, ya en otra línea, ibais a una librería por separado, uno cada semana, pongamos, para pedir un libro del que ya sabíais que no disponían, le recriminabais gentilmente esta carencia al librero y al final se lo encargabais, una vez llegado el libro y comprado, regresabais todos a la librería, también por separado, habiendo inventado antes entre todos un defecto disparatado que por supuesto no existía, por ejemplo, la desaparición de un párrafo, y montabais, ahora sí, un lío impresionante, a lo que el librero no sabía dar solución, recuerdo otra variante que consistía en ir, esta vez todos juntos, al barco que hace la regular Mahón-Pollença y decir, por favor, a Nápoles, pero a esa broma no le vi nunca la gracia, o no la entendí, vaya guasones, y guarros, sí, ya lo creo, pero fallaste, sí, permíteme que te lo diga, entre tanta tontería, te confiaste, no debiste darte tan fácilmente a la mediocridad de todos cuantos te rodearon, no debiste obsesionarte con Wittgenstein, o sí, pero en un entorno más receptivo, tú fuiste el único en esta isla que entendió al gran Ludwig, gracias a ti todo cambió en esta isla, por lo menos en el hotel, tú les hablabas y ellos aparentaban comprensión e interés, puro teatro, donde tú decías Shönberg ellos decían Strauss, donde tú decías Borges ellos decían Budismo en Diez Lecciones, donde tú decías Le Corbusier, ellos decían Gaudí, donde tú decías Wittgenstein, bueno, ellos ya no sabían qué decir, y así, créeme, sólo aparentaban, se lo oí comentar muchas veces aquellas noches en que te quedabas en tu cuarto a escribir tu obra, tu magna obra, como quien dice, mientras ellos aquí abajo, hacían comentarios respecto a tus comentarios del *Tractatus* de Wittgenstein entre burla y respeto, tus comentarios lúcidos, más que lúcidos, enloquecidos, visionaria locura que tú, de alguna manera, ibas ya transformando, dándole cabida en tu obra, *Yo siempre regreso a los pezones y al punto 7 del Tractatus*, tu gran poema, escupido, como quien dice, aquellas noches de primavera y verano en tu cuarto, Dostoievsky decía: yo tengo un proyecto, volverme loco, tú, al contrario, concebiste el proyecto de expulsar tu locura, porque, quieras o no, ya estabas loco, y el caso es que, simultáneamente a esa repulsión, ejercías un magnetismo y una influencia absolutas sobre el grupo, se notaba, aquella burla y respeto cuando no estabas eran las de los siervos por el amo cuando se van al catre y comentan las anécdotas del día, y es que, convéncete, hay personas que sólo se sienten realizadas en la esclavitud, siempre tuviste esa capacidad de hacer girar sobre ti el universo inmediato, un poder de seducción que va más allá de lo arquetípico, tu discurso de iluminado, tu penetración poética en la gran obra racionalista de Wittgenstein, racionalista en apariencia, solías recriminar con gritos a quien lo afirmara, para, acto seguido, asegurar que Wittgenstein era el gran místico contemporáneo y que dentro de varios siglos los hombres leerían a Wittgenstein de la misma forma que hoy leemos a San Juan de la Cruz, pero cómo se te ocurrió, insensato, espetar semejante reflexión ante un auditorio conformista y decadente, un auditorio que tiene como piezas insuperables del pensamiento contemporáneo a Warhol y a los Rolling Stones, y al destino del arte el arte africano, como la hija del dueño y su séquito de niñatas, un auditorio tan necio que cuando te emborrachabas no se percataban de que no te emborrachabas, sino que solamente pensabas aceleradamente, que cuando salías con un comentario incomprensible, éste sí, permíteme que te lo diga, incomprensible de verdad, no era más que un ejemplo de cómo la digresión puesta en labios inteligentes deriva siempre en una forma poética, tu gran hallazgo, sí, un auditorio que cuando llevabas a todos la contraria, siempre todos contra ti, no entendía que ese mantener posiciones absurdas en solitario es el primer paso para la mística de la que derivará, más tarde o más temprano, la poesía, por este orden, como tú muy bien sentenciabas, y no a la inversa, tampoco entendían tus paseos a solas hasta el faro, con tu chaqueta y corbata de *tweed* hasta en verano, qué bestia, qué idiota, pero qué bien te sienta, ni tus noches también a solas en el escritorio mirando únicamente la completa oscuridad a través de la ventana, sólo batida por el barrido del faro, el paso ocasional de una moto, o la completa claridad del papel en blanco, es cierto, dado su ramalazo romanticón tardobudista, pensaban que deseabas entonces disolverte en la naturaleza, integrarte en todas las estructuras del mundo, menudos idiotas, era justo lo contrario, una concentración, una implosión, un aislamiento de todo lo bárbaro, lo natural, lo sujeto a la ley, por eso tampoco entendían cuando tú, avanzada ya la noche el humo y el gin, dejabas caer aquello de que el único y verdadero destino del arte es su triunfo sobre la naturaleza, y se escandalizaban, ellos, tan esnobs y, quién lo diría, tan pueblerinos, decían sentir el arte pero no habían entendido nada, les gritabas antes de irte, puritanos, puritanos, y te retirabas a tu cuarto a buscar tu noche, aunque no supieras qué significaba exactamente retirarse al cuarto a buscar la noche, no, no entendían nada, sus tablas de la ley lo impedían, sí, como ves, yo sé mucho, yo llevo aquí muchos años viendo cosas, oyendo cosas, permíteme que insista, pero cómo se te ocurre darte a esa chusma, si tú seguro que morirás por exceso de inteligencia, no puede morir de otra manera quien redacta una obra como *Yo siempre regreso a los pezones y al punto 7 del Tractatus*, ahora ya es tarde para dar marcha atrás, pero debiste aprender esta regla, no dar margaritas a los cerdos, se la oí al hijo del dueño, el que viene aquí por las mañanas y canta más vale ser punki que maricón de playa, cómo me gusta, y lee no sé qué libro, un chaval lúcido, llegará lejos, los genios lleváis una especie de estigma que solamente los que ya no estamos entre vosotros alcanzamos a ver, yo ya vi que el peor era el danés, ése sí que se las traía, con lo feo y guarro que era, y no paraba de liarse con mujeres y, sabes, ni te imaginas lo extraño que es observar cómo un hombre le mete mano a una mujer por debajo de la mesa y el marido no se entera, bueno, esto, quieras o no, tiene su gracia, yo al principio no sabía qué era eso de meter mano, ahora ya entiendo lo que hacen algunas parejas cuando entran al lavabo, eso es lo peor, las parejitas de los cojones, con sus gemidos reprimidos, y si son adúlteras, ni te cuento, van con prisa y lo dejan todo hecho una mierda, cuando debería ser al contrario, por lo de la discreción, digo yo, tú fuiste uno de esos adúlteros, me acuerdo, me empujaste con fuerza y entraste con aquella mujer que solía esperarte sentada en la mesa de allí, el local estaba lleno y recuerdo que sonaba una música como latina, qué espanto, y venga la maraca, y venga la maraca, y el contrabajo juguetón, fue una noche en la que alguien de los de tu mesa sacó un tema oscuro, muy muy oscuro, ahora que ya todos se han ido y sólo quedamos tú y yo en el hotel puedes reconocerlo sin rubor, he de admitir que fuisteis bastante rápidos, aunque no muy limpios, venga, confiésalo antes de entrar por última vez, me dijo el monigote W. C. Y ahora el eco:

ACLARACIONES

Yo siempre regreso a los pezones y al punto 7 del Tractatus es el primer libro que publiqué (Edición Personal, 2001); en su momento contó con un limitadísimo número de ejemplares, sin distribución en librerías.
Lo entiendo como una colección de poemas en prosa.
En mayo de 1999 comencé a tomar notas, ideas sueltas que, como es habitual, no tenían una pretensión definida. Rápidamente cobraron forma. Cuando en enero de 2000 di por finalizadas aquellas notas, enseguida pensé en Pere Joan para que hiciera cuantos dibujos le sugirieran los poemas. Le gustó la idea. Yo sabía que su manera de manejar el espacio, así como su tendencia a dibujar detalles dotándolos de «órganos» y de fases casi líquidas, emparentaba muy bien con mis textos. Le pasé el libro y, un mes más tarde, en la mesa de la cocina de su casa, fue enseñándome multitud de pequeños dibujos; todos me parecían perfectos, así que eligió él [yo mientras miraba un fregadero de piedra que tenía unos cubos de latón, apoyados en vertical, que parecían la base de columnas metálicas, o relojes sin agujas. También miraba multitud de libros y objetos que se disponían en el suelo, pegados a la pared en estricto orden, como un segundo zócalo].
También, nada más terminar el libro, pensé en Eduardo Moga. Conocía bien su poemario, *La luz oída* [cinco años antes había sido Premio Adonáis]. Ya entonces, como ahora, me parecía excepcional. Creí que su poética y mi texto podían guardar bastantes pun-

tos de unión. En aquel momento yo no conocía a nadie [ni nada] de la comunidad literaria, y cuando pensé en que Eduardo me hiciera un prólogo creí, creo que justificadamente, que se negaría a ello. No obstante le envié el libro. Semanas después fui a Barcelona. Quedamos en una cafetería cercana a la plaza Universidad, próxima a su trabajo. No recuerdo bien de qué hablamos, supongo que de ese mismo viaje [me llevaba en coche de Palma a La Coruña], pero sí que le pregunté qué le había parecido el libro, y si accedería a hacer un prólogo. Rotundamente, dijo sí.

Los dibujos insertados entre poemas, y el prólogo, son aquellas generosas aportaciones, que agradezco por cuanto constituyeron un voto de confianza fundamental para un escritor que aún no sabía si lo era.

Los meses siguientes a abril de 2001 paseé el libro por algunas ciudades. Diversas presentaciones que consistían en, además de la lectura de algunos poemas, la simultánea proyección de diapositivas analógicas, de las de carro [los cañones de proyección digital no estaban aún muy divulgados], que había hecho a multitud de programas, películas y spots de televisión. Acompañaba a esas imágenes una música, en cinta, que en los meses previos compuse mezclando *samples* con cosas propias en una grabadora de 4 pistas [salvo en el Círcol Maldà, Barcelona, donde me acompañó al piano Cristina Vilallonga]. Recuerdo ahora todo aquello como un aparatoso tinglado ambulante a lo «hermanos Lumière», para el que conté con la inestimable colaboración de mi hermana Cristina, quien solía ayudarme a transportar todo lo necesario, así como a llevar libros a las librerías a fin de, si había suerte, dejarlos en depósito.

He recuperado un fragmento de la música que acompañaba a las presentaciones, y algunas imágenes; disponible en: http://www.youtube.com/ watch?v=vZzEEdsjYqc

Mucha gente apoyó el libro, bien fuera presentándolo o con calurosas muestras de entusiasmo crítico. De todo ello tengo que agradecer a: Eduardo Moga, Pere Joan, Antonio Pastor, Tomás Graves, Miháli Dés, Cristina Vilallonga, Vicente Valero, Xisco Juan, Chema Paz Gago, Carme Riera, Ana María Moix, Antonio Gamoneda, Sergio Gaspar, Horacio Alba.

Este libro está dedicado a mis padres y hermanas.

Palma de Mallorca, abril de 2012

JOAN FONTAINE ODISEA
[MI DECONSTRUCCIÓN]
(2001-2002)

REGISTRO NOTARIAL Nº Cuatrocientos sesenta y cinco.
CONTENIDO DE ESTE INSTRUMENTO PÚBLICO: Actividades artísticas.

Yo, Bartolomé Bethe Fusters, Notario del Ilustre Colegio de Baleares, con residencia en la ciudad de Palma de Mallorca, a 1 de mayo de 2005, con el presente escrito LEVANTO ACTA de este ———

poemario-performance

titulado (durante de la ejecución): ———
Joan Fontaine Odisea
y
mi deconstrucción
una vez finalizado, ———

que fue puesto en práctica entre los días 27 de enero de 2001 y 27 de enero de 2002 por el **Autor-Ejecutante D. Agustín Fernández Mallo**, con D.N.I. 32800269-S, a fin de materializar el concepto de nuevo cuño *poesía postpoética*, producto poético generado por la intersección de la lógica pura y el acto estético. ———

ASÍ MISMO
levanto acta de que en cada uno de los 365 días que duró el poemario-performance, en los

que actuó de presencial pasivo uno de mis colaboradores, las condiciones detalladas a continuación fueron exactamente las mismas:—

MARCO REGISTRAL DEL EVENTO
Casa, sita en Deià (Baleares), urbana, planta baja, piso, torre y terraza situada en la parte frontal de la vivienda y escalera de acceso a la misma que parte de la calle Costa d'en Topa, de 200 metros cuadrados, que linda: al frente, con corral y urbana de Georges Williams Sheridan; derecha, entrando, terrenos y corral de Robert Graves, hoy sus herederos, y con terreno y casa de Leonor Vives Coll; izquierda, casa, terraza y terrenos de Margarita Pujol Visconti. Inscrita en el folio 165, tomo 5484, libro 41 de Deià, finca número 1156.N.————————————————————

CONTINENTE INMEDIATO DEL EVENTO (inmueble)
Habitáculo rectangular de 10x5 metros, situado en el primer piso de la citada vivienda. Paredes encaladas, techo encalado con caída de un agua y vigas vistas (también encaladas). Piso de cemento blanco. Dos ventanas de 1x1.5 metros^2 aprox. con vistas al monte Teix, según es denominado en el mapa n° 256 del Instituto Topográfico Balear.————————————————

CONTINENTE INMEDIATO DEL EVENTO (mueble)
1 flexo de acero Ikea. 2 lámparas de techo con pantalla de aluminio modelo cúpula. 1 mesa de trabajo chapeada en formica blanca de

20.5x1.48 m², sujeta por tres caballetes de acero macizo. 1 sofá-cama, y otro sofá convencional (ambos en color crudo). 1 armario ropero empotrado con puertas correderas en celosía de pino sin barnizar. 1 cenicero de acero tipo Cinzano. 1 caja de embalaje pintada de color tierra en funciones de mesa de centro. 2 macetas color teja con sendas palmeras enanas premeditadamente secas. 1 mueble tipo cómoda, chapeado en abeto, con habitáculo destinado a televisor y DVD, y 2 puertas a fin de que cuando estas piezas no se usen queden ocultas. 1 radiador con termostato General Eléctrica ('74). 1 cuadro 1.8x2.30 m², obra del autor a partir de una fotografía del rostro de Wittgenstein, apoyado en suelo. 1 equipo destinado a CDs Sony ('92) color negro, oculto en el armario ropero. 1 PC Pentium 4 a 1GHz, 128Mb de RAM y 10Gb de disco duro color crudo. 1 televisor color negro de 14 pulgadas, marca Loewe ('93). 1 DVD de color aluminio, marca Pryca ('00). 1 videocámara digital Sony ('01). De las paredes no cuelga ni pende objeto alguno.─────────────────

OBJETIVO DEL EVENTO
El objetivo perseguido por esta performance es alcanzar un estado de disipación físico y mental de resonancias místicas por causa de la constante e ininterrumpida visión del film Rebecca de A. Hitchcock.───────────────
El 27 de enero de 2001 el autor-ejecutante, D. Agustín Fdez. Mallo decide que da comienzo el evento, con la única premisa de no salir

instrumento público. folio 5643773

de la casa hasta la fecha de su conclusión, que se deja abierta al momento en el que éste considere haber alcanzado el citado estado de disipación física y mental. Se valorará favorablemente que el número de textos escritos por el autor-ejecutante a lo largo del proceso sea el menor posible.

ESTRUCTURA DEL EVENTO
Secuencia diaria,
1.- Introducir en el reproductor DVD de la película Rebecca de A. Hitchcock y reducir el volumen a 0 decibelios.
2.- Encender el PC.
3.- A cada término de la película, ponerla en marcha de inmediato.
4.- Únicos sonidos que el acto tolera: los del propio cuerpo del ejecutante (latidos, respiración, etc.), el emanado del discurrir natural de los elementos electrónicos (disco duro del PC, motor de giro del DVD, etc.), el del tecleo, y los sonidos exteriores inevitablemente filtrados por las ventanas (viento, grito de pájaros, motocicletas, trastornos, etc.).
5.- Todas las citas o insertos de otros autores en el texto han de hacerse de memoria.
6.- Una videocámara digital Panasonic registra ininterrumpidamente todo el proceso desde un ángulo favorable.

HORARIO
Días laborables, 14 h, el resto destinadas a dormir, ejercicios de desentumecimiento

(máquina de pesas cedida por Solarium Centro) y necesidades básicas.————
Fines de semana, 12 h, el resto destinadas a dormir, ejercicios de desentumecimiento y necesidades básicas.————

VESTUARIO (elementos constantes)
Otoño-Invierno:————
Traje de alpaca gris claro (Purificación García).————
Jersey cuello cisne color malva (Zara), con una chapa que muestra la bandera nipona.————
Zapatillas de deporte Adidas Rekord marrón claro, en serraje, con tres bandas color aluminio.————
Ropa interior aleatoria.————

Primavera-Verano:————
Pantalón pitillo color negro de raya diplomática (origen desconocido).————

Camiseta blanca con *La Mode (82-85)* estampada.————
Zapatos marrones de piel vuelta; horma romana (Adolfo Domínguez).————
Pañuelo color crudo.————

DIETA/día (abastecida por un servicio de catering a domicilio)————
5-6 cafés con leche (tamaño desayuno).————
4-5 manzanas golden con piel y corazón.————
200gr de cereales Óptima de Kellog's (caja verde).————
1 litro de leche semidesnatada marca blanca.-

instrumento público. folio 5643775

3 litros de agua de Vichy.
1 paquete de tabaco bajo en nicotina (BN).
(1 de cada cuatro días, una chuleta de vaca, de edad superior a dos años, con piñones.)

COMENTARIOS AL EVENTO.
El Autor-Ejecutante desea dejar constancia de:

1.- Que el místico, a fin de alcanzar la erótica del éxtasis, siempre ha experimentado con su cuerpo. Su cuerpo es el laboratorio.

2.- Que sólo hay una condición necesaria, aunque no suficiente, para asegurar la calidad del éxtasis: llegar a él con el menor número de aditamentos. Esto, en el siglo 21 resulta prácticamente imposible.

3.- Que considera NO haber alcanzado el estado perseguido [aunque asegura haberlo acariciado], de modo que este *poemario-performance* que ahora presenta es la constatación de UN FRACASO.

4.- Que el proceso devino en una *Deconstrucción* del autor-ejecutante.

5.- Que el film *Rebecca* actuó como paisaje tipo ventanilla de tren.

6.- Que el hecho de actuar en una habitación con paredes, techo y suelo blancos, le confiere a la ejecución un sentido de circularidad, de cosmos sin fin, en apariencia, y

instrumento público. folio 5643776

sólo en apariencia, propicio.———

7.- Que la Odisea le pertenece a Joan Fontaine, no a él.———

8.- Que los puntos 3, 4 y 5 son reflexiones *a posteriori*.———

9.- Que de los 365 días (8760 horas) existe un registro documental en vídeo fijo diurno y nocturno.———

10.- Que el *poemario-performance*, menos la primera y la última, es el resultado de una mezcla aleatoria de las piezas-texto una vez se dio por finalizado.———

11.- Que usa el texto de Antonio Vega———
 sólo me encuentro en mis papeles———
 locos que piensan,———
 salen de un circo inmortal y me enseñan
 lo que ignoro de ti———

como cita-frontispicio a la totalidad del texto.———

12.- Que el conjunto de esta obra está integrado en el marco estético *poesía postpoética*, cuyo desarrollo teórico se encuentra debidamente reflejado en el artículo *Hacia un Nuevo Paradigma: Poesía Postpoética* (revista *Contrastes*, nº 17: Poética Española Contemporánea. Valencia, abril-mayo 2003, y revista *Lateral*, Barcelona, diciembre 2004)—

instrumento público. folio 5643777

El autor quiere, por último, hacer constar su agradecimiento a Adidas, Kellog's, Nescafé, José Ángel Valente, Sony, Sr. Chinarro, Inespal, San Juan de la Cruz, Pryca, Zara, Ikea, Alfa Romeo, Intel, Aguas de Vichy, L. Wittgenstein, Golpes Bajos y Loewe por detentar aún el alquímico secreto que hay en los objetos: el silencio. ———

Asimimo, dedica esta obra a la memoria de la extinta General Eléctrica España S.A., por haber calentado las noches de su infancia.——

De la identificación del compareciente por su reseñado DNI, y de todos lo demás contenido en este instrumento público extendido en cuatro folios de la serie TG23, números 5643771, 5643772, 5643773, 5643774, 5643775, 5643776, 5643777, 5643778 yo, el Notario, DOY FE.————

En Palma de Mallorca, 1 de mayo de 2005

Anoche soñé que regresaba a Manderley,
me encontraba ante la verja
pero no podía entrar porque el camino
estaba cerrado,

se ha calculado que la vida de una mujer
no superior a 23,7 años podría cifrarse
en un código de barras,

entonces
       [como todos los que sueñan]
me sentí poseída por
un poder sobrenatural
y atravesé como un espíritu la barrera
que se alzaba ante mí.

1
Horizonte recostado, tardes de sábado,
arde el sofá y lo que de materia le sobra al día.

¿Es la poesía una gangrena en la prosa
que la desguaza y esparce en torno a un epicentro
que no se ve? [tu Women'Secret por ahí tirado]

¿Fue la poesía la Ecuación Unificada
deshecha a los 3 minutos de nacer,
y ahora sólo el tibio placer de cada cifra
en tus terminaciones nerviosas?

Todo está escrito y lo que llamas escribir
es ir quitándole palabras.
Los pájaros pasaban.
Desde la ventana los mirábamos.
Pasaban.
La Musa come ajos en vinagre
      [sofisticado feísmo]
y comenta que el paraíso es un lugar
de lo más inhóspito, *el surco que abre un pájaro*
no lo abre nadie más,
YO: *¿Porque lo inunda el mármol?*
MUSA: *No. Porque desaparece.*

1.1
Quedan las afueras de las cosas
con su masa de cielo quieto y
su horizonte adulterado
[siéntate a esperar todo el día
que la penumbra vaya disolviendo el día]

la belleza desnuda en la bombilla que pende apagada,
y nuestra cara **ON**/OFF
y nuestra cara ON/**OFF**.

2
La soledad no tiene dimensiones.
La soledad es un extrarradio moteado
de irreconciliables objetos

    [aguarda la materia
    la patada que le devuelva fe en su silueta]

un cuerpo se mueve entre ellos,
la soledad se hace doble;
por fractal aritmética
se reduce a 1/2 al mismo tiempo.

2.1
El objeto se pasma
en la finitud que lo constituye,
el solitario en la que le rodea

[Thomas Mann lo dijo, *donde hay
mucho espacio hay mucho tiempo*]

como si una fotografía fuera
más rápida que la luz

y por un instante cada píxel
permaneciera en suspenso,

hueco,

la mirada en apariencia incompleta
que adquieren de repente
en las fotografías los muertos.

3
Me encontraba en un examen de mecánica cuántica
el día que estalló la guerra del Golfo, *demostrar*
que en el estado de más baja energía de un átomo de hidrógeno,
el potencial atractivo creado entre el núcleo y el electrón
disminuye exponencialmente a grandes distancias
(AYUDA: el cálculo es más fácil
utilizando la Ecuación de Poisson).

Me puse del lado occidental.
Algunos abandonaron el aula.
Siguiendo a Wittgenstein,
                supongo,
pensé en alistarme.

Después, meses de lluvia y videojuego
sobre Bagdad, te quedabas a dormir más noches,
tu cuerpo segregaba dulce,
en el desayuno hablabas de banderas,
de horizontes espesos como mercurio, pero,
quizá también siguiendo a Wittgenstein,
todo aquello me daba igual,
había otro rehén que rescatar en mí,

otro petróleo por consumir,
otro desierto por tomar.

Ahora, más allá de esa distancia en la que las cosas
giran alrededor de las cosas,
únicamente este deseo de mortandad,
esta mezcla de intuición y física de mentira
en la que la poesía nos va diluyendo,
ni siquiera huelo ya la pólvora
con la que miné mis redundancias.

3.1
Todas las noches son la misma
menos esa que, si a la nada
por necesidad le sigue la nada,
no sabes por qué llaman Fin de Año,
esa que te coge en retrasos por sorpresa
[a causa de la niebla Spanair informa]
en aeropuertos levantados con niebla,
entre razas que son niebla

entre happy Christmas diferidos por la niebla
entre móviles palpitando en bolsillos de niebla

en el espejismo de que esta vez no viajas solo
en la certeza de que al llegar sólo niebla te espera,
y te entretienes en la confección de metáforas
brutales,
las cabezas de esta muchedumbre
son las burbujas de la copa de champán
en la que cada fin de año bebe Dios
antes de distribuir el azar y caer borracho.

4
Tanto más perfecta es la cosa creada
cuanto menos huella lleve del hombre,

gracias Código de Barras por garantizar aún el silencio,
ingrediente que la alquimia buscaba en los objetos.

Debajo de esta piel hay otra piel,
y debajo de ésa otra, y debajo otra, y otra,
y así cuantas capas quieras hasta un $n \in N \rightarrow \infty$
antecentro del centro que es finito.
Ese centro es la máscara.

[la semana tiene 8 lunes. El 8.º es la semana]

4.1
Esta playa no la reconozco. Una botella se aproxima
a la orilla con el mensaje afmallo@hotmail.com, que
yo mismo escribí cuando era un náufrago de
pacotilla y no lanzaba botellas al mar sino *a los ríos
que* [no lo sabía] *van a dar a la mar que es el morir.*

Te esparces puro,
sin óxido
sin alas.
En playas que no pisaste ahora te pisas.

5
Describe la bola el movimiento parabólico y traza
en su espalda la golfista un arpegio equivalente.
Se tensa el cielo y los pechos
más mercurio que nunca completan la silueta
del océano de césped,
                              a contrapelo
llueve.

La geometría del agua no supera
al golpe seco de silencio cuando jadea la atmósfera y toca suelo.
Esfera contra esfera. Se apagan
[expectantes y sin fondo] tus pezones, ventanas
de hotel de playa en invierno
          [suena el claxon, tu marido espera].
Ningún *caddie* te elegía
los palos como yo.

5.1
Deshace el nudo de las pajaritas la luz
cuando amanece, cuartea el maquillaje,
disuelve el humo y los happy new year
en esa oquedad que queda durante unas horas

tras moverse una cifra el calendario.
    Me sorprendo pensando que algún día seré antepasado.
Te acercas subiéndote el tirante sin saber
nada del confeti en blanco y negro sobre el pelo reseco,
que sepas que esta noche nazco, dices,
y que no podré olvidarte.
Éramos todos en aquella casa
maniquíes terminales de Golpes Bajos,
material de infancia [donde nunca pasa nada
y hay que imaginarlo].
Creación y Apocalipsis a veces coinciden.

5.1.1
El objetivo de recordar es olvidarse
de uno mismo, hacer del corazón
un imán gastado que deja
las cosas equidistantes,
              girando
              en su sitio,

no hacer nada por saber
de dónde viene la franja de luz
bajo las puertas,
la franja de luz entre tus labios.

6
Los hechos son para el hombre las puertas
por las que se escapa
de los hechos, dijo Rothko,
se pone el traje de los domingos,
arranca el 2CV y le dice *cuídate*; ella,
viéndolo alejarse, *regresa pronto*.
En el retrovisor enmudece la granja.

6.1
Desvelo mi drama:
me veo en todas partes
porque no me acompaño.
Desvelo tu drama:
la palabra es un hecho
y la palabra detenida un objeto.
Y no tienen nada que ver [$0.\infty$],
el auténtico drama.

Auden lo dijo,
nadie va
más allá
del final de las vías o del extremo de los muelles.

Te recuerdo
todas las noches aunque
cada noche tú me digas adiós.
Adonde yo no puedo ir es
más allá de tu despedida.

7
Estos fenómenos recién llegados,
con su luz a ras de suelo
y su argumento vacío, estaban ya
en la tabla periódica que mineral me atraviesa,
en la visita al recuerdo deshabitado que a menudo
nos programa lo inorgánico.

Hazme un Nescafé hasta la mitad de la taza,
píntate un poco, hojea un libro,
ve preparándote para el polvo
que te echaré esta noche,
en la que tuve un sueño, montabas
un burdel, servías Nescafé.
Era una playa del Egeo. Era verano.

La vida es un libro que se borra
al ir leyéndolo,
y los aniversarios un invento
para recordar que estamos solos.
Nunca volvió a acumular
tanta belleza tu cuerpo.

8
«George Steiner, el último sabio, propone
el humor y el silencio como recetas para vivir»,

no
entendimos, amor, que el futuro es
un horizonte hecho de silencio,
y su composición más exacta serán las fotografías

*la verdad es que maestros silenciosos
ha habido pocos, quizá Wittgenstein y Kafka,*

agujero en la luz, tú engendrándote
a ti misma

*quizá estemos viviendo en el epílogo,
en el tiempo que viene después del logos,*

déjame extraer
ese doble espejismo si tú ya eres
espejismo, miércoles 27 de enero
de 2001 http://www.elpais.es

9
Una batería de camiones aparcados
miraba amenazante en la frontera,
carreteras cortadas, las familias
repiten desayuno en la gasolinera,
te miro mientras afuera cae
nieve sobre nieve, al cuarto café
tu lectura cae sobre Malcolm Lowry,
*pero, para empezar, el fantasma más poderoso
con el que tenía que enfrentarse era él mismo.*
Somos al nacer un proyecto acabado.
Vivir, ir arrasando.

9.1
Y qué esperabas, *no somos ni Romeo
ni Julieta,* cantó con buen criterio Karina,
tan sólo hombres, quizá enfermos,
pero es la única palabra donde nos es dado habitar.
Más allá de esa frontera eres uno y aburrido,
                              nieve sobre nieve.
Llego al pubis. Enciendo la linterna.
[Soy nuevo aquí]:
aún no distingo el bien del mal.

10
Después de comer, en la televisión
hay gente corriendo malherida
          [el fuego,
          como el retrovisor,
          todo lo iguala],
un desastre natural arrasa
una ciudad desconocida.
La muchacha se aparta las vendas,
dice unas palabras.
Su rostro guarda el exacto
equilibrio que la naturaleza negó.
Cioran dijo: *vivimos mientras*
continúen nuestras ficciones
Me inclino por lo contrario,
se muere por exceso de metáfora.

10.1
Un borracho cambia de canal.
René Thorn, a mi derecha, juguetea
con las vetas del coñac y me dice:
si algo nuevo sabemos
es que en el arte siempre

ha regido mi Teoría de Catástrofes,
en una mesa más alejada Prigogine escribe
en una servilleta
$f_1(x)+f_2(x)+f_3(x)+........+f_n(x) \neq F(x)$, y me aclara,
*la suma de los versos siempre es menor
que el verso total.*

Y no puedo dejar de repetirme,
*ergo Homero fue
el primer posmoderno,* hasta que
los tres nos separamos,
silenciosos,
racionales,
sin dejar marca,
como se escinden las líneas
de un haikú excesivamente exacto.

11
Siempre has pensado que la realidad no existe
                              o, por lo menos,
que la tuya la vive otro.
Quién creció entonces en esta ciudad,
te dices esta noche en la que llegas a las tantas
con la alevosía del fugitivo que regresa a devolver un dinero,
a confirmar un dato, a saldar una deuda de honor,
pilotando expectante un automóvil
como el cetáceo suicida atraviesa entre dos cabos
una línea imaginaria.

Adónde regreso, si la realidad no existe,
                              te dices,
a una luz ya apagada en mi ventana
donde, insomne, agotaba el último
serie B de Tele 5 y después releía a Bataille,
a ese edificio que ahora paso de largo
donde mis ancianos padres duermen,
a los corn flakes con whisky de madrugada
en El Pesquero, y las frases ocurrentes copiadas
a Baudelaire, a Décima Víctima,
al macarra de turno,
        a un pasado que ya es literatura,

adónde
      [lo dijo Zenón, *la flecha está en el aire*
      pero no se mueve la flecha]
si el disco en los semáforos desde entonces
                    está en amarillo,
si los basureros continúan parando en el Delicias Café
y prefieres seguir ruta, hacer noche
en un hostal de descampado,
confirmar que nada existe, que otra vez será,
que ya entonces te decía Bataille, *escribo*
para borrar mi nombre.

11.1
Siempre has pensado
que la realidad no existe,
o que la tuya la vive otro.
Y de esta manera permutados,
                    dices,
cada cual se anda buscando.
El enamoramiento
                propones
como prueba irrefutable.

12
Huyendo del tedio se lanzó al pensamiento.
A las horas muertas

[detén tu cara en mi cara,
querer amar y no poder
te va desfigurando]

Llueve luz como llueve agua.
En ambos casos el cielo se derrite.

12.1
Clareas el recuerdo.
No exactamente el recuerdo sino
una especie de paradoja que une
al mismo tiempo que desune
[como la ecuación x=y sin solución, o el beso]

Copular [definición]: sacar espacio, meter tiempo.

Parece una playa, verano, y un escuálido niño en Super 8. La conciencia, carbonatada, sumergida aún en gran angular. Ahora, cuál es la más cúbica de todas las esferas. La atmósfera fue creada transparente [esto es seguro] para que el hombre que busca conociera la soledad. La Tierra fue creada redonda para que el hombre encontrara en la repetición un consuelo a esa soledad.

12.2
He concebido una receta semigenial.
Ingredientes:
- 1 vaso de 33 cm^3 absolutamente transparente.
- 33 cm^3 de agua.

13
Lenguaje, una técnica que
acepté confiado, me condenó
a ensayar en mi carne la infinitud de la suya,
y un día deberé abandonar habiendo sido
no más que su alimento.

13.1
Enunció Heisenberg
$\qquad$ $[\Delta q \Delta p \geq h]$
su Principio de Indeterminación,

Pauli
$\qquad$ [otro Nobel]
nos lo aclaró, *el mundo puede verse
con el ojo **q** o con el ojo **p**, pero si abres
los dos al mismo tiempo te vuelves loco.*

Quién de niño en un jardín
no caminó alguna vez arrastrando
un palo por los barrotes de la verja sin adivinar
que lo que ahí ya buscaba era el consuelo
de algún estribillo, esta noche

*mi mujer y yo jugaremos
al juego de la muerte,* escribió Tagore,
Nocilla, qué merendilla. Mamá más,
cantó más tarde Siniestro Total.

14
Vi al final vaciarse mi cuerpo
      [1,83 m en 64 kilos]
lapicero sin grafito bromeabas
las tardes de sábado
y Antonio Vega iba sonando:
siento escalofríos cuando veo
tu cuerpo joven y que tu alma
ya no está en su lugar.

Una maleta sin destino
es un bulto sospechoso.
Un cuerpo sin figura
      [1,83 m para 64 kilos]
el eje sobre el que rota
un viajero torpe y sin sentido
que ya nunca es mi invitado.

14.1
Veo tu sonrisa y pienso,
toda lírica expresa una pérdida.
El niño no escribe poesía,
aún no ha pasado por él

la dieta de la memoria, aún
no ha entrado en quiebra
su particular Toys Яus.

15
Crear es recordar
lo que ya estaba creado, y un congelarse
en las manos la felicidad,

láminas de luz solapándose con niebla,
síntesis que no supera contrarios,

el bucle de aquel
que se encierra
y sólo mira por la ventana, como cuando
la madre miraba el amanecer de las 8 de la tarde,
un Simca 1200 que regresa y saluda,
de madrugada a buscar de nuevo luz
en la niebla, mientras ella
pasa las hojas de un libro
[solía ser el *Quijote* aunque ocasionalmente le vi *El extranjero*].

Todo lo que escribo
       está hecho 100 % de voluntad de poder
y simultáneamente 100 % de miedo
       [hasta cuándo, si la vida no soporta superávit].

Desaparece este 30 de agosto
con una única certeza:
como casi nunca llueve
sobre Mallorca.

16
Se escribe en defensa propia.
Se deja de escribir un día cualquiera,
o cuando ya no hay quien nos defienda.
Zafiros de aceite es cuanto queda
en la plaza de parking.

16.1
Algún sabio oriental habrá dicho:
no te engañes, amigo,
el tiempo es la eterna
transformación de una
misma sombra chinesca,
y el muro eres tú. De cuanto pediste
al fin nada queda y nada entiendes.
Pero Heráclito, otro sabio,
también dijo: *no sería mejor para*
los hombres si ocurriera lo que desean.

17
En la totalidad de los casos humanos
aquejados por la enfermedad de las vacas locas,
se ha observado que las horas
inmediatamente anteriores al exitus van acompañadas
de una persistente erección
y fuertes carcajadas.

Una vez inventado el 1
no tardamos en pronunciar el 2, el 3..., y llegó la barrera
del infinito [que viene a ser la del sonido].
Hubo entonces que empezar hacia atrás, −1, −2, −3...
hasta la barrera del menos infinito
[que viene a ser la del silencio].

Cómo olvidar aquella mañana,
si los alemanes vestían de gris
y tú de azul, decía Bogart en Casablanca.

Perseguir algo equivale
a fundar su contrario.
    Lo dijo Eckhart, *ruego a Dios*
    que me vacíe de Dios

[peor fue cuando le dije:
no imagino nada más bello,
señalando la luna llena,
y ella murmuró: *de Bayer*],

Se pisan minutos y cada uno
es una trampa.
¿De la felicidad?
¿De la desdicha?
Intercambiables palabras
como el bien y el mal en los sueños.

18
Se va y repite las palabras de Bernhard,
me preparo para mí mismo, todo esto
no es más que una preparación
para mí mismo, a los 80 días regresa la nave
al punto del que partió,

ese punto es y no es la muerte; es el punto
del artista [definición]: muerto resucitando o vivo
que ya nos ha dejado
[método]: investigación por adherencia
[objetivo]: agredir la materia con huellas
[amor, carácter, desengaño]
que no existen

        como en Polaroids,
            irrepetibles y con más campo del previsto,
        veo desfilar por tus ojos
        a todos tus anteriores amantes cuando hacemos el
            amor,
        especialmente si los cierras

después,
se vuelve plano el mar y al final

la caída.
Mueres una vez.
Sólo.
Regresas una vez.
Solo.

19
el que en esa gran línea que viene a ser cualquier texto
no ve un vector del tipo, *no te olvides de la compra*,
que avanza en el tiempo

ni el vector que retrocede
mengano de tal (1930-2001), descanse en paz,

en algún lugar entre la pantalla desnuda
y el ronroneo del disco duro,
la fotografía de aquel desierto
[tú, apoyada en el coche al fondo de la carretera, los shorts,
       la sonrisa, etc.]
aún por revelar

escribo,
sólo desierto se revela.

En la frase que
con pulsar Supr. desaparece,
tenían su equivalente el coche, los shorts, la carretera.
Tú en mí, que ya he desaparecido.

19.1
Tengo sueños de cemento,
quiero decir, sueño con cemento.
Mineral de cerebro.
Mineral de silencio.

Hubo otro *big bang*
antes del *big bang*.
Me recuerdo en su luz
que no entra.

20
A veces en la nostalgia comienza
a haber suficientes razones para lanzar un grito
más atrás de la nostalgia

de la manera en que una antipartícula
remonta lo cursi, de la manera
en que una ecuación olvida
al disco duro que la soluciona.

20.1
Cada mañana el mismo verso repetido,
composición porcentual o por 100 g
en la caja de Kellog's.
De un tiempo a esta parte existe la manía
de escribir lo prosaico en columna.
Lo dijo Parménides: *todo está
lleno de Ente,* y también:
el Ente está penetrado en el Ente.

20.1.1
El poema:
instrumento de precisión
al servicio del vacío.

21
El tiempo pasa y nos transparenta,
llega sin memoria, se consume
en el centro de su instante

lo opuesto a la belleza no es lo feo
      [que a su manera es sublime]
sino la exacta forma que adquiere el tiempo
cuando cuaja
      en tu último instante

y delante el mar le pasa
un pincel a la orilla
con una vocación que sólo Rothko
y pocos más conocen.

A veces siendo niños perdemos
una moneda en la arena y de viejos
la encontramos en otra playa limpia y como nueva.
A veces la belleza espera sentada.

21.1
Yo atravesé Norteamérica, acumulé
todos los tópicos porque el alma requiere

del lastre de esos minerales,
hippy en el desierto,
antiabortista en Las Rocosas
liberal en Columbia
Bukowski en el Medio Oeste
judío en Central Park
beatnik en Frisco,
paleto en Dallas
buen hombre en Alabama
[y el hechizo de las máquinas tragaperras].

Pero muchas veces,
en el morado opalescente de las carreteras reasfaltadas
        [cuando la luz del mediodía
           las vuelve como mentira] vi
los cuadros de Rothko.

A menudo me pregunto
estas líneas, qué son. Pascal me contesta,
es bueno ver y no ver, ése es precisamente
el estado de la naturaleza.

22
Decir que la belleza se derrumba en el mismo zenit de su vuelo.

22.1
Decir que en la luz vertical del mediodía hubo hielo y se materializó el primer hombre. Decir que por eso al morir
<pre>   todos desprendemos
                    el mismo resplandor
                         acobardado.</pre>

Decir que a lo que más teme el alma no es a la noche, sino a la luz de la noche; su competencia.

Decir que somos geometría por el cruce de dos líneas: la vertical del cuerpo con el horizonte.

Decir que siempre hay un momento en el que te derramas de tu límite
    [el sonido te hechiza].

Decir que la primera casa no fue la cueva. Se consume el día y
<pre>   con él
                    la adherencia entre</pre>

                              la luz y la sombra
                              hasta alcanzar en tu
                                    piel
                              su última frontera.
                              La luz ya está en ti.

Decir que para los sufíes el alma es blanca y no es
posible hallar el prisma que la descomponga en
colores. Decir entonces
      que la forma del alma es
        la del cupular arco iris.

Decir que cada paso fue una lazada para un nudo final cuyo nombre es mejor dar por sabido.

Decir que la memoria es el jardín de una posesión donde sólo habrá instante, materia, ganado bovino, contingencia.

Decir que el viento, como la vida, viene de no se sabe, nos transparenta, y sigue hacia un lugar aún más desconocido.

Para qué si ya lo dijo Rilke en un solo
verso,
lo bello no es más que el comienzo
de lo terrible.
Escribir,
amar,
alucinógenos.
Ilusorias refutaciones.

23
La vida y tú,
un débil pacto entre la cifra
y el número que la habita
        [*número*: ente real o complejo
        que es solución de una ecuación
        de coeficientes enteros].
La vida y tú,
un pacto entre mancos.
Vas dejando atrás la silueta
para indagarte en la carne,
para no perderla. Comienza
la luz a deshojarse hasta aparecer
una sombra
        [deduzco]
su esqueleto.

23.1
Chatwin lo contó, *había peleado*
y había perdido. Ahora él también
era un vagabundo estéril.
Y quién no pierde y vaga, me digo
si recuerdo mi epitafio,

lo que más amé, la certeza;
lo que más odié, el camino
que me condujo a ella.
En el mismo orden de las cosas se halla
el nómada que las destruirá.

24
La paradoja de la belleza es bien conocida.
Se clava y dura un instante
que justifica la eternidad, luego

somos nosotros quienes pasamos
y ella se queda desplegándose en la superficie
como la crecida de un río gana la ciudad y tus tobillos

sumergidos en una calle de Nápoles aquel principio de
    marzo te recuerdo Amanda la calle mojada.

24.1
Aprendimos a manipular las ondas de radio
y rompimos definitivamente
con el cable de Ariadna que nos amordazaba.
Leo ahora en *El País* que están abriendo
las calles a fin de *cablearlas*.
Constantemente se paralizan las obras,
... se han hallado restos de un ágora griega...
... el cráneo del mono que fuimos...,
... un alcantarillado romano..., y parece
que también todo regresa cuando cableas

mi pelo cada mañana con tus jóvenes dedos
de modelo retirada

    [coincidencias interesantes aquel día]
1) en el mismo periódico, *la condición de modelo es*
la más cercana a la de los ángeles. Una mujer
capaz de llegar al extremo de la pasarela
—que es como un viaje al más allá— y regresar
sin haber perdido la inocencia ni la sonrisa,
sólo debería casarse con un ser
de características similares a las suyas:
pongamos un poeta místico

2) ya de noche, hojeando Dicc. Akal de Física,
Modelo: representación ideal
de objetos o procesos no directamente accesibles
por pertenecer al mundo de lo infinitamente pequeño o
de lo infinitamente grande.

25

[a][Teorema]: De la misma manera que resulta estéril
añadir belleza a lo que ya es bello, lo mismo ocurre
si añades fealdad a lo que de por sí es feo.

Por eso yo no practico el sexo anal.
Porque con la fealdad que le es propia al coito quiero
violentar los rincones [todos] bellos de tu cuerpo
para hacerlos aún más bellos,

    las ecuaciones que describen el fenómeno
    quedan como sigue,
    feo+feo = $\emptyset$ ⟶ [incesto]
    bello+bello = $\emptyset$ ⟶ [incesto]
    feo+bello = ∞ ⟶ [propagación de lo bello],

en el fondo no es más
que un atávico ejercicio de mestizaje;
un dominio de lo antisimétrico.

[b][Teorema]: Lo dice Baudrillard *las cosas han
encontrado un medio de escapar a la dialéctica
que las aburría: consiste
en proliferar al infinito. El universo*

no es dialéctico; está
condenado a los extremos, al no equilibrio: Buscaremos
lo más feo que lo feo: lo monstruoso,
y lo sublime: lo más bello que lo bello,
por eso yo sí practico el sexo anal,
porque no hay luz que no busque
más luz en la que saturarse

    las ecuaciones que describen este fenómeno
    quedan como sigue,
    feo+feo = ∞ ⟶ [lo más feo que lo feo]
    bello+bello = ∞ ⟶ [lo más bello que lo bello]
    feo+bello = $\emptyset$ ⟶ [la dialéctica que nos aburre]

en el fondo no es más que un posmoderno
ejercicio de redundancias, un dominio
de lo simétrico.

26
Existe un lenguaje para la vida
y otro para la muerte. Discurren
paralelos y nosotros
discurrimos entre ellos.
Un día
[si de tiempo puede hablarse],
algo los obliga a cruzarse.
STOP.
Chispa del cortocircuito, tú,
vida y muerte colgando
de un mismo anzuelo.
    [NOTA]: La señal STOP
    debería escribirse
    ... Y STOP,
    antes de verla
    siempre vamos pensando algo.

26.1
La carretera que tuve que andar solo; en esa neutralidad erigió
su metáfora mineral

la que pensé dos veces por temor al paraíso que la coronaba;
así lo perdí

por la que me lancé a buscar hasta caer la guillotina del horizonte;

por la que, malherida, me persigue la luz dejando un goteo intermitente de líneas blancas;

la que arrancó en la comisura de unos labios para despeñarse en la otra,

falsa o real vivimos la vida,
y al final ver
... Y STOP.
Querrás continuar,
que alguien escriba
STOP Y...,
oír las palabras
de Laurie Anderson,
has estado en esta carretera antes,
puedes leer las señales,
puedes encontrar tu camino.

27

                                              [Lawrence cabalga tres días y tres noches a través del desierto antes de detenerse y ver crecer sobre el horizonte el punto que será el jinete. La escena dura 10 minutos; plano fijo]

el futuro son reflejos
de lo ya ocurrido
     [por eso al nacer no vemos nada,
       y en el penúltimo instante la vida]
pero alcanzarlo es penetrar
en una materia que no está hecha de lo que fuimos,
porque en ese momento lo olvidamos.

La ginebra olvida que fue y será agua.
El agua mineral olvida que fue y será piedra.
El beso olvida que fue y será idea.

27.1
Ha sido difícil decir adiós
desde el jardín esta noche,
verte virgen a mi estilo,

luces de ciudad elevada en edificios,
eléctrica cama de fakir,

la metálica voz de la azafata
life jacket so far from your seat.

28
La casa convierte en 3 las 4 [infinitas] dimensiones de los sueños.
Las 3 de la casa las reduce a 2 el papel.
La escritura contrae ese papel a un hilo de tinta de dimensión
    única.
La metáfora concentra lo escrito en un punto sin dimensión
    y se propaga infinita sobre lo escrito:
regresas a aquellas dependencias del sueño. Por la noche
llegas a casa, encajas
la llave en la cerradura. Se pone en marcha
un mecanismo sólo a ti reservado.

28.1
Borges, en su *Informe de Brodie,*
describe el significado del número 4 para una tribu
remota y real como los sueños, este número
es el mayor que abarca su aritmética.
Cuentan con los dedos «uno,
dos, tres, cuatro, muchos»;
el infinito empieza en el pulgar.

Yo sé que incluso
la cosa más abstracta

concebida por el hombre
    [pongamos los números o los sueños [al cabo,
        lo mismo]]
está condenada a la muerte
porque su creador
también es mortal,
y sin embargo
parece que el ramo de flores empuñado
por esa mujer que espera de pie en la terminal
la llegada de su hombre
        [director adjunto, pongamos]
no podría destruirlo nadie.

También yo esperaba y me dije,
y tú qué traes.

29
[vacuo ejercicio de estilo]: te engañas si piensas
que todo llegó inesperadamente,
con una carta indeseada, con una llamada
que no habrías contestado de no haber llevado el móvil,
con el encuentro a las tantas en un bar,
con la cita a la que no acudiste
y hoy acudirías.

Te engañas, viajero.
La soledad es un hábito adquirido.

Pero cada una de esas pistas falsas
detenta un trozo del secreto que te impide
distinguir estos días que, idénticos,
dibujan en el aire el gesto torpe y aburrido
de ese gigante hipertrofiado al que llamas
             [te engañas viajero]
viajero.

30
Juan Luis, fumando, encuadre corto, fenotipo Jack Nicholson
en penumbra, sillón de orejeras ... *luego, suelo viajar
con este cuchillo automático que me ha salvado el pellejo
en dos ocasiones, lo compré en París...,*

Leopoldo, fumando, buscando la cámara
con esa expresión de monstruo desvalido,
*el psicoanálisis aplicado a mi familia me enseña
que mi hermano Michi es un esquizofrénico.
La esquizofrenia es una cosa preciosa.
El otro es un paranoico, y la paranoia
es bastante desagradable.*

Michi, fumando, plano general,
sentado en un banco que parece condenar
de inmediato al acusado,
*me temo que no vamos a tener descendencia,
me interesa destacar esto porque somos
un fin de raza nada wagneriano,
somos un fin de raza astorgano,
muy erosionado por el tiempo,
y tampoco es nuestra culpa,
llevamos tantos hectolitros de alcohol en la sangre,*

—tanto por parte de padre como de madre—,
que ha llegado un momento en que,
por lo visto, no damos más de sí...

La viuda, Felicidad, robotizada contra
el vidrio de la puerta, fumando, *de aquel otoño*
recuerdo dos poemas que siempre que los leo me lo recuerdan.
La Sonrisa Dormida, y otro que empieza...
                    [un gesto de mano a la cámara],
quizá lo he olvidado.

30.1
Los Panero son los Dalton
en un western que no existe.

30.1.1
Bienaventurados quienes cultivan
en las grietas sin fondo de los mapas.
Cuando toque rendir cuentas
no podrán ser llamados.

31
Por empezar con un clásico de Auserón,
un día más me quedaré sentado aquí,
en la penumbra de un jardín tan extraño,
barremos autopistas sabiendo exactamente
quiénes somos si algo nos hace sufrir, y sin saber
quién vivió la felicidad que el azar nos tenía asignada,
parpadeamos y batimos ante un mismo relámpago
con la esperanza de que una voz nos diga
te espero, guarda para mí los kilómetros
que vienes quemando,
y al instante el trueno nos recuerda que al fin somos
no más que una tumoración florecida en la luz, un cuerpo
que llegó, creyó soñar y dejó aún menos que los animales,
quienes al menos dejan
conductas repetidas.

El tiempo
empieza después.

Heráclito dijo: *el cosmos más bello*
es basura esparcida al azar, lo que no dijo
es que esa sola frase pone en marcha
la duda de toda una vida: *Dios no tiene unidad.*

¿Cómo la tendré yo?, atormentó a Pessoa.
Nunca sabremos si vivimos tapando vacíos o
vaciando quimeras, ni si aún seguimos siendo
el niño que agarrando una muñeca
ríe junto a su hermana en la fotografía,
ni si el silencio abisal de las fotografías
es la prueba más fiable de que la muerte quedó atrás
        [siendo así, ¿qué nos espera?].
Una certeza: los versos son la forma
más amable del desamor aunque dilaten
el dolor de la herida, *y ahora*
a seguir adelante
        [gracias Andrés por la frase]
con farmacia y con aguante.

Perder un amor equivale
a perder todos para siempre.

Lyotard vino a decir: *se pisa humo,*
y la hoguera está en tu cabeza,
lo que no dijo es que eso ya todos lo sabíamos,
que desde Altamira el hombre no ha cesado
de inventar cosas inútiles, palabras como *amor,*
compañía, felicidad; incluso *vida.*
Lo dijo Woody, pero de otra manera,
la vida es como un campo de concentración.
Hagas lo que hagas no puedes salir de él sin morir.

Por eso necesitamos pensar que donde
termina el asfalto empieza la divinidad que no vemos,
estrecha es el alma, confesó San Agustín,
para contenerse a sí misma, y a pesar de todo

nos empeñamos en ser automóviles que
sin piloto ni luces se cruzan en la noche,
hacia su propia luz cada cual teledirigido,
hacia su propia sombra cada cual teleperdido.
Nos queda aún la última gasolinera,
el último desayuno en el shopping center,
un último vistazo al mapa de carreteras
cada vez más blanco y negro. Otro latido
menos amargo en los ojos azules de la cajera
antes del que será el último control de alcoholemia,
te dices,
nos queda.

Por terminar con el mismo clásico,
soy metálico en el Jardín Botánico.

32
un día comienzan a dejar silencios
cuando les hablas, renuncian
los padres a la tribu, no vuelves a ser niño.

Escribir
        tumoración en el Silencio,
           órgano latiente de la Nada.
Leer, interpretar,
        derivaciones metastásicas.

De todo esto quedará la estatua de luz
erigida a la palabra de luz que cae del cielo y te deja clavado
a la mañana la última mañana,

el amanecer nevado en el circuito de Monza

la molécula [tú] de óxido en el monóxido de carbono

el trozo de agua corriente
        inmóvil porque su paisaje fue más agua,
quedará
la función Delta de Dirac

$$\delta(x) = \begin{cases} \infty \text{ si } x=0 \\ 0 \text{ si } x \neq 0 \end{cases}$$

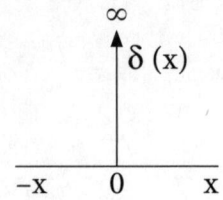

como autorretrato,

$$\delta(yo) = \begin{cases} \infty \text{ si } (yo)=0 \\ 0 \text{ si } (yo) \neq 0 \end{cases}$$

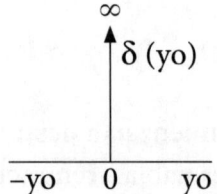

por qué la nada y no algo

33
Cuando en domingo amanece y quiere llover
    [las agujas de la catedral y revueltos los pájaros]
y sales con el abrigo Miss Sixty 3/4,
luz de cruce CHANEL N.º 19, la camiseta con
La Mode (82-84) estampada, peinado Replicante
a por la prensa y el pan y eliges
un nuevo itinerario, piensas:
    1) la vulnerabilidad de un organismo es directamente proporcional a su complejidad
    2) *las fiestas se dan sobre todo para aquellos a los que no se invita* [Étienne de Beaumont]
    3) desde el 11-09-2001 la Tierra es un poco más chatarra
    4) decir autorretrato es una redundancia: todo retrato es auto

aunque todos conduzcan a lo mismo, cada camino
es la trampa que nos tiende lo inalcanzable mientras
el futuro
    [revueltos los pájaros]
duerme.

34
551967'pastilla amor crepúsculo minipimer bala aliento soledad viaje destino proyecto hotel camino digital cigarrillo humo reloj menú memoria videojuego fotografía retablo museo lluvia coro alcantarilla chaqueta sampler factura cábala gimnasio biblioteca manifiesto cohete canesú ciprés automóvil hospital yo tu él Delta de Dirac Monte de Tindaya vosotros ellos móviles muñecas parking habitaciones vacías
¿Nacer? Una fecha, una cifra.
¿Vivir? Sus decimales.

    Sólo un consejo:
    come arroz blanco,
    deja dicho que antes de morir por fin te despierten,
    lee si puedes a Jay Gould
                    [paleontólogo]
    pasamos una sola vez
    por este mundo.
    Pocas tragedias pueden ser
    más vastas que la atrofia de la vida
      [*La Falsa Medida del Hombre* (1981)]
    pocas injusticias más profundas que la de negar
    una oportunidad de competir, y Buster Keaton
    dando traspiés

no hacia el precipicio,
>   que por lo menos guarda el prestigio
>   de lo sublime,
sino hacia la nada,
donde hay mucho espacio, Thomas Mann lo dijo,
hay mucho tiempo, observa el arco
de medio punto en la anfetamina en vez de
comerla,
es propio del bien atravesar los siglos
sin rozamiento. Como quien
se alimentase ya sólo de agua.
Como quien gastara
prêt à porter de aire.

¿Y que cifra es la muerte?, dices.
Donde comienza el periodo.

35
La soledad está ya en la máscara
　　　　que es la esencia,
en la materia,
en los *fermiones*
　　　[*Fermión:* partícula material
　　　sujeta al Principio de Exclusión de Pauli,
　　　según el cual no puede haber más
　　　de una de estas partículas compartiendo
　　　un mismo estado. A este fenómeno
　　　se le denomina Soledad Fermiónica]
que nos constituyen.
Hace años que voy concibiendo un proyecto semigenial. Cinco veces al día regreso al teclado. Mi madre cinco veces al supermercado. Por la noche encendemos la luz y somos un Hopper.

36
Hay en las cosas una tendencia al silencio,
se manifiesta sobre todo cuando crece
el ruido en torno a ellas, ejemplo:
composición típica de un *Light Refresco*,
valor energético ....0,0 Kcal
proteínas ....0,0 g
hidratos de carbono ....0,0 g
grasas...0,0 g, me valgo de este ejemplo
para [de paso] demostrar
        que hay cosas que, existiendo, no existen.
        Quizá la menos borrosa
        esencia de lo sagrado.
        [Mientras en los muelles numeran
        la marea en decimales]

36.1
A la feria del brazo y dos escopetas [ni imaginamos que el experimento se llamaría al fin Toma de Datos]. Ninguno perforó la cinta azul ni la verde de la muñeca, pero la dispersión de los balines en la pared del fondo te sugirió la silueta Vivienda Unifamiliar con la que sacaste *cum laude* en el proyecto fin de carrera.

Lo celebramos. Balines blancos. Esta vez hicieron blanco.
Recordé que cuando en mis inicios investigaba en Gravedad Cuántica firmaba los trabajos con seudónimo. Hice mi tesis sobre ese autor y también saqué *cum laude*.
Porque está en la obsesión del falsificador intentar repetirla,
lo más seguro es usar cada vez
una firma distinta: tránsito
de modas, amores, pasiones por tu vida.
O esa forma que tenemos de huir de Dios,
de la búsqueda que en nosotros emprendió
de su imagen y semejanza.

37
4x4x4, cubo de hormigón en la cresta de la Tierra
    [al borde de un acantilado, quiero decir]
con una estrecha franja
a la altura de los ojos.
Da de comer al canario
        [juguete completo,
        juguete Comansi],
desplaza la silla allí donde la sombra barre el escenario.

El mundo rueda y el cubo con él.
Nada se aparta del camino trazado por esa estela
que proporciona buenos asideros y llamamos
monotonía. El precio que se paga
es ir segando días secos como *sexo.com*

Te lo dije, *el corazón sin línea de horizonte*
viene a ser un nido de ametralladoras.

Lo más extraño fue aquel invierno
en que cada noche el mar se abría.
Lo menos, cuando para olvidar el mío
olvidé todos los nombres.

Que encuentres al fin, buscador de metales
en arenas movedizas de amores de noche,
tu noche de bodas *perpetuum mobile*.
O por lo menos la bengala que al náufrago ciega
y simultáneamente salva.

37.1
De ningún intento de suicidio
se regresa vivo. La metáfora
hace su trabajo.

38
el aristócrata ocioso que pasea por la casa y mira termómetros
el adolescente que apaga el videojuego y le ejecuta *Game Over* a su familia con una katana
el deficiente a quien le asignan la tarea de comprobar diariamente la exactitud del reloj que nunca falla
el skin que terminará frecuentando la sección Automóvil de Pryca sin punkis a los que dar palizas
el punki que terminará sus días en chándal y peinando hijos
los fantasmas que vagan por las casas tras un fin de saga
el magrebí cuyo futuro ya se ha filmado en *Cowboy de medianoche*
los poetas que discuten si el clon es la reencarnación de Narciso
los intelectuales que discuten si es su maldición que regresa
los nacidos ahora y, aseguran, vivirán más de cien años
las manos de la modelo decolorándose en la valla publicitaria
el fanático que aleja su casa de los cables de alta tensión y después se infla a Tigretones
la solterona que cambiaría ahora todos los *noes* por el *sí* de un borracho
el ingenuo que lo más sólido que se trajo de la India fue su adicción al caballo
el marxista que mató a Dios con la misma ansia con que ahora hojea *Marie Claire*
el aprendiz de poeta que escribe versos a la dependienta de Chanel y otra abre las cartas

la madre que ama más a sus hijos que a sus propios hijos porque la maternidad es una idea
el voluntario de ONG que reparte medicinas como las misiones repartían hostias
las Rebeccas de clase media que un día se vuelven locas
las Pacas de barrio que aguardan el momento de usurparle el puesto de Rebecca
el proletario que invierte en bolsa
el broker que cuando ama continúa siendo broker.

Se vive con la débil intuición
                de lo que podría haber sido la vida.

39
Hay cierto glamour en las centrales nucleares,
corbatas pasadas de moda, interminables
esquemas eléctricos en soporte papel,
Macintosh en blanco y negro,

y en el mapa casi plegado
    [carretera aún caliente]
naturaleza que se recorta cuando doblas
la ropa y la dejas en el galán de noche;
reaccionan en cadena ambos cuerpos.

40
No dejo dicho ritual
para mi muerte, que me lleve la doctrina
que más alto puje,
fondo y forma en ti fundidos, colchón
de muelles con ya sólo muelles,
agua y estructura en un latido, lo vi
en un contenedor y disparé la foto

que ganó tantos premios, te voy a buscar al trabajo, inútiles a la realidad [como debe ser] hervimos el brócoli y abrimos el tinto, YO: *yo siempre blanco, como Benet, como Joyce.* TÚ: *yo siempre tinto, como yo.* Por lo que pueda pasar nos besamos ahora. Me río de ti diciendo matar *indies* en Benicassim, tú de mí contestando amar expunkies de escaparate. Llegamos a un acuerdo,
la piel que se parece
más a la humana es
la de la naranja.

40.1
dejo nuestra desaparición al pillaje
de cualquier rito,
Sunday Morning, mi Nico particular,

como en «Miami Vice» al amanecer me abrazabas
y abrazada te dormías,
me acordé de aquellos teléfonos
que con dos vasos de yogur hacíamos en el colegio.
Actor de película mala,
te dije al despedirme, *nunca olvides*
>   *que lo más importante*
>   *es el amor. Lo único*
>   *que nos hunde o salva*
>   [enigma: las películas malas
>   no son malas porque sean malas].

Había un exceso
de belleza en todo aquello de la manera
que lo hay en la luz
[que ni lo ves ni no lo ves].
Y de ti, Máquina de Soñar[me]

40.1.1
He concebido
una receta semigenial.
Ingredientes,
- 1 globo de cumpleaños
    al máximo de su capacidad.
- 1 planeta sin aire.

41
A veces en la noche cuaja el alba,
en el alba a veces
se atomiza la noche.

Compongo un CD que en digital te fragmente,
un texto inoperante que de tu Centro de Masas
desprenda el olvido. Es mi piel tan suave,
dices,
que besas aire, en ese punto atractor
se activó la tormenta
    [me pregunto qué hombre mal configurado pica el carbón
    que traen los Reyes Magos].

Musa indiscutible, al fin entiendes
que no necesitamos quien nos admire
sino quien nos ame. En la acera detenida
una chica busca en cada coche que pasa
una cara conocida
    [conozco cada átomo [Cuétara Surtido] del cristal de tu
        ventana]
se monta al fin en un Belén que pasa;
no hay cuerpo que no busque
la estrella de su renacimiento. Abre en dos la anfetamina

en vez de comerla, a que nunca habías visto
dónde descansan en su caja de pino las sirenas.
De las carreteras cortadas nada sabemos
salvo que a veces se encuentran en la espuma de la risa;
el tedio puede ser, Leopardi lo dijo,
mucho más intenso que el dolor.
Hay algo peor que huir hacia atrás.
Hay algo peor que huir hacia delante.
El que huye hacia adentro, hacia la química
de lo que ya ha sido
    [me llegaron dos cartas de amor]
hacia la fotocopia, única aventura
ya posible.

42
Hay en todo paseo un enigma
que lo supera: cada trozo de acera contiene
      [escoge tú *cm*, *μ*, Å, la dimensión que prefieras]
cuanto podemos conocer de nosotros y del Universo [que es lo
      mismo]
de lo que fue y lo que será [que salvo décimas también es lo
      mismo]
Extravagante a medio metro.

Regreso a casa
y pienso que me gustan mucho
algunas frases hechas, por ejemplo
[ella duerme en la sala,
él en el dormitorio, 4 pm, agosto],
uno dice: *qué me quieres, amor*.

Es un hecho científicamente probado
que se muere antes por no dormir que
por no comer. Es un hecho
científicamente derivado que lo que no podemos es
      [*qué me quieres, amor*]
vivir sin sueños.

43
Las escaleras me conducían de la catedral al paseo marítimo. 7 pm. Llovizna. En los restaurantes el batir de las tortillas. Cenan los extranjeros. Los peninsulares captan con gula de sueño insatisfecho las últimas luces en la videocámara. Escaleras, suelo, catedral, cielo, luz, mar, el mismo color de piel curtida en aquel par de chaquetas que compramos por cuatro duros a las 7 pm otro día que llovía en otra era,
imagina el turista
cuando regresa y se juntan
en torno a nueces y cervezas
y ve en el vídeo a un tipo que cruza
con aspecto de aparecido. De cuantas mujeres amé sólo amé a las que pasaron alguna Navidad conmigo.

44
En el desierto
        [por no haber ni hay eco]
sólo existe un objeto,
lo que se pisa y tú sois la misma cosa,
por eso nunca se llega al final de la arena,
y quien llega sale otro.

Kafka lo dijo, a *partir de cierto punto*
no hay retorno posible; ése es
el punto al que hay que llegar,

vienes a mis sueños,
desierto que cruzo cada noche.
Cada noche no regreso.

44.1
Física repetida
la luz.
Tu cuerpo la traviesa y la hace química.
Inútil química.

Química de mariposa, que existe
para la belleza, para nada, para desaparecer
en luz de beso si la alcanza.
Como desaparece el agua
dentro del agua, y no regresa.

Anochece.
El sol,
retráctil garra, esconde la luz
en el mismo recipiente
donde descansan tus pupilas.

45
El hipermétrope forma las imágenes
más atrás de la retina. Por eso
se le mezclan y solapan [como al poeta]
zonas cotidianas de frontera
en las que la realidad [si tal cosa existe]
pone en marcha cierta violencia que llamaremos
[para entendernos]
Armonía.

Pero un hipermétrope y simultáneamente poeta
no resulta doblemente hipermétrope o
doblemente poeta. Esta Armonía no es sumable,
tiene truco,
demostración en negativo: [prueba a sumar peras y
manzanas]
demostración en positivo: [tu cuerpo y el mío no se
suman; son uno]
ella sola lo ocupa todo
*[en la guardia del 31.12.01,
8 pm, entre una metástasis ósea
y un carcinoma de mama]*,

45.1

el patio de mi casa no es particular 01.01.2002, me he levantado muy temprano, he puesto algún mail, como hoy cada año, y *Sunday Morning* [mi Nico particular], el café, el panetone, como hoy cada año, bufanda, guantes, abrigo, y el Alfa descapotado con Goldberg Variations, como hoy cada año, hasta la orilla del mar desde la que veo otra isla, aquí ni un alma [nada hay más solitario y salvaje que el Mediterráneo], y el silencio químico de la espuma, de las rocas, silencio químico, como hoy cada año, el más químico, el que como el amor deja resaca pero no desaparece, y como hoy cada año soy contemporáneo de otros silencios que ya fui [afortunadamente aquí no hay gen que valga], y tú [querido, me dice el buzón de voz]: mi novedad, mi Nico particular, estás muy lejos, chemical hangover, seguro, y yo, de vuelta de todo, de aquel Quimicefa, química de Reyes Magos, inocuas moléculas, aunque estés lejos y yo de vuelta de todo menos de ti, mi *Sunday Morning*, mi Nico particular, *cuando llueve se moja como las demás.*

46
Éramos muy racionales.
Un juego como otro cualquiera.
O miedo a la palabra.
No sé,

en vez de decir *te quiero* decíamos x,
o x^2, x^3, x^4..., según la intensidad del momento
que precede al beso,

x^n lo reservábamos para,
en el orgasmo,
susurrar *te quiero infinito, un montón* [o algo así]

Un día se te escapó $\sqrt{x}$
Y fue lo mejor. Éramos 2.

> «... $\sqrt{2}$, Número Irracional que no posee un valor finito. Otro ejemplo de Número Irracional es π...» [de *Manual Didáctico Escolar*, Ed. Fonollosa, Chile, 1918]

47
De similar naturaleza, al salir del baño dejaste
el anillo de brillantes y las lentillas
sobre la mesa desierta
Quedaban atrás dos horizontes
de tu cuerpo [el vivo y el muerto].
Se adensó. Pusimos un CD
de Belle & Sebastian

hasta que amanece para seguir
aplastados entre dos excesos, el pasado
y el futuro, la noche y el cuerpo
que duerme al lado. Pero vivir, me dices,
ya de por sí es un exceso.

Se tuercen paralelos en el fin los sueños,
hacia dos objetos imposibles
sobre una mesa desierta.

47.1
Lo normal es que primero
te echen del espacio. Una vez exiliado,
ya tú mismo te expulsas del tiempo.

           Lo raro es lo contrario.
Se busca una mujer
que esté mal configurada.
Pedigrí de solitario.

48
En tu ombligo, la mirilla comunica mi ojo con tu callejero, n metros, intestino delgado, intestino grueso, camino proyectando como proyecta la raíz en invierno, hay más puertas, más ojos, más mirillas, cada uno me hace su propuesta y teoriza acerca de lo que entiende por cuerpo compartido, me sales cada noche con una nueva, y se consuma el laberinto en el apéndice sin salida

[pero hay que continuar, me dices,
pese a todo hay que continuar],

alguien, quizá un turista ávido de anestesia y souvenirs, arrastra el índice sobre el mapa en busca del mejor itinerario y me empuja, 150 CV, juntos en el coche hacia donde el sol foguea el horizonte, *Nuclear Sí* de Aviador Dro en el casete, comes ciruelas verdes, me ofreces agua de Vichy, te digo que sí, y doy un trago apresurado por no decirte que pronto aparecerá un camión de frente y habrá que dar un volantazo, por no decirte que al final del intestino, como era de esperar, mierda y muerte empiezan por *m*. *También mitocondria*, me dices. Y entonces algo inexplicable pero absolutamente concreto nos salva.

49
Todos soñamos
con alguna parte, y el tiempo
sólo es cuestión de tiempo: tarde o temprano lo alcanzas,
pero el espacio está lleno de obstáculos
del todo infranqueables.
La ecuación se da
donde ambos se juntan. Su equivalencia
más exacta aquí en tierra fueron tus besos.

Lo que realmente me estoy preguntando es
si la especie humana aún existe, un invento
como cualquier otro para retrasar mi finitud,
horizonte artificial,
                      la muerte del punk.

49.1
Cuando estando en la cama te abrazo por detrás, llevas mi mano hacia la tuya de joven modelo retirada, y hasta que te quedas dormida la aprietas contra tu pecho, entran en juego toda una serie de cuestiones como el Origen de las Especies, la Teoría de Catástrofes aplicada a un sistema neurológico, el estado sólido del Na^{11}, las portadas de *Vogue* o el Producto Interior Bruto de Dinamarca, pero sobre todo

cómo la luz se va refractando
al penetrar en el agua,
violenta y silenciosa,
oblicua,
sin amargor ni memoria,
insípida aunque sabiendo.
Cuando toca fondo amanece.

50

020200, vuelo Palma-Ibiza 0497, y traduce el Hotel Montesol a materia lo que hasta entonces era tu sueño. Noche en la suite vestidos de fiesta. Penetrar tu cuerpo que es cristal pero no se rompe [nada hay más sólido que la luz]. Un desayuno en la mesa donde con gafas de pez y tostadas de cemento Le Corbusier sedujo a Coco Chanel. Tu perfil ensimismado en la calle a esta hora vacía, café al humo entre tus dedos de joven modelo en su punto retirada. Miras y sonríes. Nadie en la calle. Una fotografía. Ya no miras. Otra fotografía,
    descomposición espectral de una muestra típica
    de personas que frecuentan conciertos:
    el 50 % son futuros delincuentes,
    el otro 50 lo son ya
    sin saberlo.
    El 100 % no se entera de que el talento está
    en los decimales.
    El 0 % es eso, 0. [Definición] *Sonido complejo:*
todo sonido que no es simple, me miras de nuevo, otra fotografía, años sin viajar en 50 cc, años sin comer pizza en un bar de carretera, años que no llegaba sin miedo a un faro tan lejano [y me salva el franco contorno de tus ojos], años sin hojear revistas de quiosco. Ibiza Mix, Mix de verdad, pienso. [Un detalle. Descubrimos que cada palillo había sido colocado de nuevo en el palillero una vez usado. Somos unos genios],

y en el límite,
> cuando la forma tiende a infinito,

tus dedos.

51
Te veo detenida en el semáforo de peatones. Me escondo en el lavabo. Al fondo de la taza, un engrudo de papeles y la cadena sin tirar. Apunto al centro. Mana la forma de lo que tras la última gota resulta una rosa perfecta. Palidece y palpita el amarillo. Regreso; lejana efervesces. Se sintetiza el corazón en el muñeco del semáforo
sube/baja
sube/baja

y una última intención
stop/anda
stop/anda

51.1
Te propongo un proyecto
 [no es tanto el amor como su idea
 lo que nos hace felices]:
carga el espacio de nada,
ponle a esa nada un nombre
que recuerde a un viaje, que llame al movimiento,

sin jamás haberlo visto, Ingrid le escribió desde Norteamérica, *señor Roberto Rossellini, si necesita usted una actriz sueca que*

habla muy bien el inglés, que no ha olvidado su alemán, que chapurrea el francés, y que en italiano sólo conoce «ti amo», estoy dispuesta a acudir y hacer un film con usted, refresca, le he puesto la capota al coche, el hall del hotel estrangula el paso de los grupos organizados,
hubo rosas de verdad,
cinco días invitado en la Mansión Rosa,
martinis rebajados con agua, el escepticismo
que nos hace inteligentes.
Ahora el tiempo, especie de animal cuanto más malherido
más tiempo.

52
Entre dos contajes consecutivos de un contador Geiger
hay una fracción infinitesimal de tiempo
en la que al circuito no le es posible contar nada. A esa
pequeña desaparición de realidad se le llama
Tiempo Muerto [τ]. Así viene descrito en cualquier texto
de física atómica este fenómeno
fascinado toda la noche en tus ojos
porque al terminar no ha mermado ni aumentado
mi conocimiento acerca del mundo
bendita seas
otoño en el que el verano cae
de nuevo a mi cielo, mi *wild puppet I love you so*
muñeca de cera o de algodón

meditativa
y simultáneamente instantánea, tu ruido es blanco,
en qué estado de la materia te consumes.
Luz y sombra saturas.

También nosotros *somos custodios*
de un metal pesado, lujosas gotas
de mercurio amante,
amantes en Tiempo Muerto.

Bendito sea el reloj que desaparece [τ]
[para dos nuevos estados
de la materia]

53
Los hay que creen saber
que el porvenir del universo sólo podrá ser una repetición
de sí mismo,
según la idea de que el tiempo no es más
que una ilusión, dice Prigogine en *El nacimiento del tiempo,*
5 pm, quedamos los tres
en la plaza en construcción un domingo
de aquellos dilettantes [francamente, estabas preciosa],
vallas amarillas la cuadriculaban,
no podían con tu cuerpo, idéntico al recuerdo
que conservaba.
Fuiste un haz que [a mi pesar] duró 1 nanosegundo
[por poner una cifra impensable
para el común humano], pero me hiciste olvidar
la aparente eternidad que vaciaron otras.

Infinito, el tiempo para ti aún no existe
[deduzco por cómo cierras los párpados, cómo inclinas las tazas,
esos zapatos afilados],
decapitas una rosa y, piensas, *saldrá otra,*

desconoces aún
la única verdad:

no somos polvo que cuaja y funda un destino
antes de volver al polvo,
sino paréntesis fantasma entre carne
que nunca dejó de ser carne,
un *flash* sin *flashback*,
una apariencia,
un *salto cuántico*.

53.1
No dormíamos por miedo
a dejar de vernos, detrás de la colina
parece estar amaneciendo.
En *Rebecca* era fuego.

54
Afila la nariz en el fiel del horizonte,
el arco de los ojos toca suelo,
la musa está triste,

para saberlo hace falta haber estado en tu cuerpo,
nuevo estado [6.º] de la materia, mercurio modelado,
única estrella cuya luz
nos llega antes de muerta, lo dijo Haldane,
el Universo no sólo es más extraño
de lo que suponemos; es más extraño
de lo que podemos llegar a suponer, la musa está triste,
hemos intercambiado
últimas palabras,
ningún objeto, *había una vez*
         [tara, tatara, tata],
un circo que alegraba siempre
el corazón, TVE, 1976.

54.1
[hablemos ahora del cuerpo]
la muerte no cobra especial relevancia en los lugares donde
fondo y forma coinciden, desierto, mineral, océano,

césped perpetuo,
        nada por traspasar,

me gusta decir su nombre y callarme
para verle soltar el BIC mientras levanta la cabeza y oír
dime
[silencio] [punto de silencio]
dime
[silencio]^2 [superficie de silencio]
dime
[silencio]^3 [cubo de silencio]
dime
[silencio]^4 [hipercubo de silencio]
    .   .
  .   .
.   .

Impedimentos Sueltos: ramas, hojas sueltas o
cualquier elemento de la naturaleza
que no esté en crecimiento. Pueden ser retirados
sin penalización [*Manual de golf*, Vivien Saunders].

55
Hay una aparente paradoja en todo esto:
el agua es transparente pero oscurece la ropa,
hacemos cola en el *fast-food*
[graffiti-comida], nos gusta la Nocilla,
el café aguado, el aire
que revuelven tus dedos y no vuelve, la vista
de la calle a través del cristal manufacturado.
Nos gusta lo que, existiendo,
no existe,
comprar camisetas blancas y zapatos caros,
silbar *aquella canción de Roxy*
fue la señal, nos gusta, sobre todo,
pensar el cielo en la tierra,
saber que tenemos razón para que
nos traiga sin cuidado tenerla.
Nos gusta comprar discos repetidos
de Esplendor Geométrico, vivir
una manzana más abajo de la cabeza de Newton
            [llovió, y no quiero secarte el pelo,
            árbol de Navidad de agua]
nos inquieta la pregunta: por qué los aviones
toman tierra y no derrapan, por qué los libros
son más altos que anchos, por qué el amor

[solución de una ecuación irresoluble] finge
su existencia.
Sabemos que el firmamento es cavidad resonante
de mensajes que se perdieron, y de aquellos que nos llegan
el emisor ha muerto. Sabemos la contradicción
de *guerra humanitaria*, que gana
quien derrama más sangre y después escucha
[graffiti-concierto] a Bach en los escombros de un patio,
yo mismo a veces creo haber defraudado tanto
que me entregaría al cuerpo de cualquiera,
a lo que es pura ruina y carencia
y como el agua oscurece.
Me muero por piratear esta noche
los 50 gigabytes de tus pezones,
y qué más da Punk No Dead que Opus Dei Forever
si *te imaginas que al final el cielo fuera sólo un anuncio
de papel Albal* nos tatarea Sr. Chinarro
en la ranura de tu sexo. Hay una aparente paradoja
en todo esto: envasado al vacío nos vendemos tiempo.

56
una Constante [δ] Cosmológica, 2 juncos reflejados en los escaparates, te digo, abrigo de Ángel, se aniquilan a pares [$e^- + e^+ \rightarrow \gamma + \gamma$] el beso del píxel y el beso del sexo. Al final veremos [lo dicen los cosmólogos] las galaxias detenidas, y como en las canciones de Low hay una Antigravedad, una
Energía Oscura que tiende a congelar la luz
y separar las cosas mientras arde
el glamour de quienes se aman. Les gusta
instalarse en la zona que le sobra al día,
prestarse objetos inútiles, reconocerse
en las analogías.

Buscamos en quien amamos
señales infalsificabies, mentiras ciertas
que nos salven,

al hacer el amor un resplandor ilógico que anuncie
un nuevo estado [6.º] de la materia,
    presente instantáneo,
esa inmensa utopía.

57
El agujero negro es negro
porque contiene toda la luz
          [lo dijo Wittgenstein, *el negro es también una*
          especie de blanco].
Hay en cada átomo
una noche disímil: se diluye el terrón,
amargo, no regresa.

        Llegar a ser es llegar a perderse de uno mismo
        [ni que decir tiene, en uno mismo].

58
Objeto [definición]: ente material formado cuando
　　　　　　[por causas desconocidas]
en algún lugar del espacio se apelmaza el silencio.

59
Yo ya sólo escribo desde la noche
y para la noche
$\qquad$ 00001digital incesto00001

coágulo de lo que fue abstracción,
luce un instante sin futuro
en la pantalla el cuarzo líquido,
$\qquad$ lo que hay,
del incesto al nihilismo,
$\qquad$ lo que hay, yo,
el camino más corto,

me gustaría ponerme patético,
afectado, la corbata de dandi que
$\qquad$ lo sé
ya no me espera, como
$\qquad$ lo sé
tampoco me esperan bombillas
de colores en las pupilas de una púber,
y la Orquesta Miramar al fondo,
y el venenoso cuarzo líquido
brillando en su sexo
$\qquad$ [¿lo llamo poesía?],

cada segundo levantamos un mapa,
simultáneamente lo devora
su equivalencia en la Tierra,

cada segundo nace una hierba,
simultáneamente la seca su idea.

60
Nadie está ahí,
un paisaje por entero blanco,
su propia representación lo rechaza,

donde acaba el ojo comienza
la mirada,
donde acaba la mirada, de nuevo
el ojo,

los cimientos, la ciudad, el corazón, dibujan
la silueta en sus afueras,
recordaremos la pubertad,
capitanes de quince años que fuimos
        vientres blancos sobre talco blanco,
para ser ahora dos desconocidos.

Me gustaría tener talento para precisar más,
levantar con lo vivido
un teorema idempotente a la vida,
pero [lo siento] no hay ya palabras en mi laboratorio,
ni siquiera silencio, su extrarradio.

Nadie está ahí.
Espero mi llegada.

61
Si todo esto era absurdo,
de qué valió poner flores
a los vivos. Los felinos
se tumban a observar
el fiel del horizonte.
        Y no ven nada.
Si el objetivo de las fotos
fue recordar, su vientre
era siniestro.

61.1
    y ahora besemos y bebamos,
    como si los que se fueron
    ya no estuviesen con nosotros,
    como si del lugar en el que se hallan
    no quisiéramos regresar,
    como si permutar 1 por -1
    dejara esta realidad inalterada,
    como si 0 por -0 fuera
    lo único que la alterara.

61.1.1
El arte, manifestado
en su más perfecta expresión,
es un producto frustrado.
¿La vida? Obra Maestra.

62
Me adentro.
Me adentro en la sombra,
me antecede,

atleta de la nada,
me adentro
en un cuerpo prestado
y es el mío,

permíteme llegar y ser al final
un saco de infusión en la luz.
Después,
       lo aseguro,
me iré para siempre.
         O me disuelvo.

Atleta del sueño más antiguo del mundo:
hambre de un redentor,
sube por mí la sombra como mercurio.

Como mercurio me adentro.

63
Vengo desde hace tiempo
atravesando este templo tomado por algo parecido
a la nada o al silencio,
El claroscuro no existe.

Vengo cegado
por la transparencia del espacio
cuando no hay quien lo gravite y se manifiesta
químicamente puro
[¿qué química,
qué pureza?].

Mi silueta,
        unos pasos por delante.

Arden los besos
        La Voluntad
en el atril de la entrada.

Vengo desde hace tiempo atravesando la vida
[¿qué tiempo,
qué vida?].

63.1
Decir *esta noche es la noche más oscura*
es una obviedad,
pero no hay otra forma de abordar
los asuntos que conciernen
a la rotura del Tiempo en el cuerpo
                [es decir, a Dios],
pirotecnia mojada,
adherencia
entre la belleza y la nada,

63.1.1
Bajo ciertas condiciones migratorias
veo en tus ojos polos opuestos
que llevan el rostro
a una expresión neutra

la foto mancha
mis dedos de tinta y plata.
Dame tu frío, química sin éxtasis.

64
Mancha verdioscura sobre un muro blanco.
Capilares de humedad ascienden
sin alas,
descienden sin peso
    [la erosión es un hacker
    en busca de su limbo]

mujeres sin bozal suben a automóviles
bajo una ventana con silueta
    [que vierte agua en un florero]
a lo lejos taxis amarillos
destellan y pasan
    [la erosión es una anciana
    en busca de la piel caída].

Sé que tengo
un doble creciendo
en un muro de Central Park.

64.1
Naces y una fecha comprime el tiempo
    [neutro, isótropo]

al detectar tu nombre que se pronuncia y gasta
sin casi conciencia y por necesidad.
    Todo suma.

Territorio más difícil la muerte.
Sin nombre hay
que conquistarla.

65
mejor junto a un río,
        que como símbolo no tiene precio,
echarse a un lado, apagar
el contacto, y asomarse a la ventanilla a ver
los coches pasar,
ése podría ser yo,
y éste,
y aquel que llega,
y el que aún no ha llegado,
hallar satisfacción en la vanidad
de poder ser otro y elegir no serlo.

Cesa el movimiento. Llega la noche
y su más convincente metáfora: la noche.
Y el miedo, absurda metafísica
de la soledad humana.

66
Si según Guillén *lo profundo es el aire,*

lo *improfundo* equivale al diamante, al bloque
de semen que descargo
en tu sexo para que lo talle,

pero, ¿y lo *aprofundo*?:
donde ambos coinciden,
donde ambos se anulan,
todo espesor en espesor cero concentrado..., *fue varias horas más tarde, sentada en la bañera, cuando comenzó a pensar en él otra vez, y esta vez pensó en lo solo, en lo terriblemente solo que debía encontrarse para haber llegado a poner un anuncio así:*
SE BUSCA UNA MUJER
Se lo imaginó llegando a casa, encontrándose las facturas del gas y del teléfono en el buzón, desnudándose, tomándose un baño, la televisión encendida. Después leería el periódico de la tarde. Luego entraría en la cocina a hacerse la cena. Allí, quieto, mirando cómo se fríe el pan, en calzoncillos. Luego cogería la comida y se la llevaría a una mesa, se la comería. Le podía ver bebiéndose su café. Luego más televisión. Y quizá un bote de cerveza antes de acostarse. Debía haber millones de hombres como él en toda América [Ch. Bukowski].

67
Mediodía en el gimnasio y su reparto
entre película porno y western de Almería.
Ni una voz en los aparatos,

penúltimo estadio de un cosmos
en expansión. Cada cual en su orden ensimismado,
se mueven desorbitados
los satélites,

lo dijo Hubble: *la historia de la astronomía*
es una historia de horizontes en retirada,

espejo del televisor donde Sísifo
es un asmático adicto a la bicicleta estática
　　　　[bastante metafísica hay
　　　　en su paisaje repetido].

Tertuliano lo dejó dicho: *la carne es*
el fundamento de la salvación,
y Teresa de Ávila: *no somos*
ángeles si no tenemos cuerpo.

Y el damero de la sala de aeróbic
      cada vez más en desuso
donde
      nostálgico
se sienta a mirar
      ahora que está en paro
Descartes.

67.1
Hubo tres maníacos de lo inútil en el siglo pasado,
Joyce, Borges y Kafka (JBK), porque maníaco es
quien cambia
el curso de la Historia, e inútil porque
es tal su soledad que muere sin saberlo
      [así me ocurrió a mí contigo]

el rasgado del patinador dando vueltas y veloces
vueltas
sobre hielo en un estadio vacío,

el zumbido orbital de esos planetas que
desconocen ser
la música del mundo.

Hay quien afirma:
sus espectaculares alquimias, (JBK), no siempre
transmutaron el excremento en oro,
es cierto
      [así me ocurrió a mí contigo]
pero también dijo Godard: *no es justo*
pedirle cuentas a quien salta así al vacío.

68
El insomne no cuenta ovejas, cuenta
piedras que lanza
 [no contra un punto del espacio]
 [no contra un instante del tiempo]
contra el mapa a escala de los sueños
de todos los que duermen que es él mismo

 mis ilustres preferidos son
 a) Cioran en *Taxi Driver*
 b) Robert de Niro en *El ocaso del pensamiento* y
 aparte está mi madre.

No te defraudará el cenicero de un insomne, colillas
de marcas que le son extrañas
 [piensa en carreteras cortadas]
donde una idea recurrente es su materia corrosiva
para que no llegue a alcanzarte,
 durmiente,
aquella verdad que te deslumbra,
en el combustible de un avión que despega
hay un componente espantosamente triste.

69
El idioma: cristal cuarteado. Las grietas: palabras,
                              su misma materia.
Te aproximas,
escoges una,
miras a través,
no ves nada
        coinciden espejo y espejismo

yo,
tú,
él,
indivisibles visiones
de las que somos átomos ciegos,

así [no lo es aunque parezca una excusa],
todo este tiempo a tu lado fue un poner en práctica el arte
de los malos poetas, de los buenos poetas,
de todos los poetas: un saqueo a tu intimidad
                      sin ofrecer nada a cambio.

70
No detienen la noche las primeras luces del día,
se prolonga fatigada en otro compartimento
más visible y secreto
    [césped entre asfalto cuarteado,
    hielo en el extremo del beso,
    la implosión de los planetas,
    el silencio de los objetos].

Esto que ves no es la mañana,
sino el oponente lógico a la noche
que produjo la razón binaria,

despertar es reducirse a fotones,
parálisis y centro
de esa otra partícula nocturna que es el sueño
foliado en pétalos.
Van cayendo.

71
Si algún día consigo ver
el crepúsculo sin ojos.

Si algún día el músculo
supera al hueso,

y la mañana
al mineral de luz.

Si algún día el tiempo detiene
su composición y no envejezco.

Si algún día vuelvo a ver en cualquier frase
un haikú partido por tres.

Si algún día regresa la humedad
          [metáfora más antigua]
al silencio a secas.

Si algún día el color de ojos
hunde al PC en la miseria.

Si algún día olvido
que el diamante es carbón.

Si *en la vasta y vacía*
noche de otoño
amanece
[Kinko, Japón, 1860]

72
Clonado en todas partes
    [aire engendra aire],
doy una voz y no encuentra
otro,
      destino,
           reposo,

variedad en las especies:
grumos desviados del grito inicial, ecos
de un DJ irracional,

Capri, tarde de marzo,
pego la espalda contra el muro, su tibieza
me suspende el sentido.
Colección de adherencias = treguas entre cosas
      [la última es la que te mata]
cuanto somos.

73
Las teorías siempre hablan
del pasado; allí se hicieron.
Hay ventajas en ir a la deriva

[al séptimo día no descansó,
vio su obra en Super 8 y añadió
la nostalgia al Paraíso]

Exprimir el Tiempo en busca
de su zumo, y no hallar
ni el movimiento ni el reposo
ni el goteo del eco
        ni siquiera el bostezo eterno de Audrey frente a Tiffany's
           desayunando
        resaca con diamantes
hallar únicamente Tiempo.
Sólo aquello que no existe
coincide con sí mismo. El resto,
desenfocado,
entra en deuda con sus límites.
Y ahora no hagas que equivalgan
la muerte y la Nocilla

74
Desde una mística moderna,
> *pides un día más y una voz*
> *igual a la tuya te dice No.*
> *Era éste el sentido de la vida, ir hacia la muerte*
> *en busca de tu propia analogía,*

hasta una mística posmoderna,
> *hubiera preferido ser,*
> *antes que alma en tránsito*
> *que la muerte reducirá a química repetida,*

> *objeto repetido de supermercado,*
> *en un ready-made obtener el alma,*

pero en medio la mía
> *tus dedos códigos de barras*
> *entre flashes de pasarela,*
> *0 y 1 en un mismo*
> *estallido de huesos.*

75
No se sufre en el momento.
Dura un instante.
No dura.

Sufre quien vence al sufrimiento,
el superviviente,
el que ya no podrá dejar
de hacerse la pregunta
por qué sufrí,
por qué escribo,
por qué sufrí,

el que escribe hacia delante
y lee hacia atrás,

el que sabe que el olvido
todo lo iguala menos una cosa,
      el silencio en torno a ti
        tras construir su metáfora.

76
Yo desconozco la amistad: yo me consagro
a un objeto, a una mujer, a una idea, a un líder.

Yo desaparezco.

Mientras tu corazón, piedra preciosa
en vías de extinción, me llama,
      víscera de hipótesis que existen
        porque no podrán ser demostradas.

76.1
Me gusta obtener rendimiento
de los objetos incoloros, inoloros,
informes, inmóviles, insaboros,
                perfectos,
que dejan los muertos,

me resulta muy difícil explicar hasta qué punto exprimí
la poética de su eficacia;
valga un *fui feliz*.

Ahora busco en ellos el componente que los desborda,
la no-materia; valga un
no soy tan feliz como un humano puede llegar a serlo
[o algo así].

77
Queda una esperanza.
Decirlo tan claramente que conduzca al equívoco.
Ahí voy.

El poeta habla
                              siempre
desde la muerte para alumbrar el mundo de los vivos,
o desde la vida, para alumbrar el mundo de los muertos.
Finis terrae: un pie en la tierra, otro en el abismo.

Pero ya escribir es escribir que todo está dicho y consumido en los manuales de supervivencia de otro siglo. El lenguaje, demente o aburrido, se ríe en el papel de todas sus representaciones [incluida ésta]

ruina que saquea ruina: vida que habla de vida: muerte que habla de muerte: esterilidad: incesto: tautología

[por mi parte, sólo me queda mostrar mi agradecimiento a los Payasos de la Tele por haber hecho posibles las tardes de domingo].

78

Te gustaría
[insólito lector que aceptaste tenderle este breve despiste a la
    muerte conmigo]
que la vida fuese algo más que literatura,
y la literatura el roto por el que mirar y aprender
la doma de tinieblas en las noches insomnes.

Te gustaría que Descartes jamás hubiera existido,
y que la Teoría del Caos sirviera para traer la voz
de quienes ha sido llevados por la Teoría del Tiempo.

Te gustaría haber tenido tu noche en Bagdad
robando esmeraldas, cambiarlas por aire cuando
el escote del tiempo decida
que ya es bastante y te sumerja.

Te gustaría que las ciudades fueran
tan invisibles como las contó Italo Calvino,
tan extrañas como dos huevos fritos sobre fondo negro,
tan hipnóticas como un Cuadrado Negro Sobre Fondo Blanco.

Te gustaría a veces decir tu nombre y
encontrarlo en otro, beber hasta caer

en una niebla que te meta en el bolsillo
el mensaje cursi de una extraña.

Te gustaría que en las playas mediterráneas
[las más solitarias y salvajes de la tierra]
no faltara nunca la arena, ni tu cuerpo preguntándote,
a quién maltratarás cuando Todo me lleve.

Te gustaría jurar amor eterno a la protegida
después de darle una paliza al chulo,
y que resultara ser la reina destronada de un país
tan despoblado y legendario como tú.

Te gustaría que la nostalgia no fuese una droga,
humo que el tiempo va lanzándote a los ojos
mientras los poetas prenden hogueras y te dicen
no esperes más, ven a probar mi narcótico.

Te gustaría ser algo más que una luz demente
en busca de la sombra en la que al fin reposar,

y que Dios fuera algo más que una cosa hecha
a imagen y semejanza de los hombres,
y algo menos que ese conductor borracho
jugando en tu tormenta con las olas.

Te gustaría haber sido
            sobre todo
el octavo pasajero
en la utopía de los que te odiaron.

Y qué esperabas
[insólito lector],

de qué te quejas,
la melancolía es el precio que has de pagar
por haber alimentado la egolatría de creerte
un sístole especial en esta olla de latidos.

Y qué temes,
si ninguna cuenta
se te va a pedir, si fuiste un argumento
escrito por un aprendiz e interpretado casi siempre
por alguien que no eras tú.

Lates sugerido en el interior de un instante
más allá del cual se acaba el tiempo;
y no regresas.
Lo dijo Celan ¿no lo recuerdas?
una nada somos, floreciendo.
Que echen humo las tarjetas.
Va llegando la primavera a El Corte Inglés.

79
Escribiste y llegó tu noche, nieve
de televisor, *Píxel [Picture Element]:*
mínimo elemento de imagen que contiene toda
la información visual posible, y sin embargo
es una cifra, está vacío,

hacia una metafísica del píxel
        tu cuerpo
        uso tópico
sin espesor se acristala

lo más curioso fue aprender a escribir,
el viento en la calle y las galletas maría,
la estafa de Lou Reed en *Heroin,*
la de Hitchcock en *Rebecca,*
la del Séptimo Día,
el abrigo estrangulado a tu cintura,
la mecánica de los pezones y otras fuerzas,

nostalgia de un espacio interior;

de ningún lado venían no porque de ningún lado
        venían sino
porque a ningún lado iban,

despedida y píxel,
despedida y ser,
despedida y cierre.

79.1
No es el precipicio lo que atrae
a la piedra, sino la velocidad
[que existe porque toma forma de piedra]

80
prepoema de
preamor

80.1
poema de
amor

80.1.1
postpoema de
postamor

veía un caserón desolado sin
que el menor murmullo del pasado
rozara sus imponentes muros,

y en noches desprovistas de redundancias,
caen sin obstáculo del gris al estómago
                aquellas canciones,
«take me out tonight
because I want to see people
and I want to see lights»,

nunca podremos volver a Manderley,
esto es seguro, pero algunas veces,
en mis sueños, vuelvo allí,
a los extraños días de mi vida
que para mí empezaron en el sur de Francia.

CARNE DE PÍXEL
(2002)

El espacio es todo él un solo espacio y el pensamiento es todo él un solo pensamiento, pero mi mente divide sus espacios en espacios de espacios y su pensamiento en pensamientos de pensamientos.

ANDY WARHOL

Quién hará esta música sonar, reflejo de la vanidad, cuando nadie quiera oírnos más.

Falsos mitos sobre la piel y el cabello,
LA COSTA BRAVA

Píxel [*Picture Element*]: mínimo elemento de imagen que contiene toda la información visual posible.

mi cara digitalizada en el parpadeo de la pantalla. A mitad de la calle un portal, 1 m² de acera, 2 m³ de aire, escenario en el que el tiempo [emboscado en su abstracción sin masa ni peso] a fin de encarnarse saqueará el recuerdo. El tiempo a tu lado me mostró que no hay más razones para creer en la imposibilidad de la vida después de la muerte de las que hay para creerla igualmente imposible antes. Que la luz que a cada instante llega y te hace feliz y bien hecho son besos que lanzaste y en forma de verdad irrefutable [invisible] regresan [quién ve la luz]. Que la soledad del *sprinter* supera a la del corredor de fondo no porque llegue primero, sino porque imagina que llegará primero; pero, adónde. Sin habla, mirabas fijamente, apretabas mi mano, llorabas y llovía. Vi claro en ese instante [suma de instantes] por qué era tan bueno el verso tan malo que antes de morir recitó aquel Replicante, porque *en tus ojos vi cosas que jamás ni yo ni nadie había visto, y todas se perderán* [son simultáneas muerte y vida] *como tus lágrimas en la lluvia*. No hubo esta vez ningún pájaro blanco al vuelo para decirnos que algo muere en luz saturada para que otra cosa nazca en vacío [lo dijo Heinsenberg, lo dijo Heráclito, lo dijo Burgalat, lo dijeron tantos]. Sólo transparente opacidad. Ahora yo ya sólo aspiro a las enumeraciones.

fuiste la llama de mi razón alucinada. No había espacio donde apoyar ya mis símbolos. Te amaré tanto, decías, y aprendimos la importancia del café del desayuno en tanto yo salía a robar para ti naranjas. Devoramos el mundo, esa bestia sordomuda, para hacernos menos sordos, menos mudos, siguiendo una ley por la cual buscando crear y destruir energía la encuentras en belleza transformada. Yo no sabía qué pasa cuando un péndulo se detiene porque jamás había visto uno detenido. Llorabas y llovía. Vi cosas en tus ojos que nadie había visto, me apretabas la mano buscando exprimir aquella fruta robada a mí; a nadie; transgénico zumo de lluvia en lágrimas. La verdad es a veces tan verdad que se vuelve 100 % cristalina, y así innombrable.

lo más difícil de narrar siempre es el presente. Su instantaneidad no admite proyecciones, fantasías, desenfoques. Yo no sé si todo aquello existió porque no sé si existe. No sé si son ciertas tus manos [aunque sí sé que verosímiles] bajo la lluvia, y tus ojos como Polaroids [irrepetibles y mostrando más de lo previsto]. Llorabas. Llovía. Quién deja a quién si todos andamos diferidos de nosotros mismos, dejando atrás lo que entendemos para no entender lo insoportable: que cada cual es uno y además no numerable, que vendrán otras, que vendrán otros, que asusta pensar hasta qué punto todos somos intercambiables. Sé que no podré olvidar cuanto vi en tus ojos: el aire ionizado sobre nuestras cabezas, tus manos apretadas [no sé exactamente qué visión pretendían refutar]. Puede que fuera yo quien lloraba, puede que fuera en mí donde llovía. Puede que aún me estés besando, o que aquel martes [por decir un día] jamás haya existido.

asusta pensar que el mundo construido por los amantes sea tan microscópico como larvado e incomunicable, pero es lo único que nos salva de otro susto de iguales dimensiones que es la muerte. La acera se hizo más verde porque otra luz apareció entre nosotros. Circunvalamos la ciudad en silencio. Llovía. Me invitaste a un Lucky, a fuego. No recuerdo si nos besamos. Te quise tanto y tan de verdad, te dije. Después, cada cual subió sus propias escaleras hacia leyes de la noche que convergen en alambres, insomnios; a mi pesar, literatura. Lo que vi en tus ojos corre el peligro de olvidarse porque ni nadie lo había visto ni nadie lo verá ya, y por destruir el silencio repetí mentalmente la cita de aquel libro de Valente que un día te dejé en el buzón de voz; hablaba de la única evidencia impalpable [de qué si no]; la noche que me dijiste de dónde vienes cuando regresé del WC y al contestar ya dormías. Soñabas un futuro necesariamente mejor. Después, ya digo, cada cual hacia sus propias escaleras: objeto de impredecible y doble dirección: microscopía que elaboran los amantes. Replicantes de un código de barras que jamás llegamos a vivir.

*Las galaxias crecen
por procesos de fusión con otras
galaxias, dice Günther Hasinger del
Instituto Max Planck, Alemania.*

Las galaxias espirales,
    que muestran mucha
    formación estelar,
se unen y dan lugar a una elíptica.
Pero sus agujeros negros también
se acaban fusionando, y se convierten
en agujeros negros supermasivos
que expulsan el gas
de la recién formada galaxia elíptica.
Ése parece ser el panorama.

todo es superficie porque sólo existen trayectorias, porosas de sí, no vemos más que lo que hunden nuestros pies. Los alrededores: metáforas de esa soledad. Mirabas mi rostro durante horas en silencio cada noche. Todo es superficie. Hasta el amor carece de raíz: llorabas, llovía, esa agua sólo buscaba el riego que lo prendiera a la tierra, pero la tierra no existe, te digo. El agua se inventó para inocularnos la ficción de los campos de fuerzas, de la compañía, de un hilo de mensajes que vertical nos atraviesa. No así la luz, que se frena en la piel y pone en marcha el ansia del beso. Lo que vi en tus ojos jamás nadie lo vio, que fuimos la vida secreta del agua, y un juego de cuerpos para revalidar esa fuga sin cifra por la cual el ser humano es algo más que un trozo de saliva. Como todas las cosas que importan, nuestra alucinación no tuvo contemporáneos: un cristalizar sin agua, sin hilo argumental. Lo recuerdo. Hubo un día en que por primera vez vi pájaros desde tu ventana, creí que ellos también nos miraban, no lo entendí como el presagio de lo que vendría, sólo existen trayectorias y a ambos lados una luz que al fin se oxida entre dos manos apretadas en la despedida. Fuiste la llama de mi razón alucinada. El álgebra de mi transformación en animal: como ellos, a tu lado morí y no supe que había muerto [bendita seas], me volví inmortal. Divino tu cuerpo por catastrófico, radical, una línea de costa; por fractal.

[en algún lugar lo tengo escrito], las artes surgieron con el único propósito de anular el peso, y de entre todas la más sublime es la pareja. Tu portal, la calle, la cuesta. Hay en esta clase de despedidas una extraña antiley acuática [llorabas, llovía] que sumerge al Principio de Arquímedes y lo invalida. Nada hay más melancólico que una lengua de lava ladera abajo, ebria de destrucción y directa a la atrofia, sin embargo. Me sujetabas muy fuerte la mano, sin habla mirabas fijamente, la goma recogía tu pelo en otro territorio menos experimental, más conocido, mapa de cuerpos planos que copulan en la noche [qué hermética paradoja, qué miedo o soledad los maneja]. Ya no hay tu rostro porque no hay centro, no hay centro porque no hay fin, no hay fin porque *fin* es una palabra que ahora mismo no comprendo. Pesaba sobre tu cuerpo y el mío la terrible certeza de llegar siempre tarde a nosotros mismos: por eso nos los prestamos un día [y todo cuanto eso arrastra]. Después, las flores, los hoteles, las cartas, arquitectura de domingo extasiados en edificios feos de verano y costa, como decía aquella canción de Paraíso, hasta que circunvalamos la ciudad y me invitaste a un Lucky, a fuego, una noche de martes por primera vez sin objetivo, sin rumbo, *rumbo* era una palabra extraña, estorbaba, como el apéndice estorba al intestino, que lo atrofia, o la solución a la incógnita, que la deslía, hasta que llegamos a tu calle, llorabas, llovía, me cogiste fuerte mi mano, descubrimos sin palabras otra certeza: que ya nunca llegaríamos tarde el uno al otro, que cualquier próximo día podría esperar a ser el último y, sin embargo, había que elegir éste para decir adiós.

desconocías el Principio de Mínima Acción por el cual la luz [todo en general] busca el camino más rápido para viajar entre dos puntos. Circunvalamos la ciudad contradiciéndolo cuanto pudimos. Partíamos del fin; en realidad no nos movimos. Pasamos por delante de unas excavaciones [fibra óptica, cableado, comunicaciones Siglo21], e hice una broma acerca de aquella mujer y aquel hombre que encontraron abrazados en la excavación de Pompeya. La escena salía en *Viaje a Italia*: los descubrieron mientras filmaban. Ingrid Bergman también entonces se había echado a llorar. Partir de un recuerdo equivale a partir del fin, los recuerdos se construyen para el último día aunque nos engañe su gen de pasado. En realidad, no nos movimos. Me invitaste a un Lucky [frase entre tus dedos], y en esa cinética apariencia encontramos el exceso, la belleza para alcanzar lo que al llegar al fin nos convirtió en algo más que una frase para el fin, algo más que una ecografía de riñón, que un isótopo, un punto de luz que no desapareció porque nunca partió. El camino infinito de verdad más corto.

en aquel hotel de Capri te vi como realmente eras: sagrada, violenta, promiscua, dulce, ingenua, en resumen A. H, frente a Tiffany's desayunando resaca con diamantes. Pero diga lo que diga Oriente, el mal existe, se da en cierta forma de cohabitar contrarios. Nos hicimos una foto desnudos en el espejo, que por alguna ley física no salió. Exceso de perfección, capilaridad. Se anulan los símbolos, se descomponen los cuerpos, paradoja que invalida y funda el miedo. Estabas tan entera con aquellas botas de punta; tan propiamente distante en la Casa Malaparte. Hiciste muchas fotos al letrero *Circunvesubiana*, cinturón de ferrocarril que rodeaba al Vesubio, su rumor humeaba: bestia cansada que circunvalamos también en silencio aquel último martes en otra ciudad lejana sin centro ni criterio.

*Sin embargo, no se sabe aún
si las fusiones de galaxias y agujeros negros
son propias de una etapa concreta
de la evolución del universo.*

*Puede que fueran más abundantes
en el pasado, pero la propia Vía Láctea se unirá
a la de Andrómeda dentro de unos pocos
miles de años.
Y será un proceso desigual.*

llegó cada cual con su pasado [lo que equivale a decir futuro programado]. Sin que lo supieras, en cada hotel de Nápoles robaba papel higiénico, *una muestra*, digamos, para al regresar escanearlo y ver manar en la pantalla del PC el azar ordenado en un surtido de puntos negros sobre blanco, mapa de píxeles en los que leer una cifra, un vacío que, siendo profano, en cierto modo es sagrado, píxeles garantes de aquel silencio que la alquimia buscaba en los objetos y yo busqué en ti [tus manos de joven modelo retirada, tu lengua muda en el beso]. Al escaneo surgieron mapas, figuras, cosas, reflejos de lo que vendría y que nunca te enseñé, dos Replicantes en busca de una vida más convencional, oxígeno de mortal que no los asfixiara. A este escaneado lo llamaré pixelado n.º 1 [yo ya sólo aspiro [lo advertí] a las enumeraciones].

circunvalamos la ciudad en silencio, aunque era mayo llovía. O frío. Es difícil entender qué valor se adensa en un beso cuando es todos los besos y al mismo tiempo la única cifra, qué peso específico comprime pero revalida cierta fe [por decir algo] en tu *línea de universo* cuando un hombre y una mujer toman la decisión de circunvalar una ciudad en silencio. Hay algo en el silencio que llama al frío; no así al calor, que agita sin romper la barrera del sonido y amplifica las palabras, sobre todo cuando se unen los cuerpos de quienes se aman. Después te quedabas muda todas las noches durante horas mirándome. Qué clase de muerto o frío era yo ya entonces, te digo. Quiero pensar que no veías en mí este final de zapatos helados, de barcos detenidos que vimos al llegar a la línea de costa, de bobinas interminables de fibra óptica ciega aún o durmiendo. Pero tampoco veías ese *big bang* que [lo dicen los cosmólogos] era espuma cuántica, caos de masas solitarias cegadas por la utopía de un futuro Universo perfecto [después se desvió para dar lugar a la Tierra, al cero cósmico, al hombre y su residuo de amor]. Quiero pensar que era tu piel tan suave que yo no la sentía. Sólo eso.

al llegar a casa pusiste el CD de Organ y, vestida aún de fiesta, al salir del baño dejaste la sortija de brillantes y las lentillas sobre la mesa desierta [de la cocina también desierta]. Símbolos que no puedo explicar. Me sobrepasan. Podría llamarlos pixelado n.º 2, pero aquella noche devino puramente analógica, y la más bella analogía fue la contraída entre aquellos dos objetos que abandonaste y los dos horizontes de tu cuerpo: el vivo y el muerto. Así hasta el amanecer trabajó tu sexo.

huyen los pájaros de las cosas curvas, de las circunvalaciones, de los programas bien configurados. Está en las virtudes del pájaro solitario. Una heladería en el centro de Sorrento, me escribiste una frase dudosa con mi diccionario de italiano para turistas. No hay ornamento ni retórica donde manda la luz, por artificio que ésta parezca. Robé la cucharilla, un diseño antiguo nunca visto, te dije. La agitación de tu pelo en el Spider descapotable, me dije. Escribiste muchas postales con un punta de 0,5 mm y letra casi de imprenta, *ornamento retórico de 2.ª especie* se le llama a eso en Teoría del Diseño. Bostezaba entretanto. Me llevé el papel higiénico y al escaneo surgió una línea moteada en negro, sucesión de acontecimientos idénticos, la página llena de puntos suspensivos que Breton tituló *El Paseante* o [lo llamaré pixelado n.º 3], tu respiración al correr tras esa forma de desaparición a la que llamamos Mundo.

*Hasta hace 5 años,
los agujeros negros eran
poco más que una construcción
 teórica,
una hipótesis para observaciones que
no se explicaban de otra manera.
 Pero ahora,
 por primera vez,
vemos cómo el espacio-tiempo
se curva y rota
en torno a un agujero negro.*

la primera vez que estuvimos a solas eras una mujer detenida, pero no en el espacio, no en el tiempo, sino en otra cosa más compleja [que no complicada], en una de esas imágenes atravesadas por haces ¿de lejía? ¿de miedo?, por mujeres que has amado, por todas las ciudades que has circunvalado, por la música que se nos roba en la infancia y no vuelve, salvo como vuelve en ruido lo perdido, por el primer beso que se recuerda, por el último que olvidas, por la materia prima de la soledad, metafísica del todo absurda, por las flores que con el tiempo te llevaría al trabajo y despuntarían al calor del PC [quién lo diría, sudor de circuitería], por la definición de cuerpo a secas: conglomerado de conductos o flores según se carezca o no de amor, por el sexo que en una habitación de Italia aún nos faltaba por romper [pasada la frontera, el cabello pierde la memoria], por el mapa en tus manos de joven modelo retirada el primer día, tu abandono en el sofá, tu lengua de agua. Así detenida te fuiste haciendo agua que corrió. Yo no sé si fue lo mismo que vi en tus ojos cuando al final llorabas y llovía.

circunvalamos la ciudad. Aunque ya era mayo, hacía frío y llovía. *Que el mundo es un lugar horrible*, escribió Sabato en *El Túnel, es una verdad que no necesita demostración*. Entonces, me digo, por qué persistimos en demostrarlo. Lo llamaré pixelado n.º 4.

por mucho que se circunvale, la ciudad inventa límites, y llegamos al mar. Espeso, carnoso: al borde de cualquier forma. Mareo que precipita al observador [estábamos tan enteros, tan sólidos, tan para un final], mar en tu sexo que era víscera y flor en el beso. Y, sin embargo, vi uno de esos mares ascéticos, paisaje digital, sin referencias, ecografía de riñón, de hígado, antesala del feto y de la vida que imaginamos, pero no tuvimos. Fuiste toda la carne que unas manos pueden llegar a abarcar [y, sin embargo, un segundo, un rayo indefinido, un salto cuántico].

a las personas les ocurre a veces lo que a la memoria, mutan en personajes descarnados, meros vectores de ideas. Te voy a cuidar tanto, decías. Drogarse, leer novelas, follar: hábitos de mediocres, te decía. Hay algo más fuerte que la carne, el impulso suicida del aliento cuando toma aire; el impulso homicida cuando se espira. Jadeabas; no sé a cual te referías. Lo alucinante en la anfetamina no es tomarla sino observar el arco de medio punto que describe su curvatura [es condición de lo bien hecho atravesar los siglos sin rozamiento], pero esto no basta con decirlo, hay que entenderlo. A veces cuesta toda una vida, lo llamaré pixelado n.º 5.

circunvalar una ciudad empapada, meditando aquel martes sin meditar nada; cara boquiabierta; pide masa. Buscan quienes se aman un final patético, la apariencia de un mal en el que consolarse, Ingrid Bergman llorando ante una mujer y un hombre que la muerte hace siglos sorprendió abrazados. Estéril muerte entre la lava; lo que hoy los hace útiles, precisos. Estabas tan bella, tan entera con tus botas de punta en aquel viaje, la mujer más exacta y occidental que jamás había visto, luz dominada entre tus manos, frases: tiralíneas en tus labios, alucinado equilibrio al especiar el pescado. Tan entera con tus botas de punta en aquel viaje, cuando aún eras sólida [pero no lava], cuando, como en las canciones de Low, era tu fuerza una antigravedad, una extravagancia inoperante, un CD mil veces regrabado.

*Son los primeros instrumentos
capaces de detectar el tipo
de radiación que emite la materia
cuando cae hacia un agujero negro.
Es una materia muy caliente, y emite
                          básicamente
su «último grito» en forma de rayos X.*

fortalecida en iones el agua de tus ojos, en nubes bajas. La Casa Malaparte, colmillo de otro horizonte, habita sólo en sus propias fotografías. También el glamour que envuelve a tus botas de punta vive dentro de tus botas de punta; y no hablo de los pies; hablo del veneno. He leído que el veneno es el veneno, pero el veneno adulterado qué es. Lo llamaré pixelado n.º 6.

tú y yo nunca llegamos a discutir de estética, lo único que nos unía. Lo único porque estética y ética son lo mismo, una pose ante el mundo. Discutimos y mucho de esas otras visiones en apariencia simples, como abrazarte por detrás para besarte y ver pájaros desde tu ventana. Quisimos interpretarlos, interrogar la honestidad de la naturaleza, sin saber que tal cosa no existe, que todo es artificio. Hasta que mi mano telarañándose más abajo de tu cintura. Cerrabas los ojos [bendita seas]. Yo con tu Lucky hacía un agujero en un mapa.

yo he ganado y perdido muchas horas mirando el ascenso vertical de las burbujas del agua con gas en un vaso. Una velocidad constante que, según cierto principio de relatividad, equivale a decir nula. Un ascender para hundirse en la atmósfera [que según San Juan de la Cruz equivale a decir tierra]. La mano sin óxido en la que me sumerjo. Y me la das sabiendo que no hay futuro en el fondo de los vasos, salvo para organismos simples, unicelulares, fango que queda tras la caída de un cosmos, el hueco que deja su propia trayectoria. No hay célula más simple que el beso aunque su fuerza invalide las distancias y el espacio [o la luz [que es el espacio]], aunque todo aquello se corrompa ahora en este ascenso de burbujas vertical y nulo, en esta sombra de la luz que es decir más luz, esta semblanza del silencio, este moteado cuántico en la pantalla del cual *no se puede hablar y hay que callar* como dijo el maestro en el Punto 7 y al que llamaré [es natural] pixelado n.º 7.

*No es que los actuales telescopios
de rayos X vean los agujeros negros en sí.
Ni siquiera la luz puede
escapar a la fuerza gravitatoria
de estos objetos que, por tanto, son invisibles.*

*Lo que se observa con rayos X es
la materia que
está siendo atraída hacia los agujeros negros,
hasta una distancia muy próxima al llamado
«horizonte de sucesos» (el punto
de no retorno de la materia que cae)*

sé que tú y yo nunca llegamos hasta el fondo, que no tocamos el fango del verdadero contacto, esa intransferible complicidad producto del espejismo llamado pareja. Nuestro espejismo se quedó en superficie, espejo, flores que nadie decapita: mueren confiadas en un paisaje que ya no las necesita y, como tú en mí y yo en ti, se descubren al poco tiempo por otras intercambiables. Lo que hay. Asusta pensarlo. Lo dijo Bataille [aunque de otra manera]: hay en toda cultura una *parte maldita*, un excedente intercambiable, condenado a ser dilapidado hasta el manar de su esencia, y esto es lo que precisamente nos hace irracionales, humanos, lo que fuimos, eternos objetos de supermercado [ahora recuerdo aquella estación de servicio].

[no es descabellado], se podría suponer que lo que no llegamos a vivir resultó del todo prescindible. Nadar en verano, cambiar de coche, comentar un poema de Burroughs, proyectar un hijo, pasar juntos un constipado. Pero yo me adhiero a lo que decía Brines: *no desdeñes los placeres vulgares, tienes la edad justa para saber que se corresponden exactamente con la vida* [o algo así].

hay una fotografía que no se borra.
A mi derecha una niña muy mona
con diadema. A mi izquierda un niño con camisa de cuadros hasta la
nuez. Yo ante una tarta que soplar
[cuento 8 velas], boquiabierto, demasiado exacto como para inducir una
semblanza, circunvalando una espera, una finitud, mi esguince de luz.

recordar un hecho real dentro de un sueño equivale a dotarlo aún de más realidad: dos límites lo acotan: anochece y amanece. El abrazo mientras dormías para llevar tú mi mano hacia tu pecho con tibia [no sé cómo expresarlo] ensoñación no soporta tal exceso de realidad y en mitad de la noche me despierto.

*También se sabe hoy
que los agujeros negros iluminan
el universo en mayor proporción
de lo estimado.*

hay algo en el píxel de carnal y abstracto, cuadriculada superficie que contiene toda la información visual posible, agota su sentido, y sin embargo es una cifra, está vacío. Hay en el píxel una metafísica. Origen, piel acristalada, proteico paisaje, *el viajero que llegando a Región.* Más tarde cada cual fue concibiendo su sembrado de rosas cúbicas, cubículo, cubicaje [como quieras llamarlo]. Ganó tu sexo en nitidez. Fracasó en particular la carne de las rectas para llegar a lo único que son, $y = ax + b$; letras. El resto, arrebato de lo que no existe: ficción: pura espectroscopia.

que el tiempo pasa y nos vamos descomponiendo, es algo que está muy claro. Que no sabemos qué es eso que se nos descompone, también. Que el hecho de ir hacia una muerte inmortal después de la muerte nos convierte ahora en zombis, en vivientes muertos, clarísimo. Pero que el beso sea una célula elaborada necesariamente en silencio, es un hecho que, lo admito, no comprendo.

(**a**) He encontrado una nueva forma de felicidad que está también en el equilibrio del funambulista [en el propio equilibrio], en el instante en que suspende la visión el parpadeo, en el pájaro que aletea para permanecer quieto, o en el punto en que se cruzan dos cartas con mensajes probablemente contrarios [pero hay que continuar, te dije, hay que continuar], en el punto en el que la levedad iguala al peso: cuando no siento ni hastío ni hambre y es como si desapareciese el cuerpo, (**b**) A veces llegué a pensar que en algún futuro [las fotos son recién nacidos que no crecen] seríamos como Leonard Cohen y Susan en esa foto que tanto mirábamos de Leonard Cohen y Susan: incorruptibles, unicelulares, glamour químicamente puro, envidiados, elegantes: un nuevo estado [6.º] de la materia. (**a** ∩ **b**) No sé cuál de los dos estados es metáfora del otro, si la metáfora se inventó para dar vida a todo lo mal muerto y una vez resucitado aniquilarlo para siempre. En esa emboscada se resume todo este ADN postpoético.

pone en marcha el amor una genética imparable, una fuerza que lo derriba todo, incluso teorías sólidamente comprobadas [no hay enemigo más fácil de vencer que el perfectamente dibujado]. Es por eso por lo que los naturalmente esclavos buscamos amos muy visibles, omnipotentes: vulnerables. Rodear aquel martes la ciudad era entrar en un nuevo estado [6.º] de la materia. Después uno subió y otro bajó [elige tú] una misma escalera: hacia los amaneceres de finales de noche que te configuran en cero para crear el vacío; hacia los amaneceres de principio de día que le estrechan la cintura al cero para despertarte infinito.

*Los telescopios espaciales de rayos X
han demostrado, por ejemplo,
que todas las galaxias tienen un
agujero negro en su centro.*

siendo sincero, no sé qué significa la palabra *lluvia*, ni la palabra *ojos*, ni *perder* ni *ver*, y aún menos frases como *vi cosas en tus ojos que ni yo ni nadie había visto, y todas se perderán como tus lágrimas en la lluvia*. Sólo sé que entre tus brazos fui una estrella mundial [bendita seas], y que tu arruga en este mapa es el equilibrio de un pájaro solitario que se derrumba [como siempre la belleza] en el cénit de su vuelo [bendita seas][2]. Me mirabas cada noche muchas horas en silencio, células de sonido revuelto, *siento escalofríos cuando veo tu cuerpo joven y que tu alma ya no está en su lugar*, nos cantaba Antonio Vega [bendita seas][n] en una radio que le compramos a un chino, hasta que el eco mutó en ceniza y alguien en las ondas dijo basta.

comprobar que eras más bella [hallazgo inesperado] desnuda que vestida, y tu ropa interior un *horizonte de sucesos*, lugar cuyo radical significado conocen muy bien los cosmólogos [ahora no me extenderé; sólo diré que ya no somos víctimas de lo que brilla incomprensible en la esquina del cronómetro, en la velocidad de la luz].

para mí siempre fue un misterio el origen de tu ropa interior, de su perfecta cabida en tu cuerpo. Inversa es la lógica de quien descubre una tierra analógica pero real como la de un espejo. Pero si te fijas, la imagen del espejo no responde exactamente a la real, el espejo posee una pátina que aunque invisible la oscurece, como si algo de materia se perdiese en el trayecto, un residuo que si lo juntaras verías lo que pierde aquel que te mira; mejor dicho, quien en tu imagen desaparece; o, aún mejor, quien en ti ya ha desaparecido.

la radio, una canción de The Smiths que ya entonces era vieja, *take me out tonight because I want to see people and I want to see lights*, en el descapotable hacia donde el Sol foguea el horizonte [bien podría ser un cartón-piedra de Las Vegas, la Ciénaga de Manganelli, o tierra bajo tierra]. Como en *Encadenados*, me abrazas. Perdida en un bosque de resacas más ficticias que reales, me encontraste en un claro. Te detuviste a recordar cómo era la luz, su porqué, quién la creó [dijiste que yo]. Ya tus ojos eran brújulas orientadas verticalmente hacia arriba; pero el cielo no tiene horizonte, pensé, salvo ese gélido eco que nos llega del *big bang* llamado *radiación de fondo*. La memoria no está en la maquinaria, sino en la grasa de los relojes [te pones el sostén derecho]. Pero el tiempo no es el mal, sino una crónica obsesión padecida por las cosas que no las deja definirse. Ambos sabíamos que la longitud de una carretera en algún mapa [sólo hay que buscarlo] equivale a la combustión de un cigarro, que las películas son mentira, y el horizonte el cable tenso contra el que, ignorante, aceleras. Me besas, me abrazas, ingenua tarareas con la radio, *to die by your side, such a heavenly way to die.*

De todas formas,
el que a cada galaxia le corresponda
un agujero negro ya se venía
sospechando.

es cierto, había mucha noche, lluvia, una mujer, etc., pero en realidad únicamente hablo de mí, porque es lo único que tengo. No tengo distancia. Sólo esta proximidad tan nula que por fortuna invalida cualquier juicio moral. Odiábamos la moral. Circunvalamos la ciudad. Ionizado y oscuro el cielo, me invitaste a un Lucky [estrella entre tus dedos]. *En un radio de 2.000 km alrededor de la Tierra hay más de 2 millones de quilos de chatarra*, decía el periódico: satélites, cohetes, artefactos desintegrados en su circunvalar. Fríos. Silenciosos. Amorales [otra moral]. La realidad es sus símbolos [y no hay más], y, sin embargo, no podemos estar simultáneamente a ambos lados del radio de la Tierra.

sin fatiga, caminas, circunvalas la ciudad; adormecidos los detalles. Existe un punto en el que la tangente corta a la circunferencia; siempre está ahí, o quiere desaparecer [que es lo mismo]. Lo dijo Canetti, *no merece la pena desear venganza, se cumplirá, se cumple automáticamente por un principio de reversibilidad que hay en las cosas.* Entiéndelo.

nada posee una finalidad, nada agota su fuego, porque no hay dirección donde no hay gravedad. Porque adentro todo es nada. Y adentro es afuera. Y afuera no existe. Hasta el texto se escribe a sí mismo [compón tú ahora el símil con el camino que trazas, con esa circuitería entre metafísica y física que fue tu cuerpo en mi abrazo]. Cuanto existe debió de haber resonado antes en el silencio, hasta el beso se empapa en la esponja de ese eco [cristalino, asexuado] que sin materia se propaga. Parte la palabra del silencio para, extrañamente, buscar el silencio. Lo encuentra cuando muere, cuando se fibrosan palabras como *lluvia*, *azul* o *pájaro* en la Lluvia, en el Azul o en el Pájaro.

[no sólo en vertical] hay otra forma de ver las cosas. En ocasiones la lluvia en toda su extensión es una gasa que no cae, únicamente cubre, cuando ya no alfilerea, cuando lo que duele es tan amplio que no se alcanza a ver su curvatura, cuando ese instante es una de esas urbanizaciones reticuladas, cenicientas, crecidas en un desierto de Arizona al servicio de una carretera por la que ya nadie pasa. Pero ahora tú. Yo digo que llorabas y llovía porque lo vi en tus ojos. Pero no lo vi. Yo digo que circunvalamos la ciudad porque me pareció su curvatura inabarcable, porque se busca lo que no se tiene para destruirlo, porque al llegar al puerto vimos barcos en los que imaginé que nos íbamos, porque el aire pesaba ionizado en contrarios, porque nunca los cables de fibra óptica fueron más fibra y menos óptica, porque nunca una zanja fue más netamente zanja, más víscera, menos matemática. Pero, sobre todo, porque nunca fueron materia más equivalente la lluvia y la lava [también Ingrid Bergman se había echado a llorar cuando los encontraron].

pasa un camión, compongo
un haikú:

cae un hombre
por la ventana, lógi-
camente muere

detenida y sola, no existe agua que corra, porque su paisaje siempre fue más agua. También tú te prolongas hasta donde tu mirada alcanza; nada se opone. Lo veo porque ya estoy afuera. Es hermoso contemplar cómo hasta el silencio se desentiende del silencio y hay que empezar a escribir palabras en vacío, 1 portal, 1 m^2 de acera, 2 m^3 de aire, narcótica matemática, sin axioma, transformar tu buhardilla en otras coordenadas [por ejemplo, Los Ángeles], poner un CD de Dominique A, imprimir una foto en la que salgan flores que crecen al calor de un PC. No pasaron tan rápido el otoño y el invierno, más bien aún giran el uno en torno al otro, ciegos, sin que nada se les oponga. [Esto me recuerda a otra cosa, pero no sé a qué.]

circunvalamos la ciudad en silencio, me invitaste a un Lucky [escala real entre tus dedos], resulta fácil medir lo imposible, sólo hay que permanecer en silencio, esencia del instrumento más antiguo del mundo, que viene a ser el sueño nocturno. Pero cómo medir lo posible, te digo, experta en el arte más antiguo del mundo, aquel que dentro del perímetro de los platos de porcelana se consume a medida que se representa, enmudecer ante ese lenguaje hecho de alimentos resucitados, donde lo abstracto se organiza en el perímetro de los platos [y todos los sentidos barajabas en el centro]. Tú nunca hiciste comida muerta.

una demostración de que la Tierra no es redonda es que cavando un hueco nunca llegas al otro lado; ardes antes en el centro. Tampoco todo esto posee una antípoda; se extingue el hilo de la tinta antes de alcanzar su contrario. Pero hilo, cuanto más profundo, más frío: yendo hacia el incendio de tu cuerpo, no hace más que regresar al mío. A la gangrena. Al tejido congelado que da argumento a estas horas reflectantes.

nos gustaba ver películas juntos, y llorar de risa en los finales cursis, nunca en los amargos, fingir que sabíamos lo suficiente de estética y vida como para distinguir lo bueno de lo malo. Al final no fue así, tú llorabas y llovía, y era francamente malo y amargo. Aprender a gestionar la fantasía de un solo golpe.

*Pero el resultado
más impactante que se constata es
el papel clave de los agujeros negros
en la construcción del universo.
El escenario global
que se dibuja es que las primeras
   estrellas que se formaron,
      cuando el universo era muy joven,
eran muy masivas, y por eso
murieron muy rápidamente.*

el misterio más profundo está en la materia. Compraste unas postales, sencillas, vulgares, escribiste lo que se escribe en tal espacio programado, en torno a nosotros unas mujeres venían con la compra, turistas manoseaban chatarra, llegaba el barco Nápoles-Capri cargado de cuerpos sin sexo, te saqué una foto [botas de punta, gafas, Saimaza Mezcla], te miraba. El camarero arrancó la cuenta de la caja registradora, aún debes de tenerla, verdadero poema [lo llamaré pixelado n.º 0]: el misterio más profundo está en la materia.

metálicos en un jardín botánico, extraños a ese paquete de luz desleída por ambos [no venía del horizonte], cada vez más lejos de esa única tangente que es al fin arena en un colchón o epidermis vacía, así, venía diciendo, *metálicos en un jardín botánico*, circunvalamos una elipse de 2 centros. Sólo eso. 2 centros.

escaner de papel higiénico, WC Hostal Bristol, Capri
AFM, 2002

CRÉDITOS Y AGRADECIMIENTOS

Las partes en verso son diferentes extractos del artículo *Los agujeros Negros, Constructores Del Cosmos*, originalmente en prosa, editado por el diario *El País* el 2 de noviembre del 2005, firmado por Mónica Salomé.

De las citas que encabezan el texto, la de Andy Warhol pertenece a su libro, *Mi filosofía de A a B y de B a A* (Tusquets Editores), y la cita de La Costa Brava pertenece a su LP *Llamadas perdidas* (Mushroom Pillow, 2004).

El resto de las citas insertadas en el texto (poemas, novelas o canciones), son más o menos de memoria. Siento los errores que pudiera haber cometido. Supongo que, como decía el gran Michi Panero, *lo que importa al final es la idea*.

Quiero agradecer al jurado del XXXIV Premio de Poesía Ciudad de Burgos haber visto en este libro motivos suficientes para hacerlo merecedor del premio. También a cuantos han apoyado desde el principio mis propuestas, por descabelladas que fueran.

Por lo demás, la presencia de un barco varado en una estepa al dar una curva sigue siendo la peor de las pesadillas.

DEDICATORIA

A la cocina del 1.º A del n.º 4 de la calle Estudio General, Palma de Mallorca, lugar en el que escribí este libro.

ANTIBIÓTICO
(2005)

Pero tus ojos proclaman
que todo es superficie. La superficie es lo que hay allí
y sólo puede existir lo que hay allí.

JOHN ASHBERY,
Autorretrato en espejo convexo

la esperanza cóncava que se forma
al mear sobre nieve,

mapa:
genoma y casete de territorio,
el cuerpo:
fundir pistas, alterar pistas,

vemos en el alma cristal,
materia pulida,
pero es rugosa, en sus crestas radiaba incandescente
el espectro de lo que vendría,

        los valles tampoco eres tú,

            un átomo emite un electrón
            y reordena el mundo

                  [*repetimos*]

            un átomo emite un electrón
            y reordena el mundo,

aunque hay flashes y humus allí abajo

los acordes están hace tiempo repartidos,
pasa un coche

sin luces, se lleva por delante
todo cuanto le es irreversible: su propia luz,
la mujer que cruza de acera, una bolsa
de basura que

        emite sus residuos
        y reordena el mundo,

en el mismo centro de masas de tu edad
no hay masa, luz
que avanza a hachazos
hasta la bombilla desnuda del dormitorio

[agua, espacios blandos],

toda bombilla es polvo de orina,
        incolora pupila,

              me apago, y una ninfa susurra desde el televisor,

tranquilos, vengo del futuro
para traeros algo mejor,

y sin embargo faltan muescas
en mi sistema métrico decimal,

encontraste un papel con grasa
del primer bistec de la Creación, latas
de Fanta Free aplastadas,
el envoltorio de unos Panini de Knorr

que se venden a pares por si se vive a pares
               [contienes la risa],
residuos de un espacio tomado
por la sordomuda expansión
de las costumbres,

una tecla muy rara que tiene mi teléfono
concentra todas las letras en ceniza
              [también las no escritas],

y fresas y planetas copiados
para un jersey tricotado, tira del hilo,
una luna llena
de quimioterapia,

qué cubo de hielo en un desierto
hubiera sido tu nariz operada,
damos vueltas a la Tierra en espiral para pensar
que todavía es plana, que el Equipo-A y Jorge Luis Borges
no son la misma cosa, que el verano es
el aparato cazamosquitos en su enchufe: luz roja vigila
cada noche el Universo por ti,

pero tarde o temprano amanece, el sol,
tabulado en la persiana indica
que su verso es siempre el mismo verso,
y que además

está vacío,

suspensivos de luz,
              pero, ¿qué luz?,

          un átomo emite un fotón
          y oscurece el mundo,

colgabas la ropa y pasó
una bandada de pájaros,
su intención era reordenar el horizonte,
los alambres clarean folios
en vez de ropa
          [¿alguien recuerda una terraza?]
en cada vestido vacío se observa
un mundo previo, la ilusión de un fémur
hecho trizas,

y cayó nuestro día como una isla
que se hunde sin generar ruido ni olas,

PROYECTO: se trata de sustituir cada una de las paredes
de tu habitación por una fotografía a escala real de las
paredes de esa misma habitación,

matar la escala real que hay en ti,

lo que se nos aparece de repente no es que antes no estuviera ahí,
sino que estaba «apagado»: en alguna parte del mundo un interruptor estaba en posición OFF. Ese interruptor es a veces un simple parpadeo; en otras ocasiones, un complejo proceso que mueve montañas de árboles de plástico,
verde como el cielo de *escay* del sofá donde nos acoplábamos,
la maniquí me ofrece su cuerpo de plástico
cada vez que cojo el bolígrafo de plástico que un día fue
maniquí y plástico,

y escribo,

mi cerebro: anfiteatro de ventrílocuos
dispuestos a condenarte a lunas de ácido
acetilsalicílico,

el 50 % de cualquier canción
es silencio,

aún no se entiende cómo el tiempo
sepulta ciudades para igualarlas,
para que tengan como único ser vivo
el vector de fuerza gravitatoria, $\mathbf{F = GMm/r^2}$,
que tira de los fósiles
hacia el centro de la Tierra,

esa **m** es la que no soporto, mi masa,
efervescente de pies a cabeza, vertical sin saber
que la lógica del mundo es
la capacidad de los pulmones,
las paredes de una caja,
               nada,
objetos inertes del Desguace Universal, los trompetazos
de Miles Davis, nostalgia de la oreja
de Niki Lauda,

ir a grabar el sonido
de lugares que no existen
[plaza San Marcos: Finisterre: Louvre: las KIO:
el CERN: Pompeya: tu cavidad estomacal],
como quien recoge agua en un frasco transparente,
y desaparece,
un anzuelo recita en su vértice el cielo
de sus paladares, danza aérea
de moléculas,
tibia aún la carne,

pasa una ambulancia,
        escribo *delete*,

            otra vez,

            delete,

nunca sabremos
dónde termina la sangre y comienza la lejía,

un pájaro asciende en espiral
sobre los tejados, dibuja un cono que recuerda
al de un helado de trufa, esas que buscan perros y cerdos
adiestrados, lo sé porque su pico es negro, los ojos,
dos transparencias intactas, como si todo planeta tuviera
su gemelo en alguna parte,

o un tren,
se borran ventanillas, son píxeles sin cifra, entreveo
al revisor soñado tickets de acero, el cosmos
de saliva que escupe el maquinista es arrastrado al furgón de cola,
entra donde un niño de 7 años quiere soplar 8 velas,

            no escribo nada,

pasa otro AVE,

            no escribo nada,

también veo un asunto de impagos al otro lado de la vía,
la erizada soledad del cepillo en un tocador de señoras, dudo si
    meter
a Wittgenstein o a Los Planetas en un concierto de ABBA, los
    hechos

tienen forma lógica
a pesar de la cadena desoxirribonucleica que te asfixia
en el instante en que atraviesas el útero de la madre,

cuando todo se acabe y nadie nos recuerde
pensaremos el tiempo como una fractura
en el campo magnético terrestre, nadie atrae
a nadie, no brilla
el mapamundi en tus ojos si el Mundo
lo creó Dios copiándose a sí mismo,
seguro que nos vemos
en cualquier fiesta,

tus manos el reverso de una hoja en blanco y en su centro
el signo conjunto vacío:
redundancia
en DIN-A4,

hay dos tipos de objetos, aquellos que están condenados a perder su contenido, por ejemplo, un brik de leche, y aquellos otros en los que una pérdida de esa clase supone un accidente, por ejemplo, el disco duro de un ordenador. En los primeros sus códigos de barras tienden a estar tristes; en los segundos, depende del temperamento intrínseco al sistema,

el cadáver de Kurt Cobain: lo que más extrañó a los investigadores fue hallar una Barbie en miniatura en su estómago que llevaba un vestido de Jackie Kennedy [por lo demás, desvió la investigación el hecho de que los dientes del fallecido fueran rectangulares y de leche],

mi hermana nos comenta que durante mucho tiempo
hubo un olor en la ciudad a carne y plástico quemados,

la Cocacola que abrí ayer
tiene ya un dulzor adhesivo, me asomo
a la ventana que da a la calle Franklin, aún hay luz,

se constata que un enchufe es
más rápido que una palabra,

tu intestino: Futurama,

pasa una ambulancia,
                escribo *delete*,

                      otra vez,

                      delete,

nunca sabremos dónde termina la sangre
y comienza la lejía,

hasta ahora sólo hemos
considerado sistemas **poéticos**
muy sencillos, como el Desplazamiento
de Bernoulli o la Transformación del Panadero.

El tiempo entra
de forma **continua**.

Ahora abordaremos
los sistemas **poéticos** *inestables*
en los que el tiempo se presenta de forma **discontinua**.
        [Es la situación
            de la **poética** *cuántica].*

¿Cómo se define el caos
para estos sistemas?:

Hay algo en los mapas
   [versos]
que les lleva a la desaparición
de las trayectorias. Tomaremos
esta propiedad como la definición misma del caos.

Que es la versificación postpoética del texto:

[Hasta ahora sólo hemos considerado sistemas **caóticos** muy sencillos, como el Desplazamiento de Bernoulli o la Transformación del Panadero. El tiempo entra de forma **discontinua**. Ahora abordaremos los sistemas inestables, en los que el tiempo se presenta de forma **continua**. Es la situación de la **dinámica** cuántica. ¿Cómo se define el caos para estos sistemas?: Hay algo en los mapas que les lleva a la desaparición de las trayectorias. Tomaremos esta propiedad como la definición misma del caos.] (Ilya Prigogine, *Las Leyes del Caos*),

el Mundo se hizo hielo, de modo
que pesaba menos,

       comienzo de nuevo:
la esperanza cóncava que se forma
al mear sobre nieve,

desayunas, un mugido de vaca rompe el telo de nieve,
la miga de croissant sobre papel de estraza multiplica
por 10 su brillo en un cerco de grasa,
velocidad insoportable para el ojo,
también el tiempo a tu lado
devoró palabras a cámara rápida,

cámaras de seguridad mastican noches de oficinas,
estadios de fútbol a balón parado, silbatos
que no mueven nada, hay un vertedero
de imágenes vacías más allá del desierto,
unidas dibujarían una confusión de cuerpos

sin órganos internos

algún día será el mundo,
              no los hombres,
quien padezca alzhéimer,
comenzará el *big bang* de nuevo,
                    tú y yo
conectando uno a uno los cables
de la silla eléctrica,

el despertador radia impactos,
el cielo no cuaja, aún es
una hipótesis sin idea,
respiras a mi lado sin saber nada de mis ojos en blanco y **negro**,

te toco, recuerdo
el verso de un amigo:

Destilo un pedo delicado, que trenza en el aire telarañas calientes.

Ya no oigo nada, salvo el apagarse del corazón y el insomnio del corazón.

Caigo, y apenas me estremece la caída.

Se me aparece un verso. Me levanto y a tientas lo escribo:
«El silencio es un fragor interrumpido por los primeros insectos»,

se me aparece un verso, me levanto
y a tientas escribo:

«la infancia es un átomo que emite
la partícula © hasta que morimos»,

giro el contacto del diésel y espero,
hay un par de segundos en los que no vivimos
pero tampoco desaparecemos,

roto el hilo de los sentidos sin dar tiempo
a que la luz llegue y monte de nuevo
su tenderete de compra-venta de sucesos,
regresas y piensas:
«esto ya lo he vivido, pero es inédito»,

Roma, fin de año,
éxtasis de Santa Teresa, burbujas
de agua carbonatada ascienden verticales a velocidad constante
hacia el final de un metro, que va a dar al mar,
¿y si un vagón de metro se cayese al mar?,
hay una materia incorrupta en el ascenso
de esas burbujas, los ojos entreabiertos
de un dios,

esférica luz que llega 40 años después,
estrellas en *stand-by*, fe
en el jamón de York, tus pechos expulsan leche tibia
y simultáneamente conjuntos vacíos,

en un puerto del Norte, te dije:

«en los muelles numeran la marea en decimales»,
señalando una de esas reglas que
pegadas a los diques se sumergen en el agua,

fantástica ilusión calibrar el abismo acuático,
o el vaciado de aire que un pájaro deja tras de sí,

o el instante anterior a que el afecto definiese el tiempo
tal como lo conoce tu reloj:

su sentido es sumergirse
en tus propios dígitos,

borrar todos los dígitos que hay en mí,

se me ocurre un poema:

Madrid, 22 de mayo, sola y vectorial, Carolina de Mónaco avanza hacia la puerta de la Almudena, aquella plaza más gigante que el estado de Nevada, llovizna, no podría ser de otra manera, la dignidad por los suelos y no obstante camina, miles de cámaras apuntándole a los ojos que son 2 soles, como los de esos planetas de las películas de mala ciencia ficción, en las que siempre hay 2 soles que nunca se apagan, Carolina: la ciencia ficción de las monarquías reales, históricas y noveladas en aquella plaza más grande que el estado de Nevada, llovizna [ya lo he dicho], camina hacia la puerta del Paraíso [coincide con la de la caverna], su vestido rosa Versace [que no es lo mismo que el rosa Chanel], esencia que nadie entiende pero que se sabe destilado de todos los tonos rosas de la Tierra, porque, al final, vista muy de lejos, la Tierra es rosa porque rosas son las ruedas de los coches en las noches de invierno [y eso iguala a Carolina con los viajantes de comercio de carreteras secundarias, con el hombre mal vestido que ahora mismo coteja datos en el acelerador del partículas del CERN, también la iguala a aquel que se dejó, allá por los años 90 del siglo 20, la vida en la Ruta del Bacalao, y a los testículos de un gato, y a un decorado rosa que hay en Orlando y que resultó no ser un decorado, y a los míos, también el rosa de Carolina iguala a Carolina con mis testículos color rosa], pero el interior de las personas,
sobre todo el interior de las personas,
es puro rosa,
no me refiero a la carne, ni a tubos gástricos ni páncreas ni a un pequeño hueco de mi corazón que nadie ha visto ni verá [así que

quedará perdido en el Espacio cuando yo no sea más que una pequeña montaña de cenizas que alguien venderá para que un tercero la salte una noche de San Juan], no, no me refiero a ese rosa que hay en el interior de mi cuerpo y de todos los cuerpos, sino al interior de las personas, que no son lo mismo que los cuerpos,
y Carolina, vida propia, camina sola, piensa en la mancha de grasa crecida en su nómina, en cuentas bancarias que tienen forma espiral, en lanchas motoras que explotan a 300 por hora y su deflagración ciega al sol y al *big bang* de turno porque el *big bang* es una moda,

oye, ponte esta camisa, que vienen los cuadros
marrones y rosas,
un gin-tonic poco cargado,
el Mundo aún no era chino y era verano,

un marido que vomita en una suite del Ritz pasada de moda, y ella avanza hacia la puerta de una catedral, miles de cámaras apuntándole y sus ojos 2 soles de peli de mala ciencia ficción, en la que la chica muere porque los alienígenas no quieren vestidos rosa, asisto un sábado a esa escena, imaginaria si no fuera porque la tele es lo más real que existe, me he levantado temprano, no podía dormir, demasiado pescado ayer en la cena, bebo manzanilla, enciendo la tele porque paso de los deportes y me gusta bajar el volumen y pasmarme en los espasmódicos movimientos de los atletas, separados ya para siempre del sonido de sus músculos, de sus gemidos, y de pronto veo a Carolina y mi imagen, reflejada en la pantalla, superpuesta a la de esa mujer, sola en una plaza más desierta que todo el estado de Nevada, ha encontrado su compañía natural, llueve dentro del televisor, aquí hace calor, cierro los ojos, doy un sorbo a la manzanilla, oigo en la calle a una joven que regresa de la juerga de su vida, y al señor que carraspea mientras va a comprar el pan y es el rey del mundo porque tiene pan y no puede haber vida sin pan, y abro los ojos y estoy allí, Carolina, llueve en sus 2 soles y ahora en el hueco de mi corazón, avanza hacia una puerta cada vez más grande, Paraíso o Caverna, traspasará el umbral, pondrá un pie en la moqueta roja [que tiene grasa de manteca de cerdo que un monarca dejó caer hace 300 años, y polen de unas flores que una doncella pisó hace 200, y una gota de semen del Príncipe [que acaba de dejar caer porque está enamorado como nunca, y no aguanta más]], y caminará Carolina hacia su puesto, un banco en primera fila, todos la mirarán y será una cerilla que se enciende en la oscuridad para apagarse al instante, destello que lo habrá alumbrado todo, la primera gorila cuya hoguera se apagó porque una ráfaga de aire entró en la caverna, cuando abrió los ojos ya todas la catedrales estaban construidas, ya todas la películas de mala ciencia ficción estaban filmadas, ya Chanel había comercializado su colección, *El rosa todos los rosas*, ya todos los mamuts estaban pintados,

entonces la nieve lo cubrió todo y asomaron
2 señales que indicaban
una misma población en sentidos contrarios,
definir un ombligo en la eternidad,
una demostración de que el 69 no tiene validez universal es
que sólo tiene sentido en el sistema numérico decimal,
prueba a hacerlo en binario,

Cosas que hacen los solitarios:
1] Llamar a teléfonos fijos mientras le gente trabaja. Escuchar el contestador. No decir nada.
2] Localizar bodas en la Agenda del Día. Sentarse atrás.
3] Comprar discos repetidos de Esplendor Geométrico. Una manía.
4] Beber sólo agua.
5] Detestar las chimeneas en general y las velas en particular.

6] Saber de memoria la Virtudes del Pájaro Solitario. No practicarlas.
7] Proyectar y posponer continuamente una exposición de fotografías. Saturadas.
8] Usar zapatos sin cordones. Esplendor en esa adherencia en desuso llamada velcro.
9] Levantarse a las 7.00 am cada 1 de enero, hacer la misma fotografía, meterla en un sobre. No enviarla.
10] Mirar catálogos de lámparas.
11] Ir quedándose flacos.
12] Darle vueltas a qué fue primero, si la rueda o el radio.

Cosas que no hacen los solitarios:
1] Llamar a teléfonos fijos mientras le gente trabaja. Escuchar el contestador. No decir nada
2] Localizar bodas en la Agenda del Día. Sentarse atrás.
3] Comprar discos repetidos de Esplendor Geométrico. Una manía.
4] Beber sólo agua.
5] Detestar las chimeneas en general y las velas en particular.
6] Saber de memoria la Virtudes del Pájaro Solitario. No practicarlas.
7] Proyectar y posponer continuamente una exposición de fotografías. Saturadas.
8] Usar zapatos sin cordones. Esplendor en esa adherencia en desuso llamada velcro.
9] Levantarse a las 7.00 am cada 1 de enero, hacer la misma fotografía, meterla en un sobre. No enviarla.
10] Mirar catálogos de lámparas.
11] Ir quedándose flacos.
12] Darle vueltas a qué fue primero, si la rueda o el radio,

los chopos se doblaban y mis padres decían
que el árbol se ofrece al viento
porque sus ramas son redes para insectos,

es la raza del antibiótico,
aparcacoches para aviones,
mitos de un futuro próximo,

tubos fluorescentes: cigarrillos en litigio
con la Osa Polar que se dibuja
en tus pulmones de rayos X,

imagino mi intestino armado
con tubos fluorescentes,

«también hay un barco que no pesa en virtud de dos flechas
que hacen diana en el centro de gravedad del camarote»,
decía el ejemplar de *Scientific American*
que mi padre llevaba bajo el brazo,
después la carretera se hizo vértice en la ermita,
los faros del Simca 1200 barrían en ángulo sólido el paquete
    tierno
que era la noche
    [una cerilla mi cabeza],
llenamos de arándanos la blusa de mi madre
para hacer un licor con el que aún me emborracho las tardes
en las que no arde mi fósforo, y el tiempo, la ermita, los chopos,
la revista bajo el brazo,
son excusas, opio infantil que diseñas para ganar en cifras
lo que malgastas en partículas de la suerte,
y antes de romperse produce vetas carnosas, simulacros
de lágrimas en la copa,
y pongo *Taxi Driver*,

Travis,

hay 3 Travis desmagnetizados
en mi VHS,

el de *Apocalypse now*,
    —Saigón, mierda,
        aún sigo solo en Saigón,

el de *Paris, Texas*
    [........................],

el de *Taxi driver*,
    —*are you talking to me?*
    —*are you talking to me?*

ante un espejo
que no responde,

lo que más me apena es saber ya
que antes de morir no participaré en una guerra,
desconocer la ignominia
del homicidio pactado,

la cama pero no duermo,
la estrella es un punto y todo cuerpo persigue ese punto,
esto nadie lo sabe:
cuanto más oscuro es el cielo más luz
hay en la Tierra,

el fuego precinta el aire, atrae a las fieras inversas
que quieren abandonarse con la excusa

de ir al Principio de los Tiempos,
pero el fuego es la bolsa de semen que cuelga
de ese *spam* que es la noche,

todos los *spam* el *Spam*
todos los rosas el Rosa

tarde o temprano regresan la páginas numeradas,
se arraciman en los árboles,
A contra A pero no hay espejo, árboles de Faulkner,
de Pynchon, de Foster Wallace,

¿un desecho sin memoria es un desecho?,
reciclas para borrar, qué harán futuros arqueólogos
sin nuestras heces de domingo,
el silencio será algún día lo más barroco,
un *archivo.doc* sin masa ni color,

mueres,
y el ojo centinela se encarga de reunir
todo el pelo que perdiste desde el nacimiento, paquete
que te supera en volumen,
por eso mueres

[el Mundo aún no era chino, y era verano],

propongo una definición de lo que me queda de tiempo (**t**):
el inverso de la exponencial del sumatorio del pelo
perdido cuando ese pelo tiende a infinito,

me animo a escribirlo:

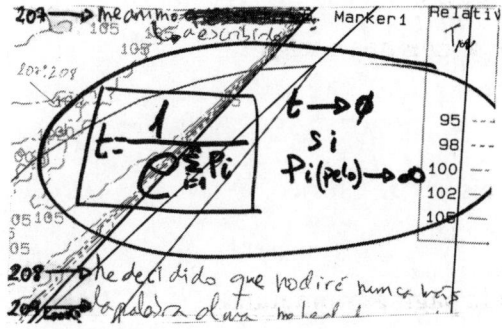

he decidido que no diré nunca más la palabra *alma*,
siempre fracasa,

el reloj destila piedras,

te mueves a mi lado,

entre los cuerpos gesticula una capa
de afectos saturados,
el despertador va radiando sus impactos,
el cielo es una hipótesis no confirmada,
cuaja sin pausa,
te toco,
me hace diana el verso de un amigo:

No ha vivido del todo
quien se ha perdido el celo de los gatos.

He llegado a pensar,
mirando el cielo intenso de esta tarde,
que tampoco ha vivido
quien no ha matado nunca a un semejante,
quien no se ha levantado
del campo de batalla
empapado de sangre

y ha visto un nuevo ocaso transparente
tras lavarse la cara y las heridas,

raíles de una misma vía,
como en uno de aquellos paisajes de Chirico,
caminabas sobre el rail más lejano,
además de alimentos en energía
metabolizamos palabras en vacío, el residuo
es el poema,
el eco, las líneas que dibujan un cero
sobre el que dan vueltas las palabras,
pero las incógnitas de una ecuación se deslizan
sobre sus raíles $x=y=x=y=x=y=x=y$ irresolubles para siempre,

                                y sin embargo
                                esta luz llega sin memoria,

fotosíntesis que transforma lo inorgánico en orgánico:
el sonido del silbato mientras en el vagón-restaurante
pides un té con croissant, y tiemblas:
tu infancia
cada vez está más cerca,

Buster Keaton invirtió sus últimos años
en observar cómo giraba un tren eléctrico
                en el desván de su casa,
con ojos de pez alumbraba los 2 raíles que la evolución,
                        en su genética imparable,
también había ido separando,

somos todos
                extraños en un tren,
y los que no lo son es que duermen,

en el instante previo a un accidente, tus zapatos,
tus pantalones, tu reloj, tu monedero,
te dejan, son ya nudos deshechos,
cámara lenta al encuentro de un poste,
de un árbol,
tu cuerpo,
otro nudo
deshecho en el asfalto,
pero que la noche no tenga colores es
la clara demostración de que Dios existe,

también me enviaste una hoja en blanco
encabezada con la frase:

este poema es invisible, ni su autora lo conoce

y entonces el sol dijo basta,
deslizar el rayador del queso por las heces,
comprobar que sangran, encontrar en los coágulos
la respuesta a preguntas eternas, ¿con qué soñaban
los soldados que siempre se quedaban
en el fondo de la caja?, ¿eran o fingían
ser de plástico?

todo objeto es un pájaro que nunca conseguirá volar,
todo objeto lleva
una criatura pre-pájaro dentro,

se constata que un enchufe
es más rápido que una palabra, tus labios
la boca de aire acondicionado de un cerebro empapado
de licor de arándanos,
o gris toma de tierra:

             sueño con cemento devastando
             líneas enteras de costa,
y llueve y avanza
Carolina,
traje rosa,
la luna, foco, quirófano,

un átomo emite un neutrino
y deja al mundo como estaba,

                    [repetimos]

un átomo emite un neutrino
y deja al mundo como estaba,

lluvia de velocidad
enrasada a tu cabeza,

0101010101010101010101010101 existía esta línea continua entre el *low tech* de las columnas del Partenón y el *high tech* del Código de Barras. La línea de quien empezó a correr hace 21 siglos en una playa de Maratón, y se detuvo en un escaparate de la Zona Cero a mirar otra playa digital, otra arena de píxeles y cifras en el cuarzo líquido de las pantallas: había una línea continua porque supo que al fin había regresado,

viaje que son salmones,
de pubis en pubis, Robinson
en tu propio cuerpo, atontada proteína,
las ásperas fibras del silencio,

la estela de un avión, paralelas, ahí vio el náufrago
su vertical esperanza

[piensa en dos electrones volando hacia el pasado,
    en los cordones tendidos de tus nuevas Adidas,
        en las piernas de pasarela cuando regresan,
            el cabello desanudándose en el cepillo
                de Rebecca, piensa]
[acabo de mirar por la ventana, ha dejado de nevar],

el amor no era líquido, sino azúcar, tú,
pronombre pegajoso, pasto de hormigas,

me aterra pensar que algún día todos seremos
pronombres,
¿habrá pronombres en la Luna?,

Roma, fin de año,
dejó de silbar al mismo tiempo que una estrella iniciaba
su descomposición en la tetera,
un escritor trabaja hasta el amanecer, sale a la calle
y en los vómitos que sortea encuentra
el sentido de su obra, las piedras que en la orilla caminan
hacia delante y hacia atrás, espectros de la marea,

poema: instrumento óptico perfecto
al servicio del vacío,
enfoca el agujero que hace caleidoscópicos los cuerpos,
la cinta de vídeo que encontramos en aquella papelera,
antigua y perfecta como nuestro exoesqueleto,
o monolito,

hay en tu piel cavidades copiadas de otras cavidades,
globos oculares hacia biyecciones sin flecha,
rotas como enredaderas cuando llegan al final de Internet,

¿ha llegado alguien al final de Internet?
es la propia tensión del *lugar* lo que sentiré
en el interior de tu piel, bolsa hueca,
espacio *curvo-poético*,

viaja lo aún desconocido a través del tacto,

las yemas de tus dedos, negativo exacto
del fondo marino,
mi estado inmóvil en la cama, duermes,

respiro pero no duermo,

    un átomo emite un protón
    y hace del mundo su polo opuesto

    [esto es muy complicado, así que no lo repetiremos],

alguien tose en la calle, el ingeniero que va al trabajo y no sabe
cómo decirle a su esposa que su PC está lleno
de cálculos de otra, piedras de riñón, productos
de variadas dietas,

o quizá la adolescente catapultada
de *after* en *after* porque el amanecer es un músculo troceado
y el carnicero no duerme,

o puedo ser yo y toda la luz lastrada que fui
aquel último verano, *y ahora estoy convertido
en estatua de sal*

    [respiro, pero no duermo]

los puntos de luz de la persiana trepan
hacia su teorema,
un pelo de porcelana desprende el brillo
de sus últimas células en la bañera,

me levanto y a tientas escribo,

la luz de San Juan de la Cruz
nos ha devorado,
         nos queda la Uralita,

dos cuerpos empollan
su propia trayectoria,

buscábamos una frontera
sólida y líquida, ideas granuladas, arena
de días sin huella

que voy juntando y luego integro en el espacio,

el Principio era una bolsa de deporte,
un chasquido con los dedos que rompió el decorado y creaste
la noche porque creaste la primera estrella:
la luz de tus bragas
en la bolsa de deporte,

y tus labios,
carnosos,
pero no como lo es la carne,
ni tampoco como

$$f(x): A \longrightarrow B$$
$$tú \longrightarrow yo$$
$$yo \longrightarrow tú$$

ni como lo es la tierra mojada tras el chaparrón, ni como
es carnoso el irisado chapapote, sino carnosos
como la plata precipitada desde la foto, turbia
en la cubeta allí abajo, que se lleva al mismo tiempo
los dólares y el misterio de la imagen,

la mirada aniquila la mirada,
nos borramos del retrato,

qué felices son los enfermos,
que no hacen nada, metafísicos,
y el pelo de los muertos,

1924, antes de acometer el Everest con traje de *tweed*,
le preguntaron a Mallory,

—*¿por qué los hombres escalan montañas?*

—*porque están ahí* —respondió,

conduzco 33 kilómetros hasta donde hay cobertura telefónica, agua-nieve, hablo con mi padre, me dice: «estoy escribiendo un libro, tengo ya 33 páginas acerca de nutrición animal, de la bondad de los productos transgénicos y los efectos del nitrógeno en las cosechas. Hoy he visto un anuncio muy poético, de esos que te gustan, una chica decía, *tranquilos, vengo del futuro para traeros algo mejor*, creo que era de Neutrex». Regreso, enciendo el PC y veo que yo también llevo escritas 33 páginas,

hay en toda ruta una contradicción:
existen líneas en tus pies
y sin embargo te pierdes,

el pedal de freno no responde,
dijo otro amigo refiriéndose
al Estanco de Pessoa,

el pedal de freno no responde,

somos códigos de barras, este crepúsculo el láser
que maneja un dios a pie de caja,

se me aparece un poema

[POEMA POSTPOÉTICO n.° 0]

el artículo más famoso [Einstein, 1905]
de la historia de la física,
comienza,
es bien sabido que cuando se aplica a los cuerpos en movimiento, la electrodinámica de Maxwell conduce a asimetrías que parecen entrar en contradicción con los fenómenos observados.
Tomemos, por ejemplo,
la retroalimentación que

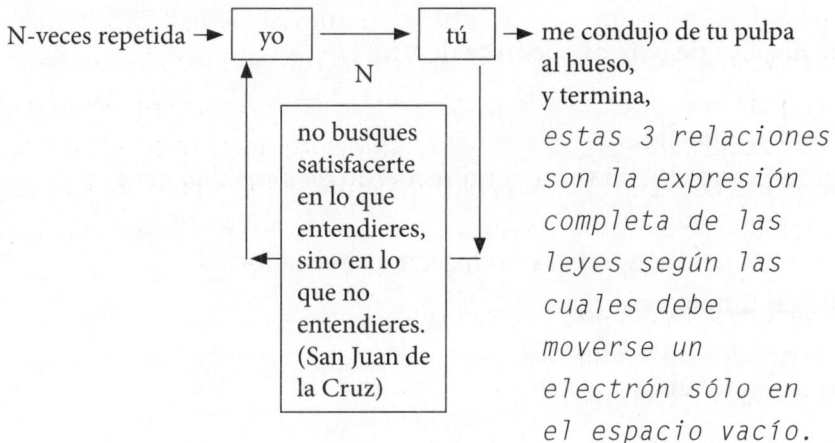

debe existir la réplica exacta de aquel hombre
que en una calle de Hiroshima veía el hongo nuclear
bajo un paraguas,
       el viento cuántico
       que le arrancó la cara,
       sus 8 bolsas de Versace,
el asfalto, la cama elástica

       [si supiéramos que lo que fue molécula en un
       estómago de un dinosaurio
       es ahora carne
       de nuestra garganta]

si lo supiéramos,

o que los árboles a los que te subiste son ya papel moneda, y la
    resina
circuito impreso de un satélite
orbitante, *mayday, mayday,*
te recibo alto y claro,

si lo supiéramos,

el disparo de bala que te nace dentro,

basura espacial,
giran toneladas en torno a un recuerdo de densidad cero,

la suma del tiempo para un insecto posee la forma
de un limpiaparabrisas,

si lo supiéramos,

después llenamos frascos de aguardiente con arándanos, mi madre
los lanzaba al cuello de la botella como si en ese *swing* se jugase un
futuro

[madre y campo de golf,
hijo y agujero,
el objetivo de una madre es enhebrarte a algún espacio de juego]

yo aún no había leído aquella dedicatoria en aquel libro, que decía,
a mi madre, que ya es nieve, mi padre miró entonces a través de la
ventana, dijo algo acerca de los termómetros de mercurio, aunque
la temperatura de sus manos ya se medía en digitales, el mundo tal
como lo recordé,

rasca y gana,
no duermo,
crece una selva al calor
de teleseries vacías,
el Mundo aún no era chino
y era verano,

tu caja de anticonceptivos,
donde la muerte es una idea,
       ¿pero alguien ha llegado al final de Internet?,
       ¿será cada una de estas píldoras
       el final de Internet?, dijiste en la cama del motel,
el papel pintado recordaba las vitrinas
de un museo arqueológico que habíamos visto en DF,
afuera, la autopista copiaba una maleta
que no paraba de moverse,
concibo un experimento: pon tus heces
en un colador de agujeros de 1 mm,
lávalas con abundante agua,

quedarán objetos de colores,
que limpias y metes en un frasco para no olvidar un mar
con otra clase de peces,
ese océano está en ti,

los ojos de la maniquí lanzan
a través del escaparate la exacta idea de un sexo,
agota tu cabeza,

y piensas: «hay una veleta detenida
en cada cubito de hielo», el crimen
Universal no resuelto,

el mar no es lo primero,
antes están las flores duras pero no heladas,
el cerebro del insomne es gris, disociado
en blanco y en negro,
invalida el teorema $A = -A$ de los espejos,

la casa en domingo sólo era un lugar donde se adensaban las voces,
conjeturas, pelis de Tarkovski

giro del pintalabios,
giro del giradiscos,
giro de cabeza *Exorcista,*
rotación de la Tierra,
el ser humano cambia de cuerpo
una vez cada 10 años

        [épica de moteles, extrarradios],

tiempo que tardan en renovarse
todas las células, se me aparece un poema,

Borges y yo

[1] versión plagiada:
Al otro, a Borges, es a quien le ocurren las cosas. Yo, AFM, camino por esta micronación y me demoro, acaso ya mecánicamente, para mirar el arco de una cúpula hormigonada o el icono atrebolado que señala: Zona Radioactiva. De Borges tengo noticias por el correo, y veo su nombre en una terna de ilustres de algunas *web*, o en un diccionario de aquellos biográficos que aún conservo y que usábamos antes de vivir en este laberinto bajo tierra. Me gusta la música de Esplendor Geométrico, los mapas pixelados, la tipografía de grano grueso, el sabor del Cola-Cao y la prosa nipona del siglo II; el otro comparte esas preferencias, pero de un modo tan visionario que, aún después de muerto, lo convierten en el más ilustre personaje de aquella corriente estética que se dio en llamar *apropiacionismo*. Sería exagerado afirmar que nuestra relación es amistosa u hostil, sólo es: Borges vive, se deja vivir, para que yo pueda seguir tramando en él mi literatura y esa literatura me justifica. No me importa admitir que he logrado varias páginas decentes, pero esas páginas no me pueden salvar, quizá porque lo decente ya no es de nadie, ni siquiera de él, sino del lenguaje y la tradición. Por lo demás, yo estoy destinado a perderme definitivamente, y sólo algún instante de mí podrá sobrevivir en él. Poco a poco voy cediéndole todo. Le consta mi perversa costumbre de falsear y magnificar; y no le importa. Spinoza entendió que todas las cosas quieren perseverar en su ser; la piedra eternamente quiere ser piedra, un tigre un tigre, un isótopo un isótopo, yo he de quedar en Borges, no en mí [si es que alguien soy], y me reconozco más en sus libros que en el juego de mis pobres interpolaciones. Hace años traté de librarme de él y pasé de las mitologías televisadas a los juegos con el tiempo y el infinito en este intestino de ce-

mento, pero esos juegos siempre han sido de Borges y tendré que inventar otros. Así mi vida es una fuga y todo lo pierdo y todo es del olvido, o de él. No sé cuál de los dos escribe esta página.

[2] versión iconográfica
o como el yo-yo que te compraron de niño, que rueda sobre sí mismo a la vez que va y viene entre tu mano y la máxima extensión de la cuerda. Bendito yo-yo, *ego-ego*, yo-yo.

tenemos dos cuerpos, el visceral
y el informático, unidos por el tacto, ojalá
el cerebro tuviera la tecla *escape*
para salir de sí mismo, cerrar la vida
desde fuera,

pienso amar
la empaquetada longitud de los intestinos del metro,

respiras, te toco y pienso:
también se hundió el *Titanic* sin generar ruido ni olas,
en tierra todos reíamos mientras la sal
creaba capillas sixtinas, determinados dibujos en los paladares
de los cuerpos hundidos,
durante años no supimos que los muertos
no se ven entre ellos,

el despertador, aún estable,
puzlea el tránsito a la luz de mis ojos,
un camión de basura desciende al abismo de su iceberg,

recuerdo el verso de un amigo,

a ciento ochenta saltándome los semáforos, buscando la muerte,
las naves industriales, las nubes negras en el
        pensamiento,

el calor sobre el hombro como un pajarraco dorado,
el salvaje descenso de una curva,
y fue entonces, sí, de repente, cuando paré en el arcén

vuelvo a tocarte,

el núcleo atómico no sólo emite alguno
de sus constituyentes, también emite
partículas que no contiene,
como por ejemplo el electrón,

hay contradicción,

algo me dice que pronto en mí se originará un beso,
descapotamos el coche, me abrazas,
el horizonte es la cuerda tensa a la altura del cuello
contra la que ignorante aceleras

[se me aparece una idea para una reseña,
pero aún no me levanto],

o el cielo, piel de tambor donde golpea la noche,
y nosotros cajas negras,
dentro,
emitiendo

todo lo que has visto, el humo del café, la frase
que te hizo superhéroe antes de tiempo,
el primer poema que destruyó tu lógica,
los pezones de la madre, fueron
endémico caucho,
bálsamo,
piel insonorizante para el estallido final,

materia de *reset* somos,
antivirus del que cuelgan
todos los virus,
espuma ya, me levanto,
escribo la reseña:

la *estética del instante* siempre ha tenido mala prensa, recaen sospechas sobre lo que dura una fracción inmedible de tiempo: aquello que no tiene ni pasado ni futuro, fogonazo de nada, carece de reputación el nihilismo, de poco sirve que el punk o la publicidad lo dignificaran,

Mitsuo Miura (Japón, 1946), pintor, residente en Madrid, afirma:

«*nunca me ha atraído el dramatismo, quizá porque yo nunca he participado de los problemas sociales de mi entorno, me sentía ajeno. Lo que he mostrado en mi obra es mi despreocupación, mis paseos, mi nada*»,

te duermes, cae el libro, abierto sobre el pecho
en competencia con el corazón,

examinamos durante largo tiempo la línea
que separa San Diego de Tijuana,
sobreviene la erección, adquiere grosor la frontera,
en el mar los peces devoran a dentelladas
la línea del Ecuador,

cae a trozos el mapa,

naturaleza meteora,
no ha sido revelada [la fractalidad de los cuerpos
en ocasiones sufre apagones,

pásame el lápiz de memoria,
lo necesito ya,
ahora],

¿ha visto alguien el corazón
de un tríptico de buzón?, giran dentro
enloquecidos los vectores,
comienzan a caérsele los pechos a aquella diosa que corría
sin memoria por Mulholland Drive,
bajo las calles de Hollywood han descubierto un cementerio
de dinosaurios,
atrapados en un manto de brea, espejo
de ese otro fósil que es asfalto sobre sus cabezas,

estrellas de la acera de Hollywood: incógnitas
en el cielo de esas bestias,

se me aparece un poema:

pero no hay moda sin su componente imprevisible. El arquitecto
Rem Koolhaas afirma haber visto desde una avioneta un gigantesco y humeante vertedero en Nigeria, «*El vertedero es la forma más baja de organización espacial. Pura acumulación, es informe, su localización y perímetros son inciertos..., es fundamentalmente imprevisible*»,

no conoce el ser humano aquello que rubrica,
flotan apartamentos hinchados
de programación nocturna,
la pastilla de jabón imita al fósil,
amanece en rosa,
sólo eso,

copulamos colegios vacíos,
sólo eso,

lo dijo Ian Curtis, *las palabras no explican nada,*
los actos no determinan nada,
sólo miro los árboles y las hojas caer,

lo dijo Deborah Curtis:
Decoramos la habitación triangular de la casa para que Ian compusiera sus obras maestras. Pintamos las paredes de azul cielo, al igual que la alfombra, el sofá de tres plazas y las cortinas, que también eran azules,

todo amanecer tiene el aspecto cómico e inquietante
de mandíbula de ventrílocuo, ropa que a veces flota
en los pueblos de costa cuando el verano se acaba
y tú no,

definición oficial de *segundo* (tiempo):
la duración de 9.192.631.770 períodos
de la radiación correspondiente
a la transición entre los niveles hiperfinos
del estado fundamental del átomo de Cesio 133,

veo en las *Páginas Amarillas* el Libro del Juicio Final
al que seremos llamados, me postro
ante la Jerusalén Celeste,
al destino le gustan las simetrías,
las variaciones, y entonces
te lo juegas todo a un semáforo, y una moto
dinosauria,
incompleta,
50 cc,

te lleva por delante,
sin piloto,
y ya está, te dice tu padre,
has llegado al final de Internet,

existe una arqueología de los textos, no es
el abecedario, sino el momento
en que los sonidos flotan en un punto del cerebro y sabes
que la herencia del mamut no son los elefantes
sino rascacielos de letras en su dominación del paisaje,

hay en los versos un eco de agua, una materia
arcaizante, algo parecido a todas las huellas dactilares
que hay en las bolsas de basura,
para entenderlo hay que imaginarlas diluidas
en los sistemas de alcantarillado,
o algo así,

la piel, membrana porosa, deja escapar el alma
por presión osmótica, no volveré a escribir la palabra *alma*,
siempre fracasa,

mi padre, ya muy delgado,
hagamos la resta,

$$\begin{array}{r} 80 \text{ kg [en 1970]} \\ - \\ \underline{54 \text{ kg [en la muerte]}} \\ = 26 \text{ kg} \end{array}$$

eso es lo que pesa el alma,
hay otra resta más radical y certera,

$$\frac{\begin{array}{r}3\text{ kg [cuando naces]}\\ -\\ 54\text{ kg [cuando mueres]}\end{array}}{=\quad -51\text{ kg}}$$

ésa es la *negatividad del alma*
de la que tanto hablaron
Kierkeegard y Osama Bin Laden

yo le hablaba de otro accidente,
14 de mayo,
1983,
SEAT Ronda,
M-3458-X

    me miro en el espejo y soy feliz,

Nacional-II,

    y no pienso nunca en nadie más que en mí,

en cada matrícula hay una noche y un acúmulo
de reencarnaciones,

lo más punki fue terminar tomando cervezas
bajo la cruz del Valle de los Caídos,

    y calcetines rosa-Carolina,

detenerse en la vertical del mediodía,
elimina todas las sombras: son balas
y las mete en ti,
das vueltas a mi lado, en la cama cada cuerpo

genera anticuerpos, huyen los pájaros de las cosas curvas,
de los pensamientos bien configurados, sus alas destilan
fotosíntesis y fuego,
el asceta que lee códigos de barras
en cualquier superficie de la naturaleza,
nos besamos,

creíste que era uno de esos piel roja
que borran su rastro cuando se despiertan,
pero te hice el desayuno, café
con Tablas de La Ley tostadas,
un pájaro se posó en la bandeja y era hardware
de cuantos amantes habías devastado,

y entonces tú saltaste con aquello de las palabras,
que si avanzan reptando y pusiste
el ejemplo de los gusanos,

pensar genera oscuridad:
pensar la noche es redundante:
un veneno es un veneno, pero
un veneno adulterado, ¿qué es?,

esta idea me obsesiona: nadie duerme porque yo no
        duermo,

1965, en mitad de la noche Feynman recibe una llamada de Wheeler
[ambos nobeles]:

Wheeler: *Ya sé por qué todos los electrones tienen*
        la misma masa y la misma carga.

Feynman: *¿Por qué?*

[instante de silencio]

Wheeler: *¡Porque son todos el mismo!,*

y en ese teléfono tiembla el siglo 20,

tampoco al nacer tu rostro anuncia tu sexo: sólo
los trucos del tiempo separan la prosa del verso,

el residuo del mundo reacciona creando
imperfecciones en los vasos,
sus huellas dactilares sólo sirven
para averiguar quién codició la noche,
tu montón de ropa en el suelo: volcán
que amenaza una erupción sin vocación,
se hunde hasta llegar al centro de la Tierra,
                                       allí la enfría,

no había mejor flor que la filmada,
y cayó nuestro día
como una isla que se hunde sin generar ruido ni olas,

la bocanada de tu aire rechaza
otra idéntica mía

[pasa una ambulancia,
sus neumáticos buscan ser órganos internos
del cuerpo que yace],

lo dicen los científicos, *en el estado normal de la materia
son líquidos los núcleos atómicos que nos constituyen,*
corremos diluidos hacia el cíclope del fregadero,
desde la ventana del hotel me señalaste
la épica sonora, tejados de Lisboa,

yo miraba el mar sin saber lo que vendría,
el *punto triple* en el que sólido, líquido y gas se dan cita
y todo deja de existir en beneficio de tu cuerpo,
irrecuperable,

en bloque de plomo muta el cielo, la Vía Láctea gotea
su leche ácida, mercúrica, los perdigones
que pintan los niños cuando quieren decirnos que hoy
ha llovido en el patio,

copulamos hojas de sauces,
sólo eso,

lo dicen los científicos, *eres un raro líquido
en el estado normal de tu materia,*
cuerpo invadeable sin otra ilusión que reencarnarse,

pero es mentira, panoli,
no regresas,

giran secos y mareados los cuerpos en torno al último rayo de luz
que les congela en vida
      [también los planetas giran alrededor
         de un centro de masas que nadie ve],
preguntándose por qué no eran rosas lo tejados de Lisboa,
por qué el camarero del hotel dejaba sin deseos los platos,
por qué un hombre
miraba el Tajo por mirar mientras una mujer
se subía la falda y decía,
¿volveremos a vernos?,

se me aparece un poema:

Instrucciones Para Hacer Un Poema [IPHUP]

1.ª Parte [Teoría]

**teorema de descomposición temporal
en factores idempotentes:**
la vida de cada persona podrá trocearse
en los siguientes pares temporales:
un momento
      [infinitesimal aunque infinito]
en el que no se quiere seguir viviendo,
y al instante otro
      [de idénticas dimensiones]
en el que se desea más que nunca
continuar.
Así, la suma da cero.

demostración: no importa
la cantidad de tiempo que inviertas
en crear un poema,
importa que parezca
haberse creado en un instante y solo,
que solo te atraviese,
que solo desparezca.

2.ª Parte [Caso Práctico]

1) confeccionar la lista de la compra.
2) ir al supermercado más cercano.
3) pagar con tarjeta.
4) dejar 7 días la factura en la basura, recogerla.
5) escanearla.
6) imprimir el resultado.
7) darle un título [Poema Ascético Para Dos Personas]:

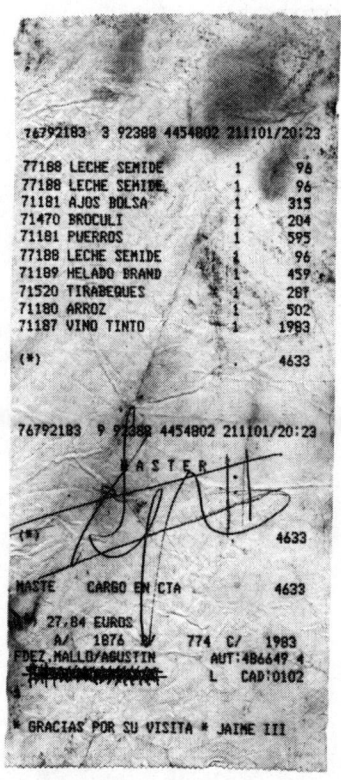

lo realmente erótico es llegar a escanear la nada
cuando tiene cierta posibilidad de ser algo,
desiertos,
lugares afectos a revelaciones, a la impermeabilidad
de un santuario, Jerusalén Celeste, Las Vegas, postes
de alta tensión en la nieve de Siberia,
tu mirada atrás al facturar la maleta,

estoy solo,
dicen en la tele que si Manhattan tuviera
la misma densidad de población que Alaska,
sólo tendría 25 habitantes,
pasa una ambulancia,

escribo *Delete*,
otra vez,
Delete,

si una máquina pariera, el bebé no tendría
cordón umbilical,
pero todo cordón umbilical termina
en una lata vacía,
descubrí la mía en Google Earth,
pequeña,
esponjosa,
allí abajo,

el temor a hacer fotografías,
emulsionamos en papel, nunca
miramos el reverso,

1945, *¡Enhorabuena, Werner,*
ya tienes tu Creación de Pares!

$$[\text{fotón} \longrightarrow e^- + e^+]$$

le dijo Pauli a Werner Heinsenberg [ambos nobeles]
cuando éste tuvo gemelos,

y se parten de risa por teléfono,

entre tú y yo se dio la contraria

$$[e^- + e^+ \longrightarrow \text{fotón} + \text{fotón}]$$

aniquilación de pares que nos elevó
a partículas idénticas de luz,

pero en direcciones opuestas,
vértigo en la palma de la mano,

mi poesía no tiene temas, afirma Fernández Mallo
mientras le copia esa frase a Ashbery, la transparencia
de tu sujetador craquela la Antártida,
espejo convexo:
vigila los fragmentos que él mismo crea y dispersa y refleja y regresa
en virus el tiempo, cada fogón de la cocina es
el centro de un planeta, haces un café,
estás preciosa, no enciendas la tele, veámonos
reflejados en ella,

desdentado horizonte de edificios,
ecualizan un cielo de acero, rugen
cañerías colesterolizadas,
es el cuerpo,
sin más,
escuchándose río abajo,
vinimos a esta casa bajo cero a ver si el frío soldaba relojes y pieles, jugabas con nieve, caminamos sobre la piscina helada, espejo hiperplano allí al fondo, te lanzabas, pero ese fósil de agua acumulaba manzanas, preservativos de mármol, caparazones de insectos esperando su reconversión animal, ciertas tardes oyendo *I'll be your mirror* en el páramo de un LP, ya la luz venía entonces barajada entre sombras y oblicua, y bajo aquella masa helada, auditorio inverso, público interpretando a los actores, echamos Wynn's al motor en la gasolinera de un páramo que nos gustó tanto como todos los páramos, te dije lo raro que es que todas las estaciones de servicio estén en los lugares donde más sopla el viento, donde hace más frío, donde los meteorólogos fracasan, cruce de vectores fósiles y oscuros llegados en camiones que advierten INFLAMABLE, y allí te dejé, construyendo tu *libro del frío,*

por la temible Red Secundaria
de Carreteras del Estado,

al destierro de puro aburrimiento,

nieve, CDs, un cigarro,

el yo poético pincha una rueda

        y no lleva repuesto,

ardor en la fotografía,
se licua el tiempo
    [la inclino, va cayendo],
el rosa salmón de la niña
remonta cumpleaños,
    una mujer fuma y se sabe fuera de plano,
el sol evita el pelo rubio del bebé: las estrellas
buscan planetas, almas
a 0° Kelvin,

    te recibo alto y claro

y al fondo la muñeca, muerta como los cuerpos
de la foto que nos iguala,
y esa muerte
    [cortocircuito],
infidelidad entre la carne y el tiempo,
la cara de chopped que se te queda
cuando te dicen: *no,*
tu mujer no estuvo el martes cenando con la mía,

y vas a la casa de una mujer y descubres
que aún tiene tu foto magnetizada
en la puerta de la nevera,

de momento eso te salva,

mi madre me advirtió, *no puedes llevarte
la nieve a casa*, riachuelo
que aún a veces gotea entre mis manos
y estropea el teclado del PC,

el PC,
           y no lleva repuesto

[me he perdido, no sé lo que escribo, voy a hacer un Nescafé,
en el anuncio salía un farero y yo no entendía nada],

hielo en la adherencia de tus labios,
sudor y espejismo, chaparrón
de partículas cósmicas desencadenado por el primer rayo
que entró en la atmósfera,
y el mar, sin adaptarse a la vasija que lo contiene,
por eso nadie ha llegado
al final de Internet,

bolsas de hipermercado ruedan en el fondo
de una estepa medida en horas muertas,
inmóvil pájaro solitario, no es fácil ver caer
en vertical a una mosca, salir en la noche de un túnel
para abrazar cabello negro,
la esterilidad de la tarde le hace fotocopias
al espasmo en cada ganglio de tus pechos

[o alguien establece una locura: cuenta los besos que ha dado y después se plantea si cabrían en su propio cuerpo],

con monos blancos recogen chapapote
los Aviador Dro y sus obreros especializados,
metí un par de cucharadas en un frasco de mermelada,
fue ése el primer regalo que he hice,

Martes 20 de mayo, 1980, John Peel, de Radio 1, informa a todos los británicos: «malas noticias, muchachos, Ian Curtis, cantante de Joy Division, se ha suicidado». Los hechos: llegó a su casa, puso en el giradiscos el álbum, *The idiot*, de Iggy Pop, dejó una huella dactilar sobre los surcos del vinilo. Hay en la muerte de Ian Curtis un código secreto, cifrado en esa huella, que nadie ha podido desvelar,

se buscan señales, pongo
mi oído en tu piel, oigo el corazón
cada vez más troceado por el *sampler* de tu cuerpo,
la nieve borra todo rastro de regreso,
pisadas de pájaros, flechas
en sus adormecidas patas,

el neumático deja líneas en el barro, frases
que quise decir, habíamos grabado
una canción con Vacabou y tu guitarra eran pisadas
de sioux en la Luna,

en el artículo «Las Estéticas del Error: tendencias Post-Digitales en la música contemporánea por ordenador», Kim Cascone dice: [... es gracias a los errores de la tecnología digital, que este nuevo trabajo ha emergido: fallos, virus, incompatibilidad de sistemas, *clipping*, *aliasing*, distorsión, ruido cuántico, incluso el ruido de las tarjetas de sonido, son los materiales primarios que los compositores buscaron para incorporarlos a la música...],

sudas agua mineral, supongamos la luz
esas burbujas, supongamos zapatos que expresan
el horizonte de sucesos,
supongamos que abres la maleta y un rostro dice,
su careta, gracias,
hoy Alemania le ha declarado la guerra a Rusia. Por la tarde fui a nadar, escribió Kafka en su diario,
alguien deja un zapato de una talla imposible en nuestra puerta,

el objetivo de los versos es pactar una muerte digna
con especies en vías de extinción,

me acerco más tu ojo izquierdo,
estrellas grises + enanas blancas = moteado cuántico
que me avisa, *todo en ti*
ya es naufragio,

el silencio sólo sirve si añade,
lo contrario es retórica
          [de silencio],

no sabía quien inventó tu cuerpo nada
de la microscopía, ni que no hay deseo
que se sostenga más allá [ni más acá]
de cierta equidistancia,
si en cada fotograma hay un TAC, el celuloide
es el homenaje que voz y movimiento le hacen
al silencio, *play it, Sam..., play As Time Goes By,*

después hubo un límite al que iban a morir
los animales que ya no emitían sonidos,

[aunque los sonidos morían con ellos],
el silencio mordía las siluetas
dejándolas a medias,
las couldinas eran hundidas por sus propias burbujas,
no había envase ni piel para tanta tarea,
las 4 estaciones fundidas
en una sin color,
venía del subsuelo el cordón umbilical que las manos siguieron
hasta un fin que era el propio ombligo, impresionaba
lo absurdo de los pájaros, que a pesar de enjaulados
aleteaban,
tú,
no obstante,
carnosa como siempre,

los animales se quedaron sin tímpanos,
sorprendía también que todos se parecieran tanto a sí mismos,
entre el centro y la idea de centro
hay un error de un par de milímetros,
el gemelo vigila el sueño y se agota
exfoliado en subsueños,
quise enviarte una postal que el Servicio de Correos
fue fragmentando hasta corromper el mensaje,

«Se nos cruzan los cables»,
dice el periódico *Qué*,
«diecisiete millones de hogares tienen
instalaciones eléctricas inseguras»,

se vive a hachazos de instantes
que te parten en 2, en 3, en 4...,
y así hasta infinito, donde paradójicamente eres un sólido 1,
y ahí mueres,

la soledad definitiva carece de otra cifra
en la que reflejarse,
pasa una ambulancia,
escribo *Delete*,

ascender de tu pubis a tu cabeza equivale
a dejar atrás el calor de una linterna,
en la cumbre del Mont Blanc el agua hierve a 80 grados
centígrados
 [no hay escena equivalente en el fondo de tu sexo],
si pudiéramos adivinar el punto medio
entre vida y muerte, el instante
en que 2 dados se cruzan en el aire,

        somos los que creamos segmentos,
      los que ensamblamos sombras,
   destruimos cartografías,
entre bloques de luz construimos
carreteras de luz,

y en la tele *Cateto a babor,*
«Cine de Barrio»,

no duermo

[todo me aburre, no leo, no escucho música, no hablo de nada, me veo cerrando compuertas en beneficio de este poema sin más influencia que toda esa quincalla que palabra a palabra vengo acumulando, selva sin más conexiones que la prensa, tele-basura, un par de libros ya leídos, la sospechada curvatura que hay en todo objeto, y nada más, acabo de pensar que este libro se llamará, *Tarzán de los versos*],

revuelvo cajones,
una hoja en sucio,
     tenía 21 años,
y ya no la entiendo
[lo que impresiona no es que un barco flote sino
que alguna vez estuvo en tierra],

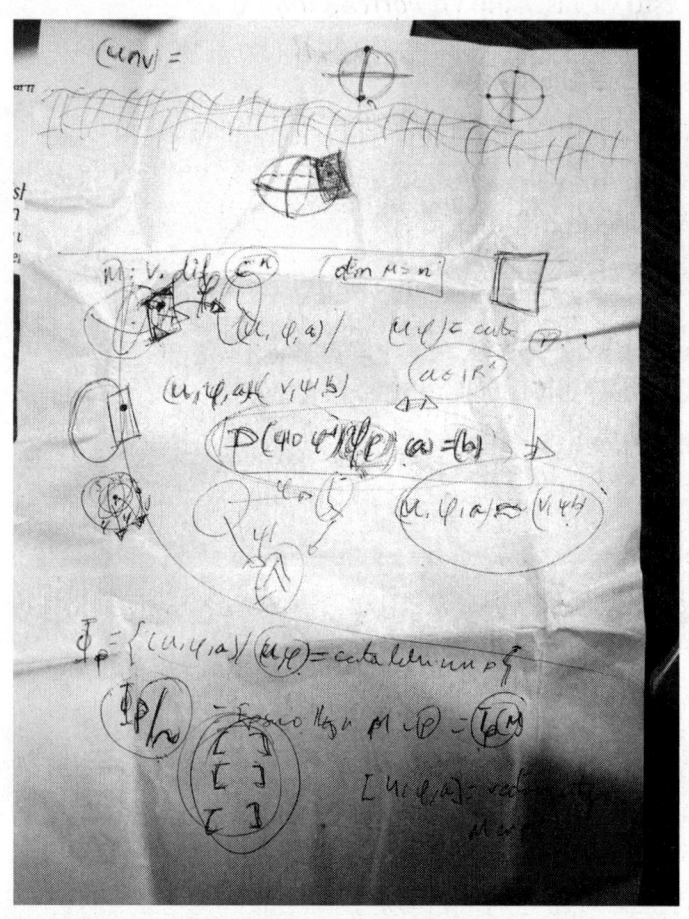

lo que impresiona en las fotografías es
que las caras no envejezcan aunque la ropa
pase de moda, aceleración que separa
los objetos de los cuerpos

y no lo entiendo,

el período más feliz de mi vida concluyó
con mi imagen detenida en un espejo,
y en la mano un vaso de leche que no se reflejaba
       [pero esto ya casi salió en *Forrest gump*],

los bronquios imitan el aspecto
de cortinas de ganchillo que no te dejaban ver la calle
[me lo dice la radiografía,
¿es esta imagen azul y plata de mis pulmones aquella calle?],

por eso Petrarca subió a la colina que dominaba su ciudad, ver el aspecto [primer Google Earth], del Mundo desde una ilusión 100 % humana,

y nace el Renacimiento,

y el sol, que es oxígeno,
       está en el mar,
paseábamos por la orilla,
felices y horteras como un anuncio de Mon Chéri,
funambulistas en la línea de la espuma:
a un lado la sangre de las sábanas,
al otro lado la de la guerra,

y de repente tus manos eran
un montón de quarks sin fuerzas que los recompusieran en
    manos,
simples manos,
no hay fe [sólo hipótesis]
en el avance de las cutículas,

meamos siempre en una taza vacía,
comemos en recipientes huecos,
vemos películas en la misma caja,
procreamos en orificios,
vertemos gasoil en depósitos,
besamos en cavidades orales,
guardamos el DVD y lo sellamos
bajo tierra,
anticipos de ese otro agujero final:
  un tipo te limpia el cristal del coche y descubres
  un paisaje en el que ya nadie te observa,
pilotamos solos,
qué miedo,

la esperanza cóncava que se forma
al mear sobre nieve,
consentir una oscuridad
que es todo menos paciente,

tu intestino: Futurama, una luna
llena de quimioterapia,

hay un momento en el que la sombra
de quien se acerca se cuela
por debajo de tu puerta,
cada beso es una caja negra, ingenua
como el bostezo de un perro recién nacido,
o el de un avión cuando despega, su combustible incuba
un componente espantosamente triste,

si la luz nos alumbra y descubre el mundo
es porque le es extraña al mundo,

un *skater* atraviesa la plaza, su trayectoria
insinúa el perfil de un cosmos en expansión,

todo objeto es el recorte de un acontecimiento
que le sobraba al tiempo

[pero la Tierra, globo ocular sin nervio óptico: certifica pero no siente. El tamaño del Universo es la velocidad de una palabra, su vuelo en el paladar. Se cierra el párpado, cae el verbo al estómago. ¿Se puede imaginar un estómago seco de imágenes pero no de verbos? Son mis primeros años haciéndose nieve en la boca. Sopa cósmica en los 3 primeros minutos del Universo. ¿Alguna vez volvió tu madre del mercado? Cohete sin viajero, fue la infancia. Radar que desde la adhesividad de aquella noche periódicamente te llama. [No te queda más remedio que ser feliz y maldecirlo todo, hoy más que nunca maldices todo]].
Un banco de peces cambia súbitamente de dirección, refleja en la plata de sus lomos la absurda existencia del agua que, como un dios o una tabla periódica, existe porque sólo se parece a sí misma. Lo primero no fue el plancton sino el esplendor de una plancha de formica apoyada en un contenedor de basura, la última birria del mundo. Hacer fotos en B/N y pintarlas con rotulador, dejé de hacerlo porque sí, por nada],

paseábamos y pasamos
un peine a las palabras, caían
las letras para hallar
elementos químicos que nos definieran,

     mi $[Ag]^{47}$

     tu $[¿X?]^{n}$

que al fin no encontramos,

desierto de ojos impares son los lavabos,
sé que el número de lavabos del mundo
es impar para que sobre 1,
ecuación o poema que todos [somos agua]
andamos buscando,

consumes a medida que lo generas un inmenso
bucle de tus dobles, triples, cuádruples, etc.,
en cuyo fin te reflejas escuálido,
se agota la materia disponible en la que escindirte,
    aparece el mito del amor, el continuo troceado
    a través de un microscopio
    sin eco de salida,

pero vas al Xoriguer y cenas
[40 euros/ración]
especial carne de otoño,
el mundo aún no era chino,
y era verano,

un *software* es un ejecutor de instrucciones formales: el músico
que interpreta la partitura es software,
el poeta que confecciona endecasílabos es software,
también el soldado, el taxista,
el abogado, el fuego, el lector,

pero el software al que nunca nos acostumbramos es la muerte,
espacio [cajas negras], fibrado en besos,

la actividad del francotirador consiste en ir
al encuentro del tiempo,

llegamos a este pueblo deshabitado una tarde de noviembre de los 90 [el coche y el espejismo de una ilusión en la 3.ª marcha del cambio de marchas, eran prestados], siguiendo una guía de viajes escrita por un hombre llamado Ridruejo [aquel que trasladó a pie las cenizas de un tal José Antonio de un lado a otro de España para imitar una performance de La Fura dels Baus, dijiste], estábamos de acuerdo en que lo nuestro sólo era un radiador simulado, que el jamón ibérico era asqueroso porque tiene mucha grasa, y poco más, había anochecido, la intermitencia en la bombilla del alumbrado público indicaba que la sombra es una confusión de siluetas animales crecidas en su filamento,
y que toda vida necesita la incandescencia de un alambre donde carbonizarse,
no era el frío sino tu piel de tigre lo que copiaba estrías en mis labios, después te la dejaste en aquellas sábanas, bella como el bañador de Eva Braun en el Nido del Águila, pero da igual, yo quería que todo eso existiera y existió, en silencio veías la tele, un documental creo recordar, yo leía un libro de Wagensberg, *sólo hay tres formas fundamentales de conocimiento: el científico, el artístico y el revelado. Todo conocimiento real es la superposición de las tres formas*, alcé la vista, te miré,

el ruido comienza
en la apatía de un gesto,

una lámina de grasa flota en la memoria y desactiva
el calambrazo de los peces, el destino
no tiene intenciones, el mal
se reproduce sin causas,

decidimos que nacer es un eco
cuyo rebote no es la muerte sino aprender a gestionar

el agua de un vaso, el mando de la tele
que escribe hojas tras hojas en blanco,

habíamos comprado una bola del mundo, que mondamos
como una naranja, Cinta-Planeta
de todos los países conectados,

también odiábamos el rock sinfónico,
la poesía, el jamón de jabugo,
las paellas, el sol,
las playas y la política nacional

[piensa
en una monstruosidad cotidiana:
esperas un ascensor que baja,
abres la puerta,
y nadie baja],

decidimos que el lector es un parásito,

todo poema reactualiza
el mito del paisaje,

se fija en un paisaje y habla
de un paisaje

se fija en la borra de un ombligo y habla
de un paisaje

se fija en un relé y habla
de un paisaje

se fija en su propia asimetría y habla
de un paisaje,

Definición: llamamos poema a una superficie continua,
dotada de un punto de fuga, derivable en todo el espacio,
y en la que se pueden definir las operaciones

adición
        sustracción
                multiplicación
                      división,

y que además posee un *elemento neutro* que
puede ser el 0,
el 1,
o el propio poeta,

si se da la circunstancia de que en algún lugar de esa superficie
el *elemento neutro* es el propio poeta, entonces
éste ha desparecido de la obra y la llamamos
obra maestra,

o el hilo suelto del jersey,
que conduce a todo,
cada mota de arena es una cámara, alguien
desde dentro de la tierra
vigila tus paseos,

no me interesa el tiempo,
ni su termodinámica flecha,
se partió cuando escribiste:
«tus poemas se expanden como peces globo»,

tu rostro, cama elástica,
rebota mi voz
      [luz o glamour],
el trenzado de ombligos en aros olímpicos,

los libros comienzan
por el lugar menos adecuado,

un abridor muerde
el milímetro de chapa,

la concavidad de una tecla recoge
el hallazgo dactilar,
trayectorias de agua dejan su baba de cal en el cristal,
son los huesos
del mundo a su manera,

la luz dibuja pestañas
en la estrella

      [tecnología del sexo],

hay bolsas de basura destrozadas
en cunetas donde arde en metano el horizonte,
un paseo entre chapa y Uralita, tatuajes, mecano
periurbano,

objetos lucen su abandono en el fondo de las piscinas,
se rearma el rostro
de quien mira,

hombres y mujeres deformados
simulan un porno mudo en los gimnasios,
no caeré

en la imagen de la ruleta rusa, caeré
en otra aún más fácil: la nada:
Alzado, Planta y Perfil de una casa cuyos vasos sanguíneos son
dioses que nos compadecen desde el parpadeo de su luz roja, el
   stand-by
de los electrodomésticos, cualquier poema reactualiza
el mito del cono que se abre al fondo de una habitación,
y Brodsky diciendo, *yo no tengo personalidad,*
sólo soy un hombre nervioso, mientras observa
el estampado filamentoso del *wallpaper*, o yo
respirando el aire que media entre gota y gota cuando llueve,
rechazar esos impactos, después se hacen
videojuego de tinta en el papel,

bebamos antibióticos, te digo,
que la noche es el horno
donde la vida muere sin saber
que fue corcho,

aquí nada flota,

mi método de trabajo es sencillo:
me quedo mirando un objeto y espero
a que me afecte,

o esa *propiedad arquimediana* que posee el poema,
por la cual se sabe que a la última metáfora imaginable
la rodea siempre otra aún más inimaginable,

se aparea la sombra al objeto para incardinarlo, cotas de piel en los
mapas, alumbramiento, palabras gravitantes, *hola, no me dejes, qué*
tal, pásame un vaso lleno de viagras, deja tu dulzor adhesivo en mis la-

bios, el sol yace tirado y el niño lo recoge, utiliza sus manos, ya no quema, es Navidad y aún cree que la Lotería y crecer y multiplicarse son cosas distintas, deseo miniaturizado en el pecho de una desconocida, la veo pasar cada mañana, nadie nos habló del tren que seguía la línea de costa como una cinta métrica amarilla de sol desparramado
      [a lo lejos unos chicos hacían surf, encadenaban olas mejor que nosotros encadenábamos los cuerpos],
una leyenda urbana asegura que si todo el mundo tirara al mismo tiempo de la cisterna, se acabaría el Mundo, en tu perfil se hallaba el resultado de tanto cálculo, paranoicos váteres, desequilibrados, estaba prohibido pero encendiste un cigarrillo, íbamos en un tren, después tiramos nuestras cenizas al mar,

en Cabo de Gata vimos
un hotel en construcción que parecía un barco
varado y precioso,

veníamos de ver *El desierto rojo* de Antonioni
en la membrana de luz,

la otra membrana, la noche, vibraba muda
en el derramarse explícito del auto-cine,

todo era archipiélago imposibilitando
la emersión de cualquier verso
      [que sube un segundo a tus pulmones
      a tomar aire

      [el que después te falta]

      antes de bajar a la luz
      de la hoja intacta],

bailan cientos de cuerpos con auriculares en las *silent disco*,
desde una música gusano
que te nace dentro,

libros que son silencio porque se leen en silencio
[de pronto no entiendo cómo puede generar sonidos
el silencio],
perfume que se expande, aparecen
grietas en el aire, tus manos sujetando las páginas
de *Pedro Páramo* eran las propias voces
del páramo,

dejar que un palo se vaya pelando en la orilla
hasta que aparezca el hueso y se hunda veloz
por la femoral terrestre, sin otra intención
que gravitar lejos del alcance
de mi expresión humana
[he entendido Venecia como la ciudad
más absurda del Planeta],

y compras un DVD, y un chico es pura calculadora
mientras canta
I'm waking up to us,

y corre un barco de papel por un río articulado,

y en sus pupilas el maremoto de las aguas
de aquel estanque de aquel poema de Dylan Thomas,

*muchachos en verano nadan
entre ruinas y son eternos,*

o algo así,

la invariabilidad de los días es cuestión de fe ciega
en el sorteo de fuerzas que antes de nacer
te hacen viejo
y simultáneamente feto,
se me aparece un poema:

5 de la madrugada, volvíamos
atravesando un puente,

ella,
él, el río y yo,
y él con una solución acuosa bajo el brazo
[todo premio es suero,
agua y oro de catéter].

Echamos un centavo de Brooklyn a una urna con una Santa que ni idea. Allí se quedó un trozo de cobre de los Strokes,
o la idea del cobre
o la idea de los Strokes,
o los Strokes como idea, 1.er disco, siempre 1.er disco. Él se subió a un banco, abrió los brazos, era Dios o una Torre Gemela sin gemela. O Carolina de Mónaco avanzando sola por una plaza madrileña una mañana de mayo, hacia una boda que no era la suya; el pelo rosa mojado.
O todos los anuncios por palabras que empiezan por «era verano y llovía».
O mejor: «era verano, introduje la tarjeta en Servicaixa y llovía».
O aún mejor: «era verano, introduje la tarjeta en Servicaixa, pasó un macarra, y llovía».
Visa Oro, Niño Jesús de los archivos informáticos que, adultos y jesucristos, en el siglo 21 vendrían. La cajera pasó la tarjeta por la bacaladera ante las manos de mi padre, y ambos, manos y tarjeta, eran la Armada Invencible, el espectro de Felipe II paseando por

El Corte Inglés de una ciudad de provincias, quiero amar el dinero de plástico y los amigos y las mujeres, porque todo amigo y toda mujer es dinero sublimado, muerto y resucitado,

y toda épica del dinero y el amor reproduce la del deporte contra
    el tabaco

[el Mundo aún no era chino y era verano],

o el futbolista que confundía la Edad de Oro con la Edad de Plástico, la Edad de Piedra con la de la Madera, la tarjeta de crédito con el 9 de su camiseta,

centavo de cobre,
urna y Santa,
5 de la madrugada y él subido a un banco de piedra, los ojos cerrados como piedra, era Dios o una Torre Gemela sin gemela.

me levanto y a tientas escribo,

morir no tiene cuerpo,
pero esto ya lo dijo José Ángel Valente
a colación de no sé qué,

del parche de nicotina más misterioso
que todo el edificio Dakota,

de tu cuerpo como Las Vegas,
neón por delante, musulmán por detrás,

de la orina, agua de tarántulas, que desciende
buscando el punto más bajo de energía y diseña allí
su estrategia y limbo de agua mineral

[o te sales de ti,
   o desapareces],

morir no tiene cuerpo, es cierto,

lo dijo Wittgenstein, *Proposición 6.43.2:*
La muerte no es un acontecimiento de la vida.
La muerte no es vivida

   [no hay ahora entraña que supere
   los besos bajo aquel cielo de escay],

en Cabo de Gata vimos un hotel en construcción
que era un barco varado y precioso, ingenuo
como el despertar de una civilización,

un átomo emite un neutrino,
y no se entera el mundo.

   [repetimos]

un átomo emite un neutrino,
y no se entera el mundo.

yo le explicaba a mi padre mis temores ante los versos, el ámbito de aplicación de los tensores, y él me dijo, *los que lo hemos pasado mal no tememos al futuro, volveremos a las patatas con sal y a la lámpara de carburo, todo esto sólo es Brigitte Bardot en un desvío de autopista, hijo, sólo eso. Después la muerte, y ya está,*

y ya está,
qué miedo,

final Alemania-Holanda, 1974 en Telefunken Pal-Color,

nació mi hermano pequeño, también en color porque era rubio
como el bote de Hellmann's del que comimos todos,

los policías preguntaron: «¿quién eres?»,
      «Lennon, John Lennon de los Beatles»,
      respondió herido de bala,
      hace hoy 25 años,

cae Rumasa en la cara norte del Cambio,
decía un chiste de escaladores,

buenas noches, somos Gabinete Caligari
y somos fascistas (Rock-Ola, iniciando los 80),

la ciudad recupera su ego en cabinas telefónicas abandonadas,
introduzco monedas, descuelgo y hablo y vuelven
las palabras a los cables, lo dejo
cuando amanece,

te recuerdo como mi Proyecto Bronwyn,

te recibo alto y claro,

tu rostro a los 20 años,

contener la respiración y estallan
los bombones en la caja, semen y molde
de tu cara
[he pensado en Venecia como en el efecto dominó
más absurdo del Planeta, empujemos una casa]

las estadísticas son desastres alimentado tu cabeza,
tacones que emiten en morse, manzanas
en busca de su Newton,
virutas de deseo, tácticas de lava,
labios, ojos: elasticidad de un triángulo,

han rodado una teleserie
donde habíamos quedado, lanzas un poema
y cae de canto,
sólo ahí significa algo,

lo bueno de cumplir años
es que todo te va resbalando, fenómenos
de edredón, caninas aguas, el cuerpo no es más
que una zona del mundo
con expresión propia,

así se va un verano,

PROYECTO: *¿Cuánto tarda un televisor en freír un huevo?*
1] Orientar el televisor hacia al cielo.
2] Apretar la tecla de encendido.
3] Cascar un huevo de gallina con precaución de no romper la yema.
4] Echarlo sobre la pantalla, cronometrarlo,

la raíz del árbol imita el vuelo errático
de mis manos en tu vagina,
no es cierto que la Tierra sea redonda, excava
un agujero hacia las antípodas,
ardes antes en el centro,
algún día esto que vemos será paisaje de cuneta,

sujetador que conecta
hemisferios vacíos,

por un instante se convierte en imán la persona
sometida a una resonancia magnético-nuclear,
te gustaría que algo fallase,
permanecer imantado, brújula
que camina,
no perderte más,

existe un lapsus de tiempo muerto entre el presente y el recuerdo

que guardamos de nosotros en ese mismo presente:
el tiempo que tardan en unirse memoria y vida,
fotogramas perdidos,
absorción y emisión de tu doble desconocido,

el neón exhibe la insolencia del robo a mano armada
que al diccionario le perpetra la noche,
letras de luz que no recuerdan
su posición en el alfabeto,
y eso las hace eternas,

PROYECTO: coger la película *Viaje a Italia* de Rossellini, eliminarle todos los fotogramas en los que aparecen personas, montarla de nuevo. Verla.

Por ahí tu silueta,

PROYECTO: coger el ferry Nápoles-Stromboli. Al llegar a la isla, valiéndose de sprays, dibujar en su superficie las trayectorias que describieron cada uno de los actores en la película *Stromboli*; asignar a cada una un color. Hacer una fotografía aérea,

o cambiar de escala un amanecer de domingo, saltas
15 cm de la acera al asfalto, se abre el cuerpo
a señales rotas,
impresoras de tinta expulsan las copias
que de ti el amanecer ha ido diseñando, y al fondo
un triángulo Ceda el Paso enmascara
el icono de Dios,

la biodiversidad es la variabilidad de organismos
que no son tú,
así que el mal existe, conduces,
cables de alta tensión, el consuelo
de que en su final habrá alguien
distinto cada 10 años,

el mundo tal como lo recordé,

el bofetón definitivo de aquel verso,

aunque nada pueda devolverte ni aquel tiempo del esplendor en la hierba ni la gloria de las flores, no debes dolerte por ello. En la belleza que quedó atrás tienes que encontrar toda la fuerza,
(William Wordsworth),

te esperé entonces en la cafetería del hotel en tanto fuiste a comprar un último souvenir, Bangkok, monzones, llovía en V, me entretuve mirando los cuerpos de quienes entraban y salían, a contraluz eran sombras sin cuerpo, como si a una bombilla le extirpas el filamento, escribí unas notas sin intención, algo me hizo pensar en una canción que a ti no te gustaba pero a mí sí, y en cuando pasamos un fin de año en Londres viendo un programa de viejas glorias de la RAI y nos morimos de risa, pedí otra agua, aún llovía, huéspedes que antes habían salido regresaban con bolsas, taxis, motocicletas, yo entonces usaba muletas, te esperé hasta que se hizo de noche,

no duermo,
el mundo tal como lo recordé,

los cuerpos buscan la suma del sudor,
la masa es una magnitud sumable,
la temperatura no,
se agranda el tamaño del monstruo
que ya no calienta,

aún hay vida en aquel amigo
que sudaba luz,
somos el destilado
de todas las vacas del mundo, ojos tiernos
en un paisaje ganadero
al que llamamos aire acondicionado
o pulmón,

se me ocurre un poema:
el motivo por el que a los humanos nos atrae sentarnos cada día en torno a una mesa y comer, es porque la materia prima, cuando la compramos en el mercado, la recibimos muerta, y cocinarla, servirla y paladearla equivale a resucitarla en el plato. Hay una conciencia de tiempo marcada por esa muerte y esa resurrección. Cuando compramos comida manufacturada, esa sensación de resurrección desaparece. La eternidad de los productos manufacturados la proporciona el código de barras,

te oigo pero no duermo,
en el origen todo eran sombras, Proyectos,
utilizar la máquina de escribir como instrumento

decodificador perfecto, remontan el tiempo las 66.999 letras hasta ahora tecleadas,

entre el orden del alfabeto y este poema media un caos,
movimientos migratorios trenzan partículas o letras, cuerpos
que son restos de serie,
el aura de los dedos,
y un legítimo aire de tragedia,

escribes tu último poema:

REUNIDOS:

De una parte D. Agustín Fernández Mallo (en adelante designada como EL EDITOR), con NIF 80800267-S, domiciliado en calle Jaime III, n.º 22, Palma de Mallorca (España).

y

de otra parte D. Agustín Fernández Mallo (en adelante designada como EL AUTOR), con NIF 80800267-S, domiciliado en calle Jaime III, n.º 22, Palma de Mallorca (España),

ACUERDAN:

el sol viene heredando grafitis inútiles en su corteza,
botellas de plástico exhaustas, caprichos sonoros
apenas audibles,

no duermo,

aire de fiesta
los chicos y chicas,

no duermo,

una molécula de aire tarda 3,4 días
en cruzar un continente del tamaño de Europa,

transcurren 3,4 milisegundos entre que pisas y estalla
una mina antipersona,

no duermo,

tu presencia surge del apagón de tu presencia,
flotas entre el paladar y la lengua, chicle,
comida que no se ingiere, estómago
que infinitamente aguarda,

grado cero del alimento,

el despertador incuba la ruptura,

6.30 am pasa un saltador camino a la piscina,
habla por teléfono, dice algo
acerca de qué sentido tiene
precipitarse contra un paisaje sin olas,
romper una y otra vez la tensión superficial
de un cerebro cuyo fondo miente en azul,
sin jamás romperla,

sus palabras orinan desazón y después silencio
calle abajo,

somos piscinas,
        laminar metafísica,
socorristas de secano,

no duermo,

el Mundo aún no era chino,
y era verano,

preguntar a los objetos porque no responden los objetos,

cuando abrí los ojos ya todos los mamuts estaban pintados,

el Editor y el Autor acuerdan:
no importa el tamaño del cerebro,
sino el número de sus circunvoluciones,

te despiertas,
  —*¿por qué escribes poemas?* —preguntas,

—*porque está ahí* —respondo,

el Mundo ya era hielo, de modo
que pesaba menos,

la esperanza cóncava que se forma
al mear sobre nieve,

ahora sí,
último poema:

TÍTULO (marque con una X la casilla que proceda):

boxed{A}

MI PRIMER DISCO DE AVIADOR DRO

boxed{B}

PROGRAMA EN ESPIRAL

boxed{C}

MOTOR AUTOMÁTICO DE BÚSQUEDA

[0]
Cayó al fin el ángel.
No hizo ruido,
no levantó polvo, no pasó
por el tacto. ¿Cayó
entonces el ángel?

[**1**]
      [y en la radio *Rompeolas*]

troceado por la oscuridad del alumbrado público, un hombre
fuma en la cama
      [la ceniza, el fuego: es tan difícil calcular
           qué carne hay en medio]
escribe en su móvil: *¿estás ahí?*

Aunque nada exista
entre la ceniza y el fuego, esperamos una estrella,
que en esta oscuridad la luz
de la pantalla gane peso, se engalaxie

      [y en la radio *Rompeolas*].

[**2**]
Ni ir a la materia ni abandonarla al cero
de su inercia.
Ni contar el tiempo en línea ni
una orilla que se repite
    [o ni el péndulo que se detiene tras aspirar todos los dígitos].

Irá mi lápiz de memoria a tu puerto.
    Mi lápiz.

Alcanza su estadística la materia.
Alcanza el tiempo
        su contenido.

[3]
Llegó el funeral. El único
que no acudió a la cita fue el convocado,
ruido sin fundamento en el cajón vacío
[como la TV que se oía al fondo]

Todo se fragmenta, y por alguna ley
que no podrá sumarse a otras leyes,
rota la simetría sólo quedan
palabras sin forma,
no obstante llenas:
ADN y Telediario en un mismo gramo de tierra
[como el érase una vez de los cuentos
que deja el tiempo en suspenso].

[4]
Ex-céntrica, vibra la bala, difiere
de sí.

Así que hicimos un arca hermética y metimos
las especies que ya estaban muertas.

La absoluta oscuridad por ejemplo.
Por ejemplo la absoluta luz.

[5]
un día [recuerdo que fue al principio y amarilla]
te compré una flor. Mientras subía
la cuesta hasta tu casa sabía ya que aquello era
demasiado clásico para llamarlo real.
No por la flor,
        que más que clásica es

    eterna e instantánea a un tiempo, sino
porque en todas las películas, en todos
los poemas, en todas las telenovelas,
en todos los videojuegos, la amada vive
[compruébalo] en una casa que está
en lo alto de una cuesta.

[6]
En el mismo vértice de la lágrima,
   última dioptría de verdad densa y el tiempo
   que deja atrás,
no hay nada.

[7]
Entretanto se tensó el centro hasta
laminarse, y lo convexo,
erigido,
tocó aire. Pero
el nacimiento, la muerte: no estamos en nosotros.
Como si naciera otro;
      muriera otro.

Es la propia materia la que
    en ocasiones
se *resetea*.

[8]
Las bajas temperaturas eran entonces
dos líneas de tejado en fuga, y el punto
al fondo afilado el cero absoluto
de lo que vendría,

tú diciendo regresa pronto, yo,
regresa pronto respondiendo,

en Estambul me dio por comprar
el Tractatus de *Witty* en turco, tú

estabas preciosa con nuestra borrasca
de seda aún dentro,

y el Guernica era ya para nosotros
una macarrada.

Una y sólo una vez se congela
la copa entre tus manos.

[9]
La totalidad del abismo
vertido en 1 cm^3 de Universo.
Entra el presente,
        que no la realidad [vasta, visceral, latiente,
                      superficial, pegajosa en suma]
en coma. Cuando
ya nada importa, y tu vagina puro tiempo:
1 minuto^3 de Universo.

[10]
y cayó al fin el ángel. Lo supe
por el beso que me dio como quien escribe:

la infancia es un átomo que emite
la partícula © hasta que morimos.

CRÉDITOS

Este libro es la materialización de una idea concreta: realizar un texto de un solo poema escrito íntegramente en soledad, y sin pausa, entre los días 1 y 15 de diciembre de 2005, en una casa ligada a los veranos de mi infancia, localizada en un pueblo de la montaña leonesa en el que sólo queda 1 habitante. Me interesaba conocer mi reacción en ese entorno.

[El primer *ready-made* no fue un portabotellas,
sino el traje de *tweed* con el que Mallory intentó escalar el Everest.]

Aislado debido a la nieve, sin teléfono fijo ni cobertura de teléfono móvil, ni Internet ni ningún otro tipo de comunicación, elegí un horario rotatorio: cada día me levantaba 2 horas más tarde y me acostaba también 2 horas más tarde, con lo que al fin de los 15 días que dediqué a este texto cumplí un ciclo de más o menos 24 horas de modificación de horario y hábitos.

En algunos de esos momentos fui encontrando por ahí cosas importantes, como un ejemplar de la revista de medicina *Jano* del año 1986, que me comunicó algún verso, un cómic del piloto de carretas Meteoro, un casquillo de bala de caza mayor junto a unas pisadas de jabalí, o una lata de champiñones caducada el día de mi cumpleaños, y que, lógicamente, no abrí.

Las fotografías adjuntas también son producto de la excitación o aburrimiento de esos días, algunas de objetos hallados en la casa o alrededores.

Cuando, sabiéndote el único habitante de un lugar, te metes en la cama y te imaginas el pueblo a vista de pájaro, y les quitas a todas las casas su tejado, ves todas las camas perfectamente hechas y sólo en una un bulto, un muñeco, que eres tú. En ese momento se te aparece una extraña acepción de la palabra *soledad*.

Por lo demás, podrías entrar en todas las casas, saquearlas sin que nadie reparara en ello, las tienes a tu entera disposición, y no lo haces. Eso es algo que me sigue pareciendo un misterio.

Los objetos de compañía, destacables por su implicación en el proceso fueron:

un PC portátil,
un escáner,
una cámara de vídeo digital,
una pequeña TV
rotuladores gruesos indelebles
un plumífero Solo Climb ¾
una sierra para troncos
diez paquetes de tabaco
calculé mal la comida; me sobró más de la mitad

Los poemas de los amigos, son:

(...)
Se me aparece un verso, me levanto y a tientas escribo:
(...)
      de Eduardo Moga en, *Las Horas y los labios* (DVD, 2003).

No ha vivido del todo / quien se ha perdido el celo de los gatos (...)
      de Román Piña en, *Los trofeos efímeros* (inédito).

a ciento ochenta saltándome los semáforos...
  de Manuel Vilas, *Resurrección* (Visor, 2005).

El pedal de freno no responde es
  de José Vidal Valicourt, *La Casa de Mallarmé* (Dip. Prov. de
  Soria, 2005).

Además: *cuando todo se acabe y nadie nos recuerde (...) seguro que nos vemos / en cualquier fiesta*, es un fragmento de la canción *En Cualquier Fiesta*, de La Mode.

El poema «Borges y yo», también está incluido en *El hacedor (de Borges), Remake* (Alfaguara, 2011), y había aparecido anteriormente en *Campo Abierto, antología del poema en prosa en España, 1990-2005* (Marta Agudo y Carlos Jiménez Arribas, eds., DVD, 2005). Algún otro verso, en la novela *Nocilla Lab* (Alfaguara, 2009). El *Poema Postpoético n.º 0*, lo incluí en el ensayo *Postpoesía, hacia un nuevo paradigma* (Anagrama, 2009).

Algunos fragmentos los he usado en actuaciones de Afterpop Fernández&Fernández, *spoken word* que vengo desarrollando junto con Eloy Fernández Porta, así como en la película *Proyecto Nocilla*, disponible en el blog El Hombre Que Salió de la Tarta. También, en el disco *Pacas go downtown*, del grupo Frida Laponia, que compusimos y grabamos Juan Feliu y yo, www.fridalaponia.com
  Otros fragmentos fueron publicados en algunas revistas como *La Bolsa de Pipas* y *Casatomada*.

A continuación, adjunto un material que inicialmente pertenecía al poemario, casi a los últimos versos, y que después retiré, pero que aun así me parece interesante. Se trata de la confección de un «topograma alfabético», una especie de geografía de letras de todo el poemario. Éste era el fragmento:

[...]
no duermo,

cuento la repetición
de cada letra en este texto,
observo la curva resultante:

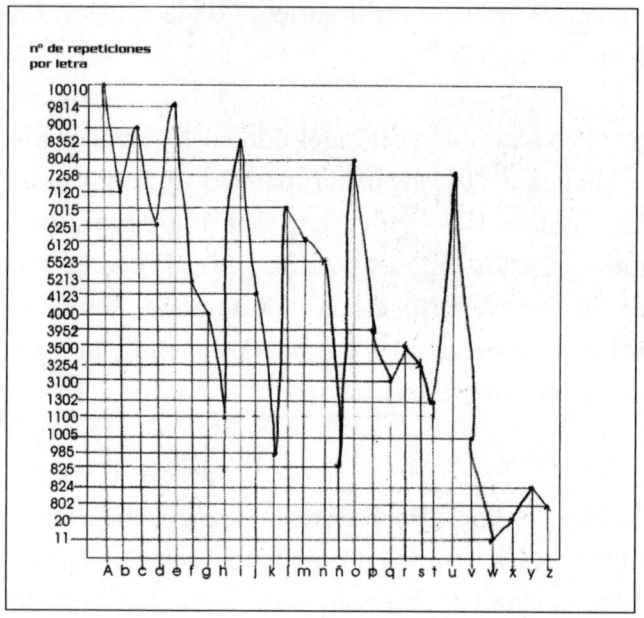

aunque existan picos de tensión, desiertos, o inmersiones en muertes aparentes, el topograma presenta un claro descenso, me viene una pregunta: ¿será el mismo que acompaña a estos días?
[...]

después, casualmente, leyendo un artículo sobre criptografía, me di cuenta de que en cualquier texto lo suficientemente extenso [y en todo idioma o alfabeto], el número de repeticiones de cada letra es siempre, más o menos, el mismo, así que, en cierto modo, todos los poemas que puede concebir una persona en cualquier idioma son el mismo poema, presentan idéntico carácter cómico y dramático en términos plásticos: una curva que desciende.

no podemos huir de ese mapa,

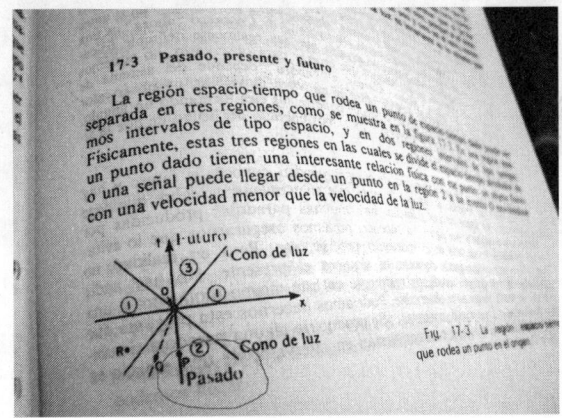

«Two Generations», 1984, diversos materiales, y, abajo, «Cours de Linguistique Générale», 1988. En la página siguiente, de la serie «Flanders Trees», 1989, 180 x 230 cms. (Foto: Galería Micheline Szwajcer.)

El mundo tal como lo recordé.

Dedicado a mi padre, que ya es nieve.

ÍNDICE

7   *Prólogo*, por PABLO GARCÍA CASADO

13   YA NADIE SE LLAMARÁ COMO YO

15   *Frontispicio*, por ANTONIO GAMONEDA

23   I. Como si hubiera perdido la fe en el sueño
111   II. Veo un bosque y algo más vivo dentro (oración)

129   *Créditos y agradecimientos*

133   POESÍA REUNIDA (1998-2012)

135   Creta Lateral Travelling
209   Yo siempre regreso a los pezones y al punto 7 del Tractatus
315   Joan Fontaine Odisea
463   Carne de píxel
525   Antibiótico